国家社会科学基金项目"世界社会主义与资本主义前途命运暨当代国际形势研究"（项目编号：18@ZH013）阶段性成果之一

大的历史时代与
中国特色社会主义
新时代

王伟光◎主编

中国社会科学出版社

图书在版编目（CIP）数据

大的历史时代与中国特色社会主义新时代/王伟光主编. —北京：中国社会
科学出版社，2019.7（2020.3 重印）
ISBN 978 - 7 - 5203 - 4827 - 0

Ⅰ.①大… Ⅱ.①王… Ⅲ.①中国特色社会主义—研究 Ⅳ.①D616

中国版本图书馆 CIP 数据核字（2019）第 162824 号

出 版 人　赵剑英
责任编辑　王　茵
特约编辑　李凯凯
责任校对　李　剑
责任印制　王　超

出　　　版　中国社会科学出版社
社　　　址　北京鼓楼西大街甲 158 号
邮　　　编　100720
网　　　址　http://www.csspw.cn
发 行 部　010 - 84083685
门 市 部　010 - 84029450
经　　　销　新华书店及其他书店

印　　　刷　北京明恒达印务有限公司
装　　　订　廊坊市广阳区广增装订厂
版　　　次　2019 年 7 月第 1 版
印　　　次　2020 年 3 月第 2 次印刷

开　　　本　710×1000　1/16
印　　　张　19
字　　　数　239 千字
定　　　价　89.00 元

目　　录

一　我们仍处在马克思主义所指明的历史时代

二　中国特色社会主义进入新时代

三　新时代中国特色社会主义的世界意义

一

我们仍处在马克思主义所指明的
历史时代

马克思主义的世界历史理论与中国特色社会主义道路[*]

王伟光

1879—1882 年，晚年的马克思把研究的重心和注意力转向俄国乃至整个东方社会，写了大量笔记，形成了著名的世界历史理论。实际上，世界历史理论在马克思研究生涯的早期和中期已经提出并逐步充实。世界历史理论是唯物史观的重要组成部分，同时又进一步丰富和发展了唯物史观。

关于马克思的世界历史理论，我的体会如下：

1. 资本主义推动人类历史转向世界历史。原始社会、奴隶社会、封建社会等前资本主义社会是一个漫长的历史时期，因自然环境条件和生产力发展水平的限制，人类的生产，以及由生产而建立的交往关系基本上还处在相对孤立、相对封闭的状态，表现为地域性特征。资本主义机器大工业的出现导致世界竞争、世界分工、世界市场以及世界性的交往关系，致使一切国家、民族和个人都将从狭隘孤立的历史走向"世界历史"。世界历史是由资产阶级开辟的，是资本主义生产方式向全世界扩张发展的结果。推动人类历史走向

---

* 本文系作者 2015 年 8 月学习马克思 1879 年至 1882 年研究笔记的札记，原载《哲学研究》2015 年第 6 期。

世界历史的动力正是"生产力的普遍发展和与此相联系的世界交往"①。资本主义大工业和市场经济首次开创了"世界历史",消灭了各国已自然形成的闭关自守的状态。当然"世界历史性联系"在前资本主义社会中就已在一定范围内一定程度上存在,资本主义只不过是"世界历史性联系"的发展结果。

资本主义世界历史时代本质上是资本主义生产方式取代其他生产方式而成为全球性主导生产方式的历史时代,也是资产阶级提出的以自由、平等、民主、人权为核心的价值观念成为普遍的意识形态的历史时代,是资产阶级确立自己政治制度和意识形态的历史时代。正是这些制度和观念将人类从封建制下"解放出来",相对封建社会来说,资本主义社会是历史的进步。然而,资本主义政治制度和意识形态必然为新的社会形态,为新的社会形态的政治制度和意识形态所替代,这是不可逆转的新的世界历史时代潮流。

2. 世界历史必然导致未来共产主义社会形态。世界历史可以分成两个阶段,即资本主义世界历史时代和共产主义世界历史时代。资本主义世界历史时代的终结是共产主义世界历史时代的起点,从资本主义世界历史时代走向共产主义世界历史时代是人类社会的发展趋势。资本主义的基本矛盾导致资本主义必然走向灭亡。世界历史不仅是共产主义的实现机制,还是共产主义的实现途径。世界历史促进世界贸易和世界市场的发展而产生的生产力的巨大发展,为共产主义创造了物质条件;世界历史增进了普遍交往,为共产主义创造了社会条件;世界历史造就了新的生产力的代表——无产阶级,为共产主义培育了新生力量。

资本主义世界历史时代在发展进程中造就了自己的掘墓人。无

---

① 《马克思恩格斯选集》第1卷,人民出版社2012年版,第166页。

产阶级是世界历史性的阶级，无产阶级的世界性，决定了它所肩负的共产主义事业的世界性，共产主义是无产阶级肩负的历史使命。"无产阶级只有在世界历史意义上才能存在，就像共产主义——它的事业——只有作为'世界历史性的'存在才有可能实现一样。"①世界历史理论构成科学社会主义的基础和支撑，把世界历史与无产阶级，与全人类解放、共产主义实现联系起来，昭示了人类未来发展的美好愿景，把人类历史发展规律和其历史必然性的研究置于更广阔的世界历史视野中，把世界历史引向了更有普遍意义的共产主义。

3. 实现现代化是世界历史发展的核心问题。世界历史就是世界历史现代化。发展世界历史现代化，一条是资本主义发展道路，这条道路是苦难的，但最终为共产主义现代化所替代。资本主义大工业和市场经济所促成的新的生产方式和交往方式具有巨大的历史进步性，消灭了分工的自然性质，促进了劳动的集中和生产资料的集中，形成了人的全面生产能力的体系，其所创造的生产力比过去一切时代创造的全部生产力还要多，还要大。世界历史就是这种新的生产方式和交往方式的全球扩展而形成的，推动了资本主义全球化。资本主义世界历史时代一方面积累了物质财富，另一方面带来了分化、贫穷、动荡、对立和战争。

4. 发展世界历史现代化还有一条道路是社会主义道路。与资本主义的产生和胜利具有历史的必然性一样，资本主义将被更高的社会形态所替代而走向灭亡也是必然的。没有资本主义大工业创造的社会生产力、普遍的交往关系以及"人的政治解放"的条件，社会主义是不可能的。

---

① 《马克思恩格斯选集》第 1 卷，人民出版社 2012 年版，第 166—167 页。

社会主义本质上是一种由资本主义生产方式所造成的全世界工人阶级的运动，是人类进入世界历史时代的一个新的发展阶段，是人类解放的伟大事业，是通向共产主义的必经阶段。在世界无产阶级形成的过程中，就已经超越了民族的狭隘性，而无产阶级的胜利与走出一条社会主义现代化道路相联系，无产阶级的最后胜利又与阶级、国家的消亡联系在一起，与共产主义的实现联系在一起。

5. 世界历史是一个整体，而各个民族、国家是它的"器官"，各个民族、国家的历史进程必然要受到整体的影响和制约，同时也影响整个世界历史进程。任何一个民族，无论它在历史上曾经多么辉煌，如若在现代化进程中落伍了，落后了，那么在世界性的竞争中就必然被动"挨打"。不思进取，不肯顺应世界现代化的潮流，就面临淘汰。一个国家不走向世界，不融入世界历史，就难以摆脱封闭和僵化的格局，就不能借鉴世界历史发展的成果。中华民族只有深度介入世界历史，引领世界历史，才能在世界历史发展现代化进程中实现中华民族伟大复兴的中国梦。

6. 在世界历史的影响下，东方一些落后国家，通过社会主义革命，可以跨越资本主义制度的"卡夫丁峡谷"，避免资本主义的苦难，直接进入社会主义，走出一条社会主义的现代化道路。中国特色社会主义事业的成就印证了马克思这一伟大设想，并为这一理论注入新的内容。中国特色社会主义理论可以说是对世界历史理论的继承与发展。世界历史是以人类生产力发展、交往普遍化和世界市场的形成为前提的。中国与世界接轨，把社会主义制度与市场经济相结合，大力发展社会化大生产，大力发展物质文明、精神文明、政治文明和生态文明，才能跨越"卡夫丁峡谷"，获得世界性存在。

"中国道路"是中华民族进入世界历史时代以后，在探索实现现代化过程中形成的。通过社会主义道路，实现现代化作为一种目标指向,贯穿于中华民族融入世界历史的始终。"中国道路"是历史赋予中国人民独立自主的社会主义历史命运的选择,中国既服从世界历史性的选择,又保有中国特色。随着苏联解体,苏联模式的历史性关闭,中国特色社会主义已经成为世界社会主义的旗帜。两次世界大战,当代的动乱,直接拷问"西方道路"价值取向的合理性。中国道路的世界历史意义正在于此。

中国正处于并将长期处于社会主义初级阶段,国家大、人口多、底子薄并且历史负担沉重,在现代化进程中必然遇到西方资本主义的国际战略性遏制和围堵,面对尖锐的国际斗争,会承担更多的竞争压力。对坚持中国道路的长期性、艰巨性、复杂性、反复性必须有充分的思想准备,不能丢掉根本的四项基本原则。同时又不能以中国"特色"为由,而拒绝吸收外来文化、与外合作,把一切文明斥之为"西方文明",把一切经验模式,斥之为"西方模式"。必须扩大交往,加强学习。社会主义不能离开资本主义而发展,不可能孤立于世界历史而发展。必须学会与资本主义打交道,提高竞争能力。

7. 尽管"社会主义"和"资本主义"这类概念,在今天一些人看来已不合时宜,但仍是概括当今时代本质的理论抽象,它们并没有所谓"意识形态终结"。但用唯物史观和世界历史理论来看,发现马克思主义经典作家所判定的历史时代并没有过逝,科学社会主义并没有过世,马克思主义并没有过时。马克思主义,仍然是中国人民独立自主地前进于世界历史大道的指导思想,中国特色社会主义道路,是中国人民在世界历史进程中实现现代化的唯一正确选择。

(原载《哲学研究》2015 年第 6 期)

顺应世界历史时代潮流[*]

王伟光

党的十八大的胜利召开，标志着党领导的中国特色社会主义伟大事业前进到一个新的历史起点上，党领导的伟大历史实践进入一个新的发展阶段，开始并正在进行着具有许多新的历史特点的伟大斗争。习近平总书记系列重要讲话是新起点新阶段马克思主义中国化的最新理论成果，是党在新起点新阶段团结全党、统一全党，开展伟大斗争，继而赢得伟大胜利的思想武器。

我国发展处在新的起点，进入新的阶段，首先是由时代大背景、世界大环境、国际大走势所决定的。习近平总书记系列重要讲话是在科学地观察、分析、判断和把握国际复杂形势、发展趋势和客观规律的基础上形成的，乃顺应世界潮流而发。把世界走势看清了、吃透了，才能深刻地把握新起点、新阶段的特征、规律和需求，才能深刻理解习近平总书记系列重要讲话的精神实质。认清国际形势，是全面理解习近平总书记系列重要讲话的前提。

习近平总书记指出，要从马克思主义关于人类社会发展规律的高度来认识当今世界的变化及趋势。马克思主义经典作家创立了唯

---

* 本文系作者发表于《中国社会科学》2015 年第 10 期的论文"马克思主义中国化的当代理论成果"的一部分，标题为作者新加。

物史观，而后又进一步不断丰富和发展了唯物史观。1879—1882年，晚年的马克思成功运用唯物史观，把研究重心和注意力转向俄国乃至东方社会，形成了著名的世界历史理论。马克思主义唯物史观以及世界历史理论揭示了人类社会历史依次由原始社会到奴隶社会、封建社会、资本主义社会，最终经由社会主义社会发展到共产主义社会的演变规律，指明了自从资本主义代替封建主义以来，人类历史即进入了一个新时代，这就是马克思所揭示的资本主义的世界历史进程，该时代始终贯穿资本主义与社会主义的生死博弈。自从人类历史进入资本主义发展阶段，同时就孕育产生了埋葬资本主义的物质力量，酝酿产生了新的社会形态因素，世界历史发展展示了一系列整体性的时代变化。其特征：一是资本主义社会化大生产的发展打破了人类社会的旧的分割与隔绝，资本主义市场经济把人类社会连成一体，构成一个密不可分的统一的世界整体，谁也离不开谁。二是在资本主义发展的同时，社会主义因素产生并在发展，世界历史始终贯穿着资本主义与社会主义两个前途、两种命运、两条道路、两大力量的较量。三是资本主义与社会主义两种前途和力量呈交叉递进态势，资本主义由革命阶段的上升期经成熟阶段的发展期开始逐步衰退，资本主义虽强，仍顽强地表现自己，不可能轻易地退出历史舞台，但总体由兴盛走向衰落。社会主义由新生阶段的初生期步入成长阶段的曲折期，由小到大，在曲折中坚强地发展前进，社会主义虽弱，但代表了人类历史的新前途。四是资本主义世界历史时代必然为共产主义世界历史时代所替代，这是历史发展不可抗拒的潮流。五是实现现代化是现今世界历史发展的核心问题。实现现代化有两条道路，一条是资本主义现代化道路，一条是社会主义现代化道路。资本主义现代化必然为社会主义现代化所替代。世界历史进程决定经济相对落后的国家选择社会主义现代化道路，可以避免资本主义现代化道路的苦难。六是马克思所判断的资本主义世界历史进程已历经三个阶段，即马克思主义产生时的自由竞争资本主义阶段，该阶段一方面是资产阶级财富的积累，另一方面是工人阶级贫困的积累，两极分化和工人阶级社会主义运动兴起，是该阶段的主题；列宁所判定的垄断资本主义阶段，该阶段的主题是战争与革命，资本主义社会基本矛盾激化引起世界性战争，战争又引起一系列社会主义革命，如十月革命、中国等东方国家的革命；邓小平所判定的美、苏两个超级大国冷战结束后的和平与发展为两大世界性问题的新阶段，资本主义世界历史的总的时代性质没有改变，资本主义社会基本矛盾依然存在，仍然起作用，但和平与发展成为两大世界性问题。七是时代阶段性主题的转化，虽然没有改变马克思主义经典作家所揭示的总的时代性质，社会主义必然代替资本主义的历史总趋势依然不可逆转，资本主义内在矛盾依然不可调和，但时代主题的转换却为中国特色社会主义和平发展提供了战略机遇。

从马克思、恩格斯1848年发表《共产党宣言》到今天，科学社会主义思想从被欧洲大陆看作一个幽灵尚不为人所接受，经过曲折斗争，发展到今天，已经成为现实之中正在探索建设中的社会主义新的社会形态，占世界总人口的21.7%，共14.2亿人，前后不过160多年的历史，这在整个人类历史长河中只不过是瞬间，却发生了巨大的历史变迁。这雄辩地证明了马克思主义唯物史观和世界历史理论关于时代判断的真理性。

中国的发展变化与世界历史时代息息相关。邓小平同志有句名言："中国的发展离不开世界。"① 这里面包含两层含义：一是中国

---

① 《邓小平文选》第3卷，人民出版社1993年版，第78页。

的现代化进程从总体上服从世界资本主义与社会主义博弈的世界历史大势，与世界资本主义与社会主义博弈的总态势息息相关；二是中国的发展必须融入世界历史发展整体，与世界经济政治发展密切相连。时代特征与世界历史走势对中国选择社会主义道路，在落后的中国实现社会主义现代化发生着深刻的、举足轻重的影响，在总结之前社会主义实践经验教训基础上，探索并创造性地走出一条中国特色社会主义的道路，催生并不断推进中国化的马克思主义。

世界历史时代决定，中国只有选择社会主义，进而选择中国特色社会主义，才能实现现代化。19 世纪末 20 世纪初，资本主义由自由竞争阶段转入垄断资本主义阶段，西方资本主义列强把全世界殖民地瓜分完毕，西方资本主义出于自身的垄断资本利益，绝对不允许中国再像西方诸国那样独立自主地走资本主义的强国之路。鸦片战争以来，中国半殖民地半封建社会境况充分表明了这一历史逻辑。毛泽东指出："帝国主义的侵略打破了中国人学西方的迷梦。很奇怪，为什么先生老是侵略学生呢？中国人向西方学得很少，但是行不通，理想总是不能实现。"①从戊戌变法到辛亥革命，中国人向日本学习明治维新的办法，走西方富民强国之路不通，到辛亥革命推翻封建专制，建立资产阶级共和国，走共和强国之路也不通，中国总是受西方列强的欺负。历史一再告诉我们，世界历史进程已经前进到不容许中国独立自主走西方资本主义强国之路了，对于中国人民来说，通过资本主义实现强国之梦的历史机遇已然错过。

那么中国走什么样的道路才能强盛起来呢？世界历史进程的客观逻辑，决定了中国只能顺应世界历史进程和时代发展潮流。这突

---

① 《毛泽东选集》第 4 卷，人民出版社 1991 年版，第 1470 页。

出地表现在：一是只能走社会主义道路，才能成功地实现现代化，屹立于世界民族之林。二是实现社会主义现代化必须分两步走，先进行以工人阶级为领导的资产阶级新民主主义革命，然后再不间断地进行社会主义革命，建立工人阶级领导的、以工农联盟为基础的人民民主专政的社会主义国家。三是坚持党在社会主义初级阶段"一个中心、两个基本点"基本路线，走中国特色社会主义道路，利用市场经济的优势，建立市场经济与社会主义制度相结合的社会主义市场经济体制，融入世界历史全球化进程，在相对落后的经济社会条件下走出一条新型的社会主义现代化道路，以实现中华民族伟大复兴的中国梦。四是在建设社会主义道路的进程中，社会主义中国必将受到国际垄断资本主义经济的、政治的、军事的、文化的，特别是意识形态的阻杀。五是当今世界和平与发展两大问题，至今一个也没有解决。社会主义中国是实现世界和平的重要力量，中国坚定不移地走社会主义和平发展的道路，为世界历史进程的和平发展将做出重大贡献。六是中国在完成新民主主义和社会主义革命任务，建设社会主义新中国和实现社会主义现代化的改革开放进程中，不断推进马克思主义中国化，产生了毛泽东思想、中国特色社会主义理论体系等马克思主义的创新成果。

由美国次贷危机引发的国际金融危机，是资本主义阵发性危机的必然产物，也是中国社会发展进入新阶段的重要国际因素。这次国际金融危机致使国际形势发生了重大转变，世界力量对比发生了深刻变化，西强我弱的局面正在悄然发生转化，形势越发有利于中国，但争斗却更为激烈，西方反华反社会主义势力更加紧了对中国的围攻。一方面，中国特色社会主义成功地抵御了国际金融经济危机，证明了社会主义的生命力和马克思主义的真理性；另一方面，以美国为首的西方势力在这场危机中整体实力呈下滑态势，整个力量对比呈现彼降我升的态势，当然总体上还是西强我弱。这就迫使以美国为首的西方势力加大对中国实施两手策略：一手是经济上有求于我，与中国加强联络与合作；另一手是加紧集中力量运用各种手段打压中国。世界历史进程与国际环境大背景，决定中国已进入一个有着许多不同于以往特点的新的发展阶段。

习近平总书记系列重要讲话顺应世界历史潮流，是世界历史进程国际形势新变化的反映和概括，是在对世界格局、历史走势、发展规律、时代特征的科学判断基础上，对中国究竟"举什么旗，走什么路，坚持什么样的发展方向和路线，采取什么样的改革开放的战略举措"这一带有根本性问题的科学解决。

（原载《中国社会科学》2015 年第 10 期）

以唯物史观作为历史时代的
根本判断标准[*]

王伟光

我们现在处在一个什么样的历史时代，面临着什么样的时代问题，这是理论应该回答的问题，是哲学应该回答的问题，也是马克思主义唯物史观应该回答的问题。

关于时代问题，有各种各样的说法。比如，有的提出"人类社会经过了石器时代、铁器时代、铜器时代、机器时代、电子时代"，现在"进入了信息时代"。还有的说，"人类历史经过了渔猎时代、农耕时代、工业时代，现在进入到后工业时代"。还有的说，"人类文明发展划分为原始文化时代、农业文明时代、工业文明时代和知识文明时代"，等等。这些说法是从某个学科角度，从某个视角出发对时代问题的概括，是有可取之处的。但是从马克思主义观点来看，一定要以马克思主义唯物史观来定义时代，来判断我们所处的时代。

现在到底是什么时代，具有哪些特点，要回答的时代问题是什么？这就必须坚持马克思主义唯物史观，坚持马克思主义时代观。

　* 本文系作者发表于《解放军理论学习》2016 年第 8 期的论文"关于治国理政新理念新思想新战略的时代背景、实践基础、科学体系和哲学依据"的一部分，标题为作者新加。

只有坚持唯物史观，搞清楚我们所处的时代及其时代问题，才能把握治国理政新理念新思想新战略的科学体系、精神实质和创新观点。

党的十八大以来，习近平总书记反复强调必须坚持以马克思主义为指导，发展 21 世纪当代中国的马克思主义。坚持和发展马克思主义，是针对"马克思主义过时论""马克思主义不灵了、不管用"的谬论而提出来的。马克思主义"过时论""无用论"的根据是什么？其根据就是错误地认为，现在已经进入了一个根本性质完全不同于马克思所判断的历史时代了。这样，马克思主义也就过时了，无用了。按照对时代问题的误判，必然导致马克思主义"过时论""无用论"的错误逻辑结论。"时代根本性质改变了"，"马克思主义过时了""不灵了""不管用了"，自然而然导致一系列的错误思潮出笼、泛滥，如什么"社会主义历史终结论""普世价值"、新自由主义、历史虚无主义、民主社会主义，等等。所谓历史虚无主义就是从根本上否定唯物史观，否定马克思主义时代观，其具体表现就是"虚无革命""否定革命""告别革命"，就是虚无、否定、告别我们党所领导的新民主主义革命，虚无、否定、告别我们党所领导的社会主义革命，虚无、否定、告别列宁所领导的十月社会主义革命……因为"时代性质根本改变了"，马克思主义经典作家所提出的无产阶级革命和科学社会主义理论也就过时了，从而否定党，否定马克思主义，否定无产阶级专政，否定社会主义和共产主义。

我们到底处在什么样的历史时代，回答这个问题，就要依次回答两个问题：一是以什么标准判断时代；二是用正确的标准判断时代，我们现在究竟处在什么时代。

判断时代问题，必须以唯物史观作为根本判断标准。我在这里引用马克思、恩格斯在《共产党宣言》中的经典论述，来说明论证时代判断标准和对时代的判断问题。

第一段是在《共产党宣言》1883 年德文版"序言"中。恩格斯说："每一历史时代的经济生产以及必然由此产生的社会结构，是该时代政治的和精神的历史的基础；因此（从原始土地公有制解体以来）全部历史都是阶级斗争的历史，即社会发展各个阶段上被剥削阶级和剥削阶级之间、被统治阶级和统治阶级之间的斗争历史；而这个斗争现在已经达到这样一个阶段，即被剥削被压迫的阶级（无产阶级），如果不同时使整个社会永远摆脱剥削、压迫和阶级斗争，就不再能使自己从剥削它压迫它的那个阶级（资产阶级）下解放出来。"恩格斯指出，"这个基本思想完全是属于马克思一个人的"①。

恩格斯的这段话，一是明确提出"历史时代"概念。马克思主义唯物史观所讲的历史时代，是指占统治地位的社会形态所历经的整个历史进程，该历史进程从该社会形态取代前一社会形态在人类社会占据统治地位起，历经兴盛、衰落，直到为下一社会形态所取代而不再占据统治地位止。

二是说明历史时代的判断标准。判断一个历史时代，标准就是该时代的经济基础是什么，生产关系是什么，生产力是什么。也就是说，判断一个时代，要从经济生产、经济基础出发来判断，从生产力所决定的生产关系、经济基础，以及由这一基础所决定的社会经济形态出发，来判断历史时代。看一看占据统治地位的社会形态是什么，社会形态的根本性质是什么，也就知道该历史时代是什么。这就是马克思主义判断时代问题的根本标准和方法。

三是判定人类社会正处于资本主义社会形态占据统治地位的历

① 《马克思恩格斯选集》第 1 卷，人民出版社 2012 年版，第 380 页。

史时代，而这个时代又是新的社会形态即社会主义和共产主义社会逐步并最终取代资本主义社会的历史时代。用唯物史观标准和方法来判断，马克思主义经典作家认为人类社会的历史时代已经前进到资本主义社会代替封建社会而占据统治地位的时代。在该时代无产阶级及广大被剥削阶级如果不通过推翻最后一个剥削社会，即通过消灭最后一个剥削阶级的社会革命，使整个社会永远摆脱剥削、压迫和阶级斗争，否则就不能解放全人类，就不能最终使无产阶级自己解放自己。也就是说，在资本主义历史时代，无产阶级及广大人民群众通过无产阶级革命和无产阶级专政彻底消灭阶级差别、阶级压迫、阶级剥削和阶级斗争，才能解放全人类，乃至最终解放无产阶级自己，否则就不能以一个新的社会形态取代资本主义社会形态，进入一个新的历史时代。

四是指出该历史时代所要解决的时代问题。也就是说，经过了无产阶级革命和无产阶级专政，消灭人类历史最后一个阶级社会——资本主义社会，使人类进入一个没有剥削、压迫、阶级差别和阶级斗争的无阶级的新的社会形态。

第二段是在《共产党宣言》"一、资产者和无产者"中。马克思、恩格斯进一步说明："在过去的各个历史时代，我们几乎到处都可以看到社会完全划分为各个不同的等级，看到社会地位分成多种多样的层次。在罗马，有贵族、骑士、平民、奴隶，在中世纪，有封建主、臣仆、行会师傅、帮工、农奴，而且几乎每个阶级内部又有一些特殊的阶层。"紧接着，他们又说："从封建社会的灭亡中产生的现代资产阶级社会并没有消灭阶级对立，它只是用新的阶级，新的压迫条件，新的斗争形态代替了旧的。"①

---

① 《马克思恩格斯选集》第 1 卷，人民出版社 2012 年版，第 400—401 页。

马克思、恩格斯按照唯物史观关于社会形态演变理论来判断划分历史时代，认为，一是在人类已然过去的各个历史时代顺次经历了原始社会、奴隶社会、封建社会，现在进入了资产阶级社会；二是运用唯物史观的时代判断标准，从社会经济形态出发来分析判断历史时代，把历史时代划分为原始社会时代、奴隶社会时代、封建社会时代、资产阶级社会时代，未来人类将进入消灭阶级剥削、压迫与阶级斗争的新时代，即进入共产主义社会时代。

第三段也是在《共产党宣言》"一、资产者和无产者"中。马克思、恩格斯明确指出："我们的时代，资产阶级的时代，却有一个特点：它使阶级对立简单化了。整个社会日益分裂为两大敌对阵营，分裂为两大相互直接对立的阶级：资产阶级和无产阶级。"①

马克思、恩格斯在这里明确指出，我们所处的时代，"即资产阶级时代"。也就是说，我们人类正处在资本主义社会形态占统治地位的历史时代。当然，在这个历史时代，资本主义一步一步由兴盛走向衰亡，社会主义、共产主义由小到大，一步一步走向最终取代资本主义。

根据以上马克思、恩格斯的论述，可以得出以下的认识。

第一，我们今天仍然处于马克思、恩格斯所判断的大的历史时代。

今天，马克思、恩格斯判定的历史时代变了没有？我认为时代的根本性质没有改变，大的历史时代没有改变。运用唯物史观的标准判断时代，现在处在什么时代，从时代的根本性质和大的历史进程来看，仍然处于马克思、恩格斯当时所揭示的历史时代。也就是说，从全球范围来讲，现在仍然是资本主义社会形态占主要地位的

---

① 《马克思恩格斯选集》第 1 卷，人民出版社 2012 年版，第 401 页。

历史时代。当然，在该时代社会主义、共产主义必然代替资本主义，但是需要经过一个相当长的历史过程。在世界资本主义体系内已经产生了相当的社会主义因素；在全世界已经产生了若干社会主义国家，但是是少数，其社会形态在全世界并不占据统治地位。

从英国的资产阶级革命到现在，上下几百年的历史进程，人类社会历经了封建社会在世界的解体，到资本主义生产方式在全世界占统治地位，从资本主义繁荣、兴盛再到资本主义内在矛盾不断激化而至衰落，全世界总体上仍处于资本主义历史时代。实际上，资本主义一产生，就带有其固有的、不可克服的内在矛盾，在资本主义内部一开始就产生了反对资本主义的力量和因素：工人阶级和新的社会形态萌芽。在资本主义时代，始终贯穿着社会主义与资本主义、工人阶级与资产阶级两种命运、两种力量、两种前途的斗争，一直到工人阶级通过无产阶级革命和无产阶级专政消灭压迫、剥削和阶级斗争，最终迎来新的社会形态为止，这是由资本主义不可克服的内在矛盾所决定的。

第二，资本主义历史时代代替封建主义历史时代是历史的进步。

在短短几百年中，资本主义创造了能够最大限度发展社会生产力的市场经济，资本主义市场经济在其历史条件下最大限度地释放了生产力，创造了远远超过封建社会几千年所创造的生产力和社会财富。资本主义社会形态是优于封建社会的社会形态，这是人类历史时代的前进。当今世界科技创新，生产力发展，创造财富的周期越来越短，就拿手机来讲，几乎几个月就换一代，互联网飞速发展，新科学新技术日新月异，推动社会生产力迅猛发展。

第三，资本主义社会固有的不可克服的内部矛盾必然导致其灭亡。

在资本主义的整个发展进程中，其内在矛盾不断激化，经历了激化、缓和，再激化、再缓和……直至激化到再也不能缓和而走上灭亡。其表现就是不可解脱的两极分化，且这种两极分化又不断得到强化。资本主义社会的两极分化表现为两个层次：一是资本主义国家本国内部的阶级与阶级、民族与民族、阶层与阶层之间的两极分化不断强化；二是世界范围内国家与国家、地区与地区、民族与民族、阶级与阶级之间的两极分化也不断强化。两极分化的一极是高度垄断的资产阶级利益集团，垄断资本主义国家的国民也只是享受到资本主义利益集团高额利润的一杯羹。另一极是整个工人阶级及广大劳动人民的贫困、落后；发展中的国家、地区和民族的贫困、落后。资本主义国家内部越来越两极分化，整个世界也越来越两极分化。当代资本主义国家内部的动荡，全球的动荡都跟两极分化有关系，两极分化的背后则是不可克服的资本主义内在矛盾。

第四，资本主义历史时代最终要为社会主义和共产主义历史时代所替代。

习近平总书记指出："事实一再告诉我们，马克思、恩格斯关于资本主义社会基本矛盾的分析没有过时，关于资本主义必然消亡、社会主义必然胜利的历史唯物主义观点也没有过时。这是社会历史发展不可逆转的总趋势，但道路是曲折的。资本主义最终消亡、社会主义最终胜利，必然是一个很长的历史过程。"[①] 资本主义社会在创造巨大社会财富的同时，创造了贫富差距、两极分化与不可克服的矛盾，从而也创造了自己的掘墓人，一步一步走向自己的反面，最终要为新的社会形态所代替。2008 年爆发的金融危机说明了资本主义的内在矛盾是不可避免的、不可调和的、不可克服的。

---

① 习近平：《关于坚持和发展中国特色社会主义的几个问题》，《十八大以来重要文献选编》（上），中央文献出版社 2014 年版，第 117 页。

中国特色社会主义表现出了新社会形态强劲的生命力，说明社会主义和共产主义是不可战胜的，是必然的历史发展趋势。然而目前全球总体上还是资本主义强、社会主义弱，但社会主义是新生事物，一定能够战胜并代替资本主义。

第五，时代的根本性质没有变化，但当今时代的具体特点和表现形式却发生了一系列重大变化。

我们的时代仍然是马克思主义经典作家所判断的历史时代，大的历史时代没有改变。但历史在发展，条件在变化，时代的具体内涵、形式和特点都不断地发生变化，这就是历史辩证法。认识当今时代，要清醒地认识到既没变，又有变，根本性质没有变，具体特征形式变化了。不变中有变，变中有不变。只看到变的一面，看不到不变的一面，不是马克思主义者。只看到不变的一面，看不到变的一面，也不是马克思主义。

习近平总书记反复强调，我们是站在新的历史起点上，正在进行具有许多新的历史特点的伟大斗争，这正是对我们所处的伟大的历史时代及其发展新阶段巨大变化的科学判断。从马克思、恩格斯创立马克思主义至今，尽管他们所判定的时代根本性质没有改变，但世界已经发生了天翻地覆的深刻变化，时代的发展阶段变化了，国际环境变化了，具体特征形式变化了，出现了许多新的问题和新的风险挑战。对于历史时代的判断，认为马克思、恩格斯所判定的历史时代根本改变了，放弃马克思主义，丢弃老祖宗，忘记我们的初衷，是违背马克思主义的；然而，如果看不到巨大变化的另一方面，不承认变化，就跟不上新形势，落后于时代，解决不了新问题，就会犯教条主义错误。

不变中有变，其中一大变是马克思主义经典作家们判断的历史时代发生了阶段性的变化，已经过了两个发展阶段，正处于第三个发展阶段。每一人类大的历史时代，都会呈现出不同的发展阶段，每个发展阶段都有每个阶段的主题与特点。第一个阶段是自由竞争资本主义阶段。这是马克思、恩格斯创建马克思主义所处的阶段，也是工人运动和社会主义运动兴起的阶段，又是资本主义更多地剥夺工人阶级绝对剩余价值，露骨地、直接地残酷压迫剥削工人阶级的阶段。

第二个阶段是垄断资本主义阶段。这就是列宁的《帝国主义论》所揭示的帝国主义和无产阶级革命的阶段。习近平总书记要求我们要学习列宁的《帝国主义论》，是有现实意义的。有人说《资本论》过时了，《帝国主义论》也过时了，这是不对的。资本主义由自由竞争阶段进入了垄断资本发展阶段，对于这个阶段，列宁做出概括，认为该阶段的主题，即主要问题是战争与革命。资本主义内部矛盾激化引发战争，战争引起革命，推动工人运动和社会主义发展。第一次世界大战产生了列宁领导的第一个社会主义国家，第二次世界大战产生了一系列社会主义国家。

当然，社会主义国家的发展走了一段弯路。历史是波浪式的曲折前进，没有笔直的前进道路。远古社会大约万年以上，奴隶社会大约万年，封建社会几千年，资本主义社会才几百年，它还没有到"寿终正寝"的时候。总体上讲现在还是资强社弱，垄断权、话语权还由西方资本主义所掌握。社会主义是新生事物，任何新生事物在开始时都是弱小的。这是整个大的历史时代的总体态势。冷战结束以后出现东欧剧变、苏联解体这样的历史挫折，社会主义阵营解体以后，整个形势发生逆转，社会主义运动步入低潮，这就是历史前进的曲折性、反复性。

第三个阶段是和平发展成为时代主要问题的阶段。对这个发展阶段，有人概括为国际垄断资本主义阶段，有人概括为金融垄断资本主义阶段，也有人认为仍然是列宁所判断的帝国主义阶段，也还可以讨论。20世纪七八十年代以来，世界资本主义进入相对稳定的发展阶段，世界大战在相当一段时间内爆发的可能性不大，和平与发展成为当今时代的两大问题，但是局部战争从来没有间断。新兴国家、发展中国家希望和平，希望发展，绝大多数国家希望和平，希望发展。这是该阶段的主题，也是主要问题。但"帝国主义就是战争"，只要垄断资本还存在，国际金融垄断资本还存在，帝国主义还存在，霸权主义、强权政治就会存在，就没有消灭战争的根源。事实上，和平与发展至今一个问题也没有解决。邓小平同志判断，和平的问题没有解决，发展的问题也没有解决。现在西方敌对势力正在对我们社会主义中国打一场没有硝烟的战争，图谋"和平演变"社会主义，"颜色革命"它们所不喜欢的国家。

不变中有变，其中另一大变是今天世界上的全球化、信息化、科技创新突飞猛进、世界局势激烈变化，出现了前所未有的大发展、大变动、大改组、大调整、大竞争，社会主义中国面临着前所未有的大机遇、大风险、大挑战和大考验。现在的世界与马克思、恩格斯在世时，列宁、斯大林在世时和毛泽东在世时大不相同。特别是，近些年来和未来，新技术更新速度之快令人难以预测，起着改变社会生产、消费、生活乃至引发社会变革的颠覆性作用。高新技术推动社会生产力迅猛变化，进而引起生产关系变化，引发社会经济基础及其上层建筑的巨大变化，引发世界局势急剧变动。从20世纪末以来，全球发生了两件世界性的大事：一是苏联解体。两个超级大国变成一极，全球出现了反对单极霸权的多边主义。社会主义国家、新兴国家、发展中国家是要和平、要发展的主力军。西方资本主义国家也发生重组。反对霸权主义、强权主义和单边主义的力量在发展。二是2008年发生了世界性的金融危机。美国的力量下降，西方国家力量下降，资本主义整体力量下降。中国特色社会主义取得了历史性的成功，社会主义力量正在上升，中国正在走向国际舞台的中央。中国一方面发挥促进世界和平发展的重要作用，另一方面又遭受西方敌对势力的封堵打压。国际关系出现了极其复杂的状况，国际竞争异常激烈。

第六，根据历史时代根本性质没有改变，但又有新的巨大变化的正确判断，决定了我们党的基本理论、基本路线和基本战略策略。

既要坚持马克思列宁主义、毛泽东思想不能丢，高高举起中国特色社会主义大旗，坚持社会主义制度，坚持党的领导，坚持马克思主义，坚持人民民主专政；同时又要与今天的时代变化和具体实际相结合，以经济建设为中心，坚持改革开放，融入世界潮流，不断推进理论创新、实践创新，坚定不移地走中国特色社会主义和平发展道路。既不忘初心，又要继续前进。

在当代中国，始终坚持马克思主义、人民民主专政、党的领导和社会主义是由当今历史时代的根本性质所决定的。历史时代的根本性质决定中国人民只有选择社会主义才是唯一出路。资本主义由自由竞争资本主义转变为垄断资本主义，即帝国主义，全世界已然被资本主义强国瓜分完毕。沦为半殖民地半封建的社会性质决定了中国不可能独立自主地走资本主义的发展道路，帝国主义、国内封建专制统治阶级和官僚资本主义集团不允许中国独立自主地走资本主义强国道路，软弱的中国民族资产阶级也无法担负起资产阶级民主革命的重任。历史雄辩地证明，解决中国问题只有一条出路，这就是在中国工人阶级政党——共产党的领导下选择社会主义。而中国当时的社会性质和所处的国际环境又决定中国走社会主义道路要分两步：第一步进行新民主主义革命；第二步进行社会主义革命。

在新民主主义革命和社会主义革命的基础上，建立社会主义制度，进行社会主义建设。

坚持改革开放，走和平发展的中国特色社会主义道路，也是由历史时代根本性质虽然没有改变，但却发生巨大变化的特点所决定的。到今天，世界发生了翻天覆地的巨变，新变化、新形势、新特点、新需求、新任务，又决定了我们必须抓住机遇，以经济建设为中心，加大改革开放的力度，融入世界发展大潮，走中国特色社会主义和平发展的道路，这也是中国人民唯一的历史选择。

弄清了时代问题，就会彻底搞明白中国共产党人处在什么样的历史方位上，选择什么主义，选择什么道路，选择什么制度，选择什么目标，选择什么战略，选择什么举措，到底怎么走。从时代高度出发，就可以把治国理政新理念新思想新战略的指导思想、战略部署、奋斗目标、战略策略等问题弄懂搞清楚，就会明白党的创新理论到底回答了什么问题，解决了什么问题，创新点在哪，精神实质是什么。我们党恰恰是在这一大的历史时代背景下，在发生巨大变化的新阶段，回答了在新的历史条件下"坚持和发展什么样的中国特色社会主义，怎样坚持和发展中国特色社会主义"这一时代主题，这就是治国理政新理念新思想新战略所要回答的当代中国面临的时代主题。

（原载《解放军理论学习》2016 年第 8 期）

唯物史观大的"历史时代"与
习近平新时代中国特色社会主义思想[*]

王伟光

习近平总书记认为："时代在变化，社会在发展，但马克思主义基本原理依然是科学真理。尽管我们所处的时代同马克思所处的时代相比发生了巨大而深刻的变化，但从世界社会主义 500 年的大视野来看，我们依然处在马克思主义所指明的历史时代，这是我们对马克思主义保持坚定信心，对社会主义保持必胜信念的科学根据。"[①] 以唯物史观来看，马克思主义关于大的"历史时代"的判断是不能否定的，如果否定了，就会误认为资本主义的基本矛盾不存在了，误认为马克思主义过时了，就会否定马克思主义。

时代概念具有广义和狭义之分。广义的时代概念是从历史观的角度对人类社会发展大的历史发展进程的判定。狭义的时代概念是从某个特定的角度对某个社会发展阶段的判定。不搞清楚广义的时代概念，即大的"历史时代"，就看不清狭义的时代所处的大的历史方位和国际条件。要把从历史观出发判断的广义的时代概念与从

* 本文系作者 2018 年 8 月 23 日在第四届唯物史观与马克思主义史学理论论坛上的讲话的一部分，原载《马克思主义研究》2019 年第 1 期。
① 《习近平谈治国理政》第 2 卷，外文出版社 2017 年版，第 66 页。

其他视角出发判断的狭义的时代概念区别开来。这两种时代概念既有区别，又是辩证统一的。

习近平总书记在党的十九大报告中指出："中国特色社会主义进入了新时代，这是我国发展新的历史方位。"这是运用辩证唯物主义和历史唯物主义立场观点方法科学判断世情国情，从我国党和国家发展角度提出来的，这个重要的科学判断是完全正确的。中国特色社会主义新时代与马克思主义所判断的大的"历史时代"在唯物史观基础上是一致的，同时又是有区别的。中国特色社会主义新时代特指中国特色社会主义已经站在一个新的历史起点上，进入一个新的历史阶段，处在一个新的历史方位上。只有站在大的"历史时代"背景上，从我国新时代的特殊国情条件出发观察分析，才能深刻认识中国特色社会主义进入新时代和习近平新时代中国特色社会主义思想的伟大意义。

一 深刻理解唯物史观大的"历史时代"的科学内涵

马克思主义唯物史观关于大的"历史时代"的概念，是从生产力所决定的生产关系出发，以社会经济形态为标准对人类社会大的历史时代的判定。从唯物史观为指导所判定的大的历史时代来看，我们今天到底处在什么样的时代呢？回答这个问题，首先就要回答以什么标准判断时代，然后再用正确的标准判断时代，回答我们现在究竟处在什么样的历史时代。

恩格斯在《共产党宣言》1883 年德文版"序言"中指出："每一历史时代①的经济生产以及必然由此产生的社会结构，是该时代

———————————

① 着重号为引用者所加。

政治的和精神的历史的基础；因此（从原始土地公有制解体以来）全部历史都是阶级斗争的历史，即社会发展各个阶段上被剥削阶级和剥削阶级之间、被统治阶级和统治阶级之间斗争的历史；而这个斗争现在已经达到这样一个阶段，即被剥削被压迫的阶级（无产阶级），如果不同时使整个社会永远摆脱剥削、压迫和阶级斗争，就不再能使自己从剥削它压迫它的那个阶级（资产阶级）下解放出来。"① 马克思、恩格斯在《共产党宣言》正文中明确指出："我们的时代，资产阶级的时代，却有一个特点：它使阶级对立简单化了。整个社会日益分裂为两大敌对的阵营，分裂为两大相互直接对立的阶级：资产阶级和无产阶级。"② 他们进一步说明："在过去的各个历史时代，我们几乎到处都可以看到社会完全划分为各个不同的等级，看到社会等级分成多种多样的层次。在罗马，有贵族、骑士、平民、奴隶，在中世纪，有封建主、臣仆、行会师傅、帮工、农奴，而且几乎在每个阶级内部又有一些特殊的阶层。"③ 他们又说明："从封建社会的灭亡中产生出来的现代资产阶级社会并没有消灭阶级对立，它只是用新的阶级、新的压迫条件、新的斗争形态代替了旧的。"④

根据以上马克思主义经典作家的论述，可以得出以下的结论。

第一，马克思主义唯物史观的"历史时代"概念，是指占统治地位的社会形态所历经的整个历史进程。马克思主义经典作家明确提出了"历史时代"概念，即唯物主义历史观所指的大的"历史时代"。唯物史观的历史时代概念是指占统治地位的社会形态所历经的整个历史进程，该历史时代的进程从该社会形态取代前一社会

---

① 《马克思恩格斯文集》第 2 卷，人民出版社 2009 年版，第 9 页。
② 同上书，第 32 页。
③ 同上书，第 31—32 页。
④ 同上书，第 32 页。

形态在人类社会占据统治地位起，历经兴盛、衰落，直到为下一社会形态所取代而不再占据统治地位止。当然，每一个历史时代可以划分为不同的发展阶段。在资本主义社会时代，已经历经了自由竞争资本主义阶段、垄断资本主义阶段即帝国主义阶段，现在正处在现代垄断资本主义阶段。

第二，必须以唯物史观为武器，把"经济的社会形态"作为历史时代根本判断标准。唯物史观是判断历史时代的思想武器。运用唯物史观判断历史时代，就要看一看该历史时代的生产力是什么，生产关系是什么，经济基础是什么，由经济基础所决定的上层建筑又是什么。也就是说，从生产力所决定的生产关系、经济基础，以及由这一基础所决定的"经济的社会形态"出发来判断历史时代。看一看占据统治地位的"经济的社会形态"的本质是什么，也就知道该历史时代是什么。

第三，人类历史已先后历经原始社会时代、奴隶社会时代、封建社会时代、资本主义社会时代，未来人类社会将经过社会主义社会过渡，进入共产主义社会时代。马克思、恩格斯按照唯物史观关于社会形态演变理论，根据"经济的社会形态"的根本性质来划分历史时代，把历史时代划分为原始社会、奴隶社会、封建社会、资产阶级社会等历史时代，未来社会将经过无产阶级专政的社会主义过渡，而进入消灭阶级剥削、压迫与阶级斗争的新的历史时代，即进入共产主义社会时代。

第四，我们今天仍然处于马克思主义经典作家所判断的历史时代。运用唯物史观的标准判断，我们现在究竟处在什么样的历史时代呢？马克思、恩格斯在《共产党宣言》中明确指出，我们的时代，即"资产阶级时代"。从时代的根本性质和大的历史进程来看，目前仍然处于马克思主义经典作家当时所揭示的资本主义社会时代。马克思主义经典作家认为，人类社会的历史时代已经前进到资本主义社会代替封建社会而占据统治地位的历史发展进程。从全球范围来讲，现在仍然是资本主义社会形态占主要地位的历史时代，而这个时代又是新的社会形态即经过社会主义过渡而进入共产主义社会，最终逐步取代资本主义社会的历史时代。在该时代无产阶级及广大被剥削阶级如果不通过推翻最后一个剥削社会，即通过消灭最后一个剥削阶级的社会革命，使整个社会永远摆脱剥削、压迫和阶级斗争，否则就不能解放全人类，从而也就不可能最终使无产阶级自己解放自己，就不可能以一个新的社会形态取代资本主义社会形态。共产主义必然代替资本主义，但需要经过一个漫长的历史过程。当然，在今天世界资本主义体系内已经产生了相当的社会主义因素，在全世界已经产生了若干社会主义国家。但是，新的社会形态在全世界并不占据统治地位。有学者研究认为："当今世界95%以上的国家建立的是资本主义制度。在资本全球化的进程中，不仅自然资源、土地、矿产等公共资源被私有资本所圈占，就连我们赖以生存的水源、空气、语言、文化，甚至物种和人类基因等也被逐步私有化了。按照西方左翼学者的说法，这种私有化已经把人类逼到整体灭绝的边缘。"[1]

第五，资本主义社会固有的不可克服的内部矛盾必然导致其灭亡。在资本主义的整个发展进程中，其内在矛盾不断激化，经历了激化、缓和，再激化、再缓和……直至激化到再也不能缓和而导致最终灭亡。资本主义不可克服的基本矛盾的最现实的表现就是不可解脱的两极分化，且这种两极分化又不断得到强化。资本主义社会的两极分化表现为两个层次：一是资本主义国家本国内部的阶级与

---

① 秦宣：《大数据与社会主义》，《教学与研究》2016年第5期。

阶级、民族与民族、阶层与阶层之间的两极分化不断强化；二是世界范围内国家与国家、地区与地区、民族与民族、阶级与阶级之间的两极分化也不断强化。两极分化的一极是高度垄断的资产阶级利益集团，垄断资本主义国家的国民也仅仅是享受到资本主义利益集团高额利润的一杯羹。另一极是整个工人阶级及其广大劳动人民的贫困、落后；发展中的国家、地区和民族的贫困、落后。资本主义国家内部越来越两极分化，整个世界也越来越两极分化。当代资本主义国家内部的动荡，全球的动荡都跟两极分化有关系，两极分化的背后则是不可克服的资本主义基本矛盾。

从英国的资产阶级革命到现在，上下几百年的历史过程，人类社会历经了封建社会在全世界的解体，到资本主义生产方式在全世界占统治地位，从资本主义繁荣、兴盛再到资本主义内在矛盾不断激化而至走向衰落。实际上，资本主义一产生，其内部就产生了反对资本主义的力量和因素：工人阶级和新的社会形态萌芽。在资本主义社会时代，始终贯穿着社会主义与资本主义、工人阶级与资产阶级两个命运、两股力量、两项前途、两种制度、两条道路的斗争，一直到工人阶级通过无产阶级革命和无产阶级专政消灭压迫、剥削和阶级斗争，最终迎来新的社会形态为止。

第六，资本主义社会时代最终必然为共产主义社会时代所替代。习近平总书记指出："事实一再告诉我们，马克思、恩格斯关于资本主义社会基本矛盾的分析没有过时，关于资本主义必然消亡、社会主义必然胜利的历史唯物主义观点也没有过时。这是社会历史发展不可逆转的总趋势，但道路是曲折的。资本主义最终消亡、社会主义最终胜利，必然是一个很长的历史过程。"① 资本主义

---

① 习近平：《关于坚持和发展中国特色社会主义的几个问题》，《十八大以来重要文献选编》（上），中央文献出版社 2014 年版，第 117 页。

社会在创造巨大社会财富的同时，创造了贫富差距、两极分化、不可克服的矛盾，从而也创造了自己的掘墓人，一步一步走向自己的反面，最终将为新的社会形态所代替。2008年爆发的国际金融危机说明了资本主义的内在矛盾是不可避免的、不可调和的、不可克服的。中国特色社会主义表现出了新社会形态强劲的生命力，说明社会主义和共产主义最终是不可战胜的，是必然的历史发展趋势。尽管目前全球总体上还是资本主义强、社会主义弱，但是社会主义是新生事物，一定能够经过无产阶级革命和无产阶级专政，消灭人类历史最后一个阶级社会——资本主义社会，使人类进入一个没有剥削、压迫、阶级差别和阶级斗争的无阶级的新的社会形态，最后战胜并代替资本主义。

第七，在资本主义社会时代，在思想领域集中表现为无产阶级与资产阶级两种根本对立的意识形态斗争。在资本主义社会时代，无产阶级与资产阶级的阶级矛盾和阶级斗争必然反映在思想领域，表现为社会主义和资本主义两种意识形态的斗争。马克思、恩格斯在《共产党宣言》中指出："至今所有一切社会的历史都是在阶级对立中演进的，而这种对立在各个不同的时代又是各不相同的。但是，不管这种对立具有什么样的形式，社会上的这一部分人对另一部分人的剥削却是过去一切世纪所共有的事实。所以，毫不奇怪，各个时代的社会意识，尽管形形色色、千差万别，总是在一定的共同的形态中演进的，也就是在那些只有随着阶级对立的彻底消逝才会完全消逝的意识形态中演进。"① 自从原始共产主义社会解体以来的人类历史都是阶级斗争的历史。社会存在决定社会思想，社会思想反映并反作用于社会存在。阶级社会的阶级对立

---

① 《马克思恩格斯全集》第4卷，人民出版社1958年版，第489页。

与斗争决定了阶级社会不同性质的意识形态的对立与斗争。阶级社会的社会思想是该社会的阶级、阶级矛盾和阶级斗争的意识形态反映。在奴隶社会，代表奴隶主阶级利益的统治阶级思想与作为被统治阶级的奴隶阶级的思想之间存在不可调和的对立和斗争。封建社会贯穿着地主阶级思想与农民阶级思想的对立与斗争。在资本主义社会，贯穿着工人阶级与资产阶级的思想斗争。毛泽东同志鲜明地指出："无产阶级要按照自己的世界观改造世界，资产阶级也要按照自己的世界观改造世界。"① 两种世界观的斗争就是资本主义社会时代阶级之间的思想斗争。毛泽东同志甚至断言，在我国社会主义现阶段，在意识形态领域"社会主义和资本主义之间谁胜谁负的问题还没有真正解决"②。可以说，社会主义和资本主义在意识形态领域谁胜谁负的斗争，还需要一个相当长的时间才能解决。列宁在《卡尔·马克思》一文中明确教导我们："马克思主义给我们指出了一条基本线索，使我们能在这种看来迷离混沌的状态中找出规律性来。这条线索就是阶级斗争的理论。"③ 从总体和主线索上来说，自从有文字记载以来的人类历史是阶级斗争的历史，有文字记载以来的人类历史也是阶级之间的意识形态斗争史。因此，我们一定要学会运用阶级观点和阶级分析方法认识和把握意识形态领域的斗争。

二 科学把握中国特色社会主义新时代的伟大意义

习近平总书记指出："中国特色社会主义进入新时代，在中华

---

① 《毛泽东著作选读》（下册），人民出版社 1986 年版，第 785 页。
② 同上。
③ 《列宁全集》第 21 卷，人民出版社 1959 年版，第 39 页。

人民共和国发展史上、中华民族发展史上具有重大意义，在世界社会主义发展史上、人类社会发展史上也具有重大意义。"① 深刻理解中国特色社会主义新时代，要从大的"历史时代"背景下来考量；深刻理解习近平新时代中国特色社会主义思想，要从大的"历史时代"条件下、中国特色社会主义新时代的背景下来认识。只有站在马克思主义唯物史观关于大的"历史时代"的宽广视野上，站在中国特色社会主义进入新时代的特定角度上，将两个时代判断、国际国内两个视角结合起来，才能真正理解中国特色社会主义进入新时代的伟大意义。

第一，中国特色社会主义进入新时代，开辟了中华民族伟大复兴的新格局，在中华人民共和国发展史和中华民族发展史上具有重大意义。

在中华人民共和国发展史上，我们现在已经踏上了建设社会主义现代化强国的新征程，在站起来、富起来的基础上，进一步解决强起来的时代主题，建设社会主义的现代化强国。这说明中华人民共和国发展已经进入一个新的历史阶段，正致力于到21世纪中叶实现中华民族伟大复兴，这在中华民族发展史上是一件了不起的大事。

中华民族是人类最伟大的民族之一，曾经创造了人类历史上最为辉煌的文明。然而，在17世纪中叶资本主义工业革命后，中华民族却停滞了巨人的脚步，落后于时代。从1840年鸦片战争开始，逐步沦为西方资本主义列强欺压剥削的半殖民地半封建国家。从那时起，中华民族有志之士为了中华民族的重振，不断为追求真理、选择解救中国的思想利器和复兴之路而进行着前仆后继、流血牺牲

---

① 习近平：《决胜全面建成小康社会 夺取新时代中国特色社会主义伟大胜利——在中国共产党第十九次全国代表大会上的报告》，人民出版社2017年版，第12页。

的努力奋斗。从鸦片战争到太平天国起义，从洋务运动到甲午海战，从戊戌变法到辛亥革命，中华民族先进分子依照他们所提出的一个又一个思想观点和救国方案，而发动的中华民族复兴大业一次又一次遭受失败。毛泽东同志一针见血地指出："帝国主义的侵略打破了中国人学西方的迷梦。很奇怪，为什么先生老是侵略学生呢？中国人向西方学得很不少，但是行不通，理想总是不能实现。多次奋斗，包括辛亥革命那样全国规模的运动，都失败了。"① 这些失败的根本原因就在于，没有先进思想的指导，没有先进思想武装起来的先进阶级的先进政党的领导，没有找到正确思想指导下的适合本国的发展道路。用使西方列强发达起来的资产阶级思想武器，用曾经让中国辉煌显赫的封建传统思想武器，无法根本改变中国人民的精神面貌和思想状况，也无法根本扭转中国积贫积弱的现状，最终也无法根本解决中华民族的振兴。

十月革命的成功给中国人民带来了新的希望。毛泽东同志指出："这时，也只是在这时，中国人从思想到生活，才出现了一个崭新的时期。中国人找到了马克思列宁主义这个放之四海而皆准的普遍真理，中国的面目就起了变化了。"② 在十月革命的启发下，从失败的教训中，从比较借鉴中，中华民族先进分子深刻认识到，当人类历史进入资本主义社会时代，资本主义列强绝不允许落后国家独立自主地选择资本主义的富民强国之路，只能成为资本主义的附庸。只有选择引领世界潮流的先进思想——马克思主义科学社会主义思想，并逐步把马克思主义先进思想与中国的实际国情和优良的传统思想相结合，走非资本主义的社会主义现代化道路才是唯一的出路。中华民族的先进分子，坚定地选择了马克思主义，选择了社

---

① 《毛泽东选集》第 4 卷，人民出版社 1991 年版，第 1470 页。
② 同上。

会主义和共产主义，创建了中国工人阶级和中国人民的先锋队组织——中国共产党。从此，中华民族的精神面貌和思想意识发生了根本性改变，这既是中华民族命运的根本转折点，又是中华民族发展史的一个新的生长点。

以马克思主义为行动指南的中国共产党成立后，中华民族伟大复兴就有了成功的希望。一代又一代中国共产党人坚持马克思主义指导思想，并与中国实际相结合、与中国优秀传统思想相结合，高举社会主义和共产主义的旗帜，不断前进、不断探索、勇于变革、勇于创新，开创了具有中国特色的新民主主义和社会主义革命道路、具有中国特色的社会主义发展道路，取得了革命、建设、改革，特别是党的十八大以来的伟大成就，创造了一个又一个人间奇迹，使中华民族以崭新姿态屹立于世界的东方，开辟了中国特色社会主义新时代和中华民族伟大复兴新格局。

第二，中国特色社会主义进入新时代，开启了世界社会主义运动走向发展的新境界，在世界社会主义发展史上具有重大意义。

1848 年《共产党宣言》发表，科学社会主义问世，社会主义思想从空想变成科学，科学社会主义日益成为工人阶级夺取政权并建立社会主义制度的现实运动。在马克思主义的指导下，列宁成功领导了十月革命，建立了世界上第一个社会主义国家，科学社会主义从理论变成了现实。在十月革命和社会主义苏联的带动下，世界社会主义运动在 20 世纪上半叶迎来一次高潮，民族解放和无产阶级革命运动风起云涌，一大批社会主义国家纷纷建立。社会主义作为崭新的社会形态，脱胎于资本主义世界，登上世界历史舞台，成为历史的现实。

社会主义作为新生事物，其发展并不是一帆风顺的。由于复杂的主客观原因，在西方资本主义势力的强大攻势及"和平演变"

下，苏联以及东欧社会主义国家在社会主义实践中偏离了马克思主义的正确方向，离开了科学社会主义基本思想，最终导致 20 世纪后期发生了东欧剧变、苏联解体等一系列重大事件，世界社会主义遭受了严重挫折，跌入低谷。正是在这一大的历史背景下，毛泽东同志带领全党独立自主地探索适合中国国情的社会主义建设道路；邓小平同志开创了改革开放和中国特色社会主义新时期；江泽民、胡锦涛同志不断推进中国特色社会主义伟大事业；习近平同志带领全党全国人民进入中国特色社会主义新时代。

中国特色社会主义进入新时代，意味着科学社会主义在 21 世纪的中国焕发出强大生机活力。在习近平新时代中国特色社会主义思想指引下，我们党以强大的战略定力，牢牢坚持科学社会主义基本原则，坚定不移地走中国特色社会主义道路，经受住了社会主义低潮的考验，西方敌对势力搞"颜色革命"的考验，资本主义世界经济危机的考验，抵制了西方所鼓吹的"普世价值""宪政民主"等错误思潮，有力地打破了所谓的"共产主义失败论""历史终结论"，有力地回击了"社会主义低潮综合征"。

如果说 20 世纪是社会主义拯救了中国，那么 21 世纪则是中国拯救了社会主义。正是中国在 21 世纪扛起了社会主义的大旗，以新时代的伟大成就和伟大目标再次证明了科学社会主义的正确性和社会主义的优越性。正如十月革命在 20 世纪初开辟了世界社会主义发展新纪元一样，中国特色社会主义新时代在 21 世纪初揭开了世界社会主义运动步出低谷走向复苏的新局面，为世界社会主义发展创造了新的辉煌。

第三，中国特色社会主义进入新时代，拓展了发展中国家通过非资本主义道路走向现代化的新途径，在人类社会发展史上具有重大意义。

马克思通过对人类历史发展，特别是资本主义历史发展的科学研究，提出了著名的"世界历史"理论。他认为，世界进入资本主义历史时代，把世界连成一片，人类历史由此进入了"世界历史"。在"世界历史"进程中，先进入资本主义而成为世界列强的资本主义国家，在第一次世界大战前就已经把世界瓜分完毕了，它们从自身资本利益出发绝不允许落后国家再独立自主地走资本主义的强国之路，强迫后发国家成为自己的附庸，服从自己的剥削利益，半殖民地半封建旧中国的悲惨遭遇就是铁证。

马克思晚年研究东方社会，研究非资本主义发展道路，提出落后国家可以不经过资本主义制度的"卡夫丁峡谷"，走出一条非资本主义的发展道路，即落后国家可以不经过资本主义制度的苦难，而通过社会主义制度实现现代化，这就是著名的"跨越卡夫丁峡谷"的科学设想。中国特色社会主义的成功发展使这个科学设想成为现实，为落后国家实现现代化和赶超提供了新希望新选择新方案新思想，人们已经看到了经由社会主义而进入共产主义的历史必然曙光。俄国十月革命的例证，中国特色社会主义成功的例证，说明了马克思晚年关于非资本主义道路的设想，要成为现实需要满足一定的历史条件，在具体的客观条件已经具备时，主观条件至为重要。

资本主义囿于固有的本质，总是竭力阻止其他国家的独立发展，以利于自己转嫁危机和掠夺资源，它们不仅动用经济的、政治的、军事的力量来制约其他国家，而且动用意识形态机器，利用文化软实力向全世界兜售所谓的"普世价值""西方现代性"等观念，打造西方现代化模式唯一性的神话。纵观当今世界，许多国家已经深陷这种资本主义意识形态神话的陷阱难以自拔。"二战"以后在民族解放运动中争得独立的新兴国家，选择走资本主义民主道路的，罕见有成功的，要么发展不起来，要么即便获得了某种程度的发展，也摆脱不了西方资本主义大国的控制而难以获得完全的独立。一些国家为了捍卫独立主权和利益，拒绝接受西方现代化模式，则往往因为西方资本主义发达国家的制裁或"颜色革命"而陷入了混乱境地。如何开辟出一条新路，既实现快速发展又保持社会稳定，既对外开放吸收世界先进文明又保持自身的独立自主，既同发达资本主义国家在竞争中合作又不成为它们的附庸，成为世界上发展中国家共同追索的重大问题。

中国特色社会主义成功地破解了这个难题。它把市场经济与社会主义制度、经济快速发展与保持社会稳定、对外开放与独立自主有机地结合起来，开辟了一条在改革开放中实现社会主义现代化的新路，实现了从站起来、富起来到强起来的历史性跨越。中国特色社会主义的成功探索表明，中国作为一个曾经相对落后的半殖民地半封建国家，不经过资本主义社会制度的折磨，走出一条非资本主义的中国特色社会主义发展道路，一跃成为世界第二大经济体，极大地拓展了发展中国家通向现代化的途径，给世界上那些既希望加快发展又希望保持自身独立性的国家和民族提供了全新选择，为解决全人类问题贡献了中国智慧、中国思想和中国方案。

三　充分认识习近平新时代中国特色社会主义思想的划时代价值

有什么样的时代，就会产生什么样的时代主题，就会产生什么样的时代人物，解答历史提出的时代课题，产生代表时代前进方向的先进思想。每一个时代都有每一个时代的标志性理论体系。创立习近平新时代中国特色社会主义思想，在马克思主义发展史上、马克思主义中国化发展史上都具有里程碑式的、划时代的重要政治意义、理论意义和实践意义。必须认真理解和深刻把握党的这个重大理论创新成果的深远意义、历史地位和重大价值。

习近平新时代中国特色社会主义思想，深刻回答了新时代中国特色社会主义的理论渊源、历史根据、本质特征、独特优势、发展规律和举措路径，为在新的时代条件下坚持和发展中国特色社会主义提供了科学的理论指引。它源于实践、指导实践，为新时代坚持和发展中国特色社会主义、推进党和国家事业发展提供了基本遵循，为马克思主义的当代发展做出了历史性贡献，必须长期坚持并不断发展。将它确立为党与时俱进的指导思想，是中国特色社会主义进入新时代的必然要求，是符合党心民意的重大决策，对党和国家事业发展必将产生重大而深远的影响。

以毛泽东同志为主要代表的中国共产党人，把马克思列宁主义的基本原理同中国革命的具体实践结合起来，创立了毛泽东思想。毛泽东思想是马克思列宁主义在中国的运用和发展，是被实践证明了的关于中国革命和建设的正确的经验总结和理论概括。在中国革命战争年代，毛泽东同志创造性地把马克思主义和中国实际进行了第一次伟大结合。在社会主义建设探索时期，毛泽东提出"第二次伟大结合"的任务，开始探索适合中国特点的社会主义建设道路，为开创中国特色社会主义奠定了基础，毛泽东思想得到了进一步的丰富和发展。

以邓小平同志为主要代表的中国共产党人，牢牢立足于中国特色社会主义的伟大实践，把马克思列宁主义的基本原理同当代中国实践和时代特征相结合，回答了在中国这样的经济文化比较落后的国家建设什么样的社会主义、如何巩固和发展社会主义的首要的基本问题，创立了邓小平理论，实现了"第二次伟大结合"，谱写了中国特色社会主义理论体系的开篇。邓小平理论是中国特色社会主义理论体系的开创之作,奠定了中国特色社会主义理论体系的基本框架。

以江泽民、胡锦涛同志为主要代表的中国共产党人,深刻认识和准确把握世情、国情、党情的发展变化,抓住重要战略机遇期,创立了"三个代表"重要思想和科学发展观,继续推进"第二次伟大结合",把对中国特色社会主义规律的认识提高到新的水平,撰写了中国特色社会主义理论体系的续篇。

在中国特色社会主义进入新时代之际,习近平同志继承和发展了马克思列宁主义、毛泽东思想、中国特色社会主义理论体系的理论精髓和活的灵魂,以当代世界格局和时代特征为背景,以发展着的中国特色社会主义为实践基础,着眼于全面建成小康社会、实现中华民族伟大复兴的中国梦,紧紧围绕坚持和发展中国特色社会主义这个主题,对全面坚持和发展中国特色社会主义的指导思想、奋斗目标、根本要求、总体布局、战略格局、发展理念、军队国防外交、党的建设等重大问题做出了科学回答,创立了习近平新时代中国特色社会主义思想,实现了再次"伟大结合",极大地推进了马克思主义中国化的历史进程。习近平新时代中国特色社会主义思想既是对马克思列宁主义、毛泽东思想的继承和发展,又是当代中国马克思主义的最新理论创新成果;既是中国特色社会主义理论体系的组成部分,又是对中国特色社会主义理论体系的丰富和发展。

(原载《马克思主义研究》2019 年第 1 期)

我们仍处在马克思主义所指明的
历史时代[*]

王伟光

马克思主义的眼光首先是时代的眼光，也就是站在历史唯物主义的高度，科学判断历史时代，从历史时代的基本矛盾、主要矛盾，以及由其基本矛盾所决定的时代本质和特点出发来观察世界。

我们现在仍处在马克思主义经典作家所判断的历史时代。习近平总书记在 2017 年 9 月 29 日中共中央政治局集体学习时明确指出："时代在变化，社会在发展，但马克思主义基本原理依然是科学真理。尽管我们所处的时代同马克思所处的时代相比发生了巨大而深刻的变化，但从世界社会主义 500 年的大视野来看，我们仍然处在马克思主义所指明的历史时代。这是我们对马克思主义保持坚定信心、对社会主义保持必胜信念的科学根据。"[①] 马克思所指明的历史时代是什么时代呢？马克思、恩格斯在《共产党宣言》中明确指出："我们的时代，资产阶级时代。"[②] 马克思主义经典作家这里提出的"时代"概念，不是我们从党和国家发展角度所提出的

---

　　* 本文系作者 2018 年 8 月—12 月在国家社科基金重大委托项目"世界社会主义与资本主义命运暨国际形势研究"课题组 1—4 次全体会议上的讲话的一部分，标题为作者新加。

　　① 《习近平谈治国理政》第 2 卷，外文出版社 2017 年版，第 66 页。

　　② 《马克思恩格斯选集》第 1 卷，人民出版社 1995 年版，第 273 页。

"新时代"概念，而是唯物主义历史观所阐述的大的"历史时代"概念。唯物史观大的"历史时代"是指占统治地位的社会形态所历经的整个历史进程，该历史时代的进程从该社会形态取代前一社会形态在人类社会占据统治地位起，历经兴盛、衰落，直到为下一社会形态所取代而不再占据统治地位止。马克思、恩格斯按照唯物史观关于社会形态演变的理论，根据"经济的社会形态"的根本性质来划分历史时代，把历史时代划分为原始社会、奴隶社会、封建社会、资产阶级社会等历史时代，经过无产阶级专政的社会主义过渡，将进入共产主义社会时代。从时代的根本性质和大的历史进程来看，从全球范围来讲，现在仍然是资本主义社会形态占主导地位的历史时代，而这个时代又发展到经过社会主义过渡，最终取代资本主义而进入共产主义的历史阶段，该时代充满了社会主义与资本主义两种制度、两条道路、两种命运的斗争。

当然，我们当下所处的大的历史时代，在其发展进程中，又分为不同的发展阶段，每个发展阶段其基本矛盾和主要矛盾的具体表现又有所不同，时代的具体情况和特点又有所变化。现在我们所处的历史时代已经经历了两个阶段。可以简略地回顾一下，第一个阶段是自由竞争资本主义阶段，这就是马克思、恩格斯写作《资本论》时所看到的世界，工人阶级由自在阶级转为自为阶级和社会主义运动的兴起是该时代的主题。第二个阶段是垄断资本主义阶段，又可以称作帝国主义阶段。资本主义从竞争走向垄断，就是列宁写作《帝国主义论》时所看到的世界。资本主义以垄断代替竞争，进入资本主义发展进程中最高的、腐朽的、垂死的发展阶段。在该阶段，帝国主义把世界瓜分完毕，为争夺殖民地而"狗咬狗"地打了起来，爆发了世界大战。无产阶级革命兴起，社会主义从理论走向实践。列宁把这个阶段称作无产阶级革命和帝国主义时代。列宁这里讲的时代不是指大的历史时代，而是指大的历史时代的不同历史阶段。该时代主题是革命与战争。爆发了十月革命、中国革命以及东方殖民地与半殖民地国家的民主革命，出现了一个社会主义阵营和一系列摆脱殖民统治的发展中国家。现在处在什么样的阶段，有两种不同的看法。一种看法认为现在仍处在列宁所判定的无产阶级革命和帝国主义阶段，然而情况发生了巨大变化，时代主题由战争与革命转变为和平与发展；还有一种看法认为现在已经进入第三个阶段，有的叫新帝国主义阶段，有的叫国际垄断资本主义阶段，有的叫金融垄断资本主义阶段，有的叫现代垄断资本主义阶段，等等，究竟是原来的阶段还是新阶段，还可以讨论。然而不管如何判断，马克思主义所指明的大的历史时代没有改变，资本主义的基本矛盾没有改变，垄断资本主义、帝国主义的基本特征没有改变，资本主义必然灭亡，社会主义必然胜利的历史必然趋势，没有改变。由于殖民地或半殖民地人民的斗争、工人阶级的斗争，争取独立和社会主义的斗争、争取和平与发展的斗争成为一波又一波的时代潮流。当今，垄断资本再用过去直接野蛮掠夺殖民地或半殖民地人民的盘剥办法已经过时了，形势迫使垄断资本改变了掠夺方式，采取了间接的盘剥办法，如金融掠夺。争取和平与发展成为时代主题。

总体上看，当下我们仍然处于资本主义生产关系占统治地位的历史时代，然而该历史时代已经前进到社会主义逐步取代资本主义的历史阶段，也就是说资本主义经过革命时期、兴盛时期以后，正处于衰落时期，当然其衰落期也是很漫长的。资本主义的替代物——社会主义以及将来的共产主义，已经从"一个幽灵"即弱小的新生儿时期走向现实实践时期，在资本主义社会体系内部形成了崭新的社会形态——社会主义制度，中国已经成功地走出了一条中国特色社会主义道路，世界社会主义力量不断壮大，进入一个新的发展时期。资本主义力量下降，社会主义力量上升。虽然在该阶段，社会主义相比资本主义来说仍然不占优势，但它却是不可忽视的社会进步力量，代表着人类的未来。辩证法告诉我们，一切新生事物都是不可战胜的，社会主义必胜。

在准确判断历史时代的基础上，就可以对当前国际社会基本矛盾、主要矛盾和主要态势做出判断。当今世界是资本主义生产方式占统治地位的世界，分析当今世界基本矛盾绕不开对资本主义社会基本矛盾的分析。马克思主义经典作家分析资本主义社会基本矛盾，认为是生产力的社会化和资本主义私人占有之间的矛盾，这个基本矛盾表现在阶级关系上就是工人阶级及广大劳动人民与资产阶级的矛盾，表现在社会制度上、发展走势和道路选择上，主要矛盾表现为社会主义与资本主义两条道路、两种制度、两个前途、两种命运、两股力量的矛盾与斗争。在今天的历史阶段，特别是社会主义代替资本主义的过渡阶段，这种博弈更为尖锐、更为激烈，也更为突出。科学社会主义创立至今，社会主义和资本主义两条道路、两种制度的斗争一刻也没有停止。

当然，按照辩证法来看，社会主义的发展也是曲折地前进、波浪式发展、螺旋形上升的，绝不是一帆风顺、一马平川、一路凯歌的。放在大的历史时空跨度上观察，作为代表新的社会形态的社会主义，从空想主义到科学理论，从科学理论到实践运动，从实践运动到制度现实；从1848年《共产党宣言》问世，一个"在欧洲游荡"的"幽灵"，到十月革命胜利、俄国社会主义成功，再到中国革命胜利和社会主义阵营的形成，一路向上发展，当然其中也有挫折和起伏。20世纪80年代末90年代初，东欧剧变、苏联解体，社会主义一下子跌入低谷。从那时到现在近三十年过去了，"三十年河东，三十年河西"，中国高举社会主义旗帜，坚持改革开放，走出了一条中国特色社会主义道路，风景这边独好。而西方资本主义诸国经过 2008 年国际金融危机的打击，走入下坡路。社会主义走出低谷，资本主义进入衰落期。这就是社会主义与资本主义两种社会形态斗争的历史与趋势。

资本主义发展到今天，资本主义社会基本矛盾没有改变，而且更为尖锐、更为激化。资本主义社会的基本矛盾，展开为社会主义与资本主义的矛盾、国际垄断资本主义国家与其他发展中国家的矛盾，国际垄断资本主义国家之间的矛盾。从矛盾上观察世界，就可以对国际问题、国际关系、国际局势及其走向做出判定。资本主义的基本矛盾，国际金融垄断资本主义的矛盾，必然转为不断爆发的国际性金融危机，乃至全面性的经济危机。这种危机是国际社会的各类矛盾更加激化的集中表现。资本主义的矛盾和危机是当前一切国际斗争激化、争端激烈、战争爆发的总根源、总原因。当前国际上各类热点、焦点问题，爆发的各类争端，都是由这些矛盾引发的。

我们观察世界，必须从这一矛盾主线出发，用这样的观点来看中美关系问题就会看得很清楚。当今时代资本主义和社会主义两条道路、两种制度的根本矛盾决定了美国等西方国家必然会竭尽所能对我国以战略上围堵、发展上牵制、形象上丑化。这种斗争不是哪个人的心血来潮，也不是突发事件，而是两条道路、两种制度的历史时代的根本性矛盾所决定的，这是不以我们的意志为转移的，将伴随着我国全面建设社会主义现代化强国的全进程。必须深刻认识两条道路、两种制度斗争的长期性、复杂性、尖锐性。我们和美国之间的矛盾从根本上说是两种制度、两条道路的矛盾，这是不可调和的矛盾，我们一定要做长期斗争的准备。然而，由于社会主义力量的不断壮大，资本主义力量的下降，社会主义和一切爱好和平的力量寻求和平发展成为时代主流。由于中国特色社会主义的成功，中国的发展壮大，再加上俄罗斯等各国的牵制、美国国内爱好和平力量的牵制，美国垄断资本也是不可能为所欲为的。也就是说，由于各种力量的抗衡、制衡、平衡，现阶段国际形势仍处于可控的相对和平状态。虽然局部争端、战争不断，但爆发世界大战的可能性不大。和平发展是主流，我们仍然可以争取到和平发展的战略机遇。从这个现状出发判断，我们应尽最大努力创造并利用和平发展的机遇，发展自己，壮大社会主义生产力，把自己的事情办好，这是当前的主要任务。中美之间斗争是长期的、不可躲避的、绝对的，但又是相对的。存在合作的可能性和现实性，处于打打和和、和和打打的状态。我们应最大限度地争取和平发展、合作发展，这是我们当前的重要策略，只有这样才能发展壮大社会主义、发展壮大社会主义力量。一切都要从这个战略策略出发观察问题、分析问题、处理问题。

毛泽东"三个世界"理论的基本精神依然适用，符合马克思主义对历史时代的总判断，符合对世界基本矛盾和主要矛盾的总判断，符合对当前国际形势、力量对比变化和我们当前任务的总判断，符合对我们当下采取的战略和策略的总判断。

1963 年至 1964 年，面对美苏"冷战"，同时美苏又都在反华的严峻国际环境，毛泽东同志提出了"两个中间地带"的战略判断："我看中间地带有两个，一个是亚、非、拉，一个是欧洲。日本、加拿大对美国是不满意的。"① 1974 年，也就是 10 年以后，他进一步提出了"三个世界"的战略判断："我看美国、苏联是第一世界；中间派，日本、欧洲、澳大利亚、加拿大，原子弹没有那么

---

① 《毛泽东文集》第 8 卷，人民出版社 1999 年版，第 343 页。

多，也没有那么富，但是比第三世界要富；亚洲第三世界很多，亚洲除了日本都是第三世界，整个非洲都是第三世界，拉丁美洲也是第三世界。"① "三个世界"理论的提出，是毛泽东同志运用辩证唯物主义和历史唯物主义分析当时的国际形势而得出的正确结论。在"三个世界"理论指导下，我们党正确地领导了当时的国际斗争和对外工作，取得了中华人民共和国对外工作的成功。中国进入联合国是马克思主义、毛泽东思想的伟大胜利，也证明"三个世界"理论的判断正确。

毛泽东同志提出"三个世界"理论以来，世界已经发生了很大变化，处于百年未有之大变局，要做出符合当前国际力量对比变化的调整。我以为，现在仍然可以把全世界划分为"三个世界"。毛泽东同志讲的第一世界原来是美苏。美国是全球霸主。而苏联在与美国争霸的冷战进程中，在推进大国沙文主义政策的进程中，在背离马克思主义正确路线的进程中，把自己逐步异化成为一个"社会帝国主义国家"，即列宁所批判的"口头上的社会主义者，实际上的帝国主义者"②。形成"两霸"争夺世界的态势。1974年2月25日，毛泽东同志在会见第三世界领导人时说："这个世界是有帝国主义存在，俄国也叫社会帝国主义，这种制度酝酿着战争。"③ 帝国主义就是战争，包括社会帝国主义。现在世界格局一大变化就是两极变成了一极，变成了单极。美国成为单极主义或单边主义的第一世界。第二世界就是日本、欧洲、澳大利亚、加拿大等发达资本主义诸国，它们跟美国一样在对外剥夺发展中国家的重大问题上是一致的。但它们之间又充满了矛盾，"狗咬狗一嘴毛"。第一世界与第

① 《毛泽东年谱（1949—1976）》第6卷，中央文献出版社2013年版，第520页。
② 《列宁选集》第2卷，人民出版社1972年版，第827页。
③ 《毛泽东年谱（1949—1976）》第6卷，中央文献出版社2013年版，第520页。

二世界由于各有各自的垄断资本利益，其矛盾是不可调和的，这就是马克思主义经典作家所讲的帝国主义国家之间的矛盾。这对矛盾曾经引发了第一次和第二次世界大战。第三世界就是中国等发展中国家，包括俄罗斯。当然第三世界也在变化。原来的俄罗斯，也是以俄罗斯为主的苏联，垮台前堕落为社会帝国主义，成为第一世界，解体以后沦为第三世界。当然，也有的把俄罗斯放在第二世界。无论如何，巩固与发展同俄罗斯的战略合作伙伴关系，是中国的战略选择，符合中国人民的利益。有些人不怀好意老想把中国推到第一世界，鼓吹"中国威胁论"。我们不能上当，我们仍然是发展中国家。说实在的，不能把自己宣传过了头，不能让别人担心害怕。中国还有很多落后的地方，就经济总量来讲是第二，但就人均来讲还是很穷的。讲文明状态，中国也差远了，这是最大的软实力差距。

更重要的是我们仍处在社会主义初级阶段的基本国情没有改变，我们走社会主义道路的决心和信心也永远不会改变，这就决定了我们必须走和平发展的道路，永不追求霸权。"三个世界"的划分，其基本考量仍然基于马克思主义关于历史时代问题的认识，关于资本主义基本矛盾和主要矛盾的认识。"三个世界"划分，有从经济规模、发展总量上的区分判断，但应当从世界观、方法论的高度来认识，从制度的高度来认识。第一世界、第二世界都是垄断资本主义国家，是传统的帝国主义国家，过去拥有大片殖民地。第一世界与第二世界之间，存在着不可调和的矛盾，这就是垄断资本主义国家之间的矛盾。美国是超级垄断资本主义国家，要独霸全世界，与其他垄断资本主义国家的矛盾不可调和、不可化解。第三世界绝大多数过去是殖民地或半殖民地国家，"二战"以来纷纷独立，希望走独立自主的发展道路，独立自主地发展本国经济，搞好自己的建设。然而，"树欲静而风不止"，我们打算集中力量搞建设、搞好自己的事情，但垄断资本主义怕利益丢失，怕当不了老大，用各种各样的借口打击你、贬损你，让你发展不起来。譬如，经济制裁、"颜色革命"、金融打击、政治恫吓、军事围剿等，无所不用其极。当头号垄断资本主义国家与其他垄断资本主义国家利益一致时，它们就会联合起来打击、制裁第三世界国家；利益不一致时，就会"狗咬狗"。从社会制度上讲，俄罗斯搞的不是社会主义，但普京是反对美国单边主义的，希望民族独立富强，它与第一世界、第二世界的矛盾很尖锐，特别是与美国的矛盾相当尖锐。我们在做战略考量时，必须把发展同俄罗斯的战略伙伴关系放在重要位置上。

不断彰显当代中国马克思主义的
实践贡献和时代价值

——学习习近平总书记在纪念马克思诞辰 200 周年大会上的重要讲话

王伟光

今年是马克思主义的创始人、伟大的思想家和革命实践家卡尔·马克思诞辰 200 周年，也是标志着马克思主义诞生的《共产党宣言》发表 170 周年。马克思指出："哲学家们只是用不同的方式解释世界，问题在于改变世界。"① 马克思之所以被誉为"千年第一思想家"，不仅因为他创立的学说开创了人类思想革命的新纪元，是迄今为止人类理论思维的最高峰，而且因为马克思主义引导世界无产阶级和进步力量极其深刻地改变了人类历史发展进程，改变了整个世界的面貌。

习近平总书记在纪念马克思诞辰 200 周年大会上指出："共产党人要把读马克思主义经典、悟马克思主义原理当作一种生活习惯、当作一种精神追求，用经典涵养正气、淬炼思想、升华境界、指导实践。"② 这是习近平总书记基于理论逻辑、历史经验和现实发

---

① 《马克思恩格斯选集》第 1 卷，人民出版社 1995 年版，第 61 页。
② 习近平：《在纪念马克思诞辰 200 周年大会上的讲话》，人民出版社 2018 年版，第 26 页。

展对全党提出的明确要求，充分体现了以习近平同志为核心的党中央对马克思主义的深刻认识和高度重视，也是对马克思最有价值、最有意义的纪念。我们一定要遵循习近平总书记的重要讲话精神，真正把马克思主义这个看家本领学精悟透用好，继承和发扬马克思的崇高理想和革命斗志，不断坚持和发展马克思开创的事业，不断彰显当代中国马克思主义的伟大实践贡献和时代意义。

一 马克思主义是与时俱进、颠扑不破的真理体系

科学性即真理性是马克思主义的本质特征。马克思主义诞生于19世纪。英国文学家狄更斯说："这是最好的时代，也是最坏的时代。"资本主义机器大生产的发展，一方面创造了空前的社会财富，另一方面造成并暴露了尖锐的社会矛盾，两极分化严重，经济危机频发，劳动人民备受压迫。马克思和恩格斯深入剖析当时的社会矛盾，在吸收前人研究成果的基础上，在人类认识史上实现了革命性变革，创立了辩证唯物主义和历史唯物主义；发现了剩余价值学说，揭露了资本主义生产和剥削的秘密，说明了无产阶级和资产阶级对立和斗争的根源，创立了马克思主义政治经济学；使社会主义从空想变成了科学，揭示了人类社会发展规律，证明了资本主义为社会主义所代替是历史发展的必然。马克思主义是无产阶级的科学世界观和方法论。

19世纪后期到20世纪前期，第二次科技革命使资本主义社会由自由竞争进入垄断阶段，资本主义列强为重新瓜分世界进行了世界大战，革命风起云涌，出现了马克思、恩格斯不曾预见的新情况、新问题。列宁深入研究了当时的时代特征，指出帝国主义是资本主义的最高阶段，认为在资本主义统治链条最薄弱环节可以率先

实现社会主义革命，建立无产阶级政权，实行社会主义制度和劳动人民自己的政权。列宁领导俄国无产阶级和广大劳苦大众成功地在资本主义世界打开了缺口，取得了十月革命的胜利，建立了世界上第一个社会主义国家，使科学社会主义从理想变为现实。列宁主义是无产阶级革命实践经验的结晶，是帝国主义时代和无产阶级革命时代的马克思主义。

十月革命一声炮响，给中国送来了马克思列宁主义。中国先进分子从马克思列宁主义的科学真理中找到了解决中国问题的正确出路。从此，中国人民在精神上由被动转为主动，中华民族的精神面貌和历史命运被极大改变。毛泽东同志牢牢把握时代发展特征和中国革命实际，创造性地把马克思主义与中国具体实际相结合，带领中国人民找到了一条农村包围城市、武装夺取政权的正确革命道路，经过28年浴血奋战，建立了中华人民共和国，又成功领导了社会主义革命，确立了符合我国实际的先进的社会主义制度。在伟大的革命实践和国家建设中，毛泽东思想应运而生，并不断丰富发展，实现了马克思主义中国化的第一次历史性飞跃。

改革开放以来，以邓小平同志、江泽民同志、胡锦涛同志为代表的中国共产党人，精辟分析国际国内重大变化，紧密联系中国实际和时代特征，深刻回答了"什么是社会主义、怎样建设社会主义""建设什么样的党、怎样建设党""实现什么样的发展、怎样发展"三大基本问题，形成了包括邓小平理论、"三个代表"重要思想、科学发展观在内的中国特色社会主义理论体系，实现了马克思主义中国化的第二次历史性飞跃，为推进改革开放和社会主义现代化建设提供了科学指南。

党的十八大以来，以习近平同志为核心的党中央举旗定向、谋篇布局，统筹推进"五位一体"总体布局，协调推进"四个全面"战略布局，提出了一系列治国理政新理念新思想新战略，解决了许多长期想解决而没有解决的难题，办成了许多过去想办而没有办成的大事，推动党和国家事业发生历史性变革，中国特色社会主义进入了新时代。习近平总书记以马克思主义政治家、思想家的政治自觉、政治勇气、政治毅力、政治定力，带领全党全国人民统揽伟大斗争、伟大工程、伟大事业、伟大梦想，从理论和实践结合上系统回答了"新时代坚持和发展什么样的中国特色社会主义、怎样坚持和发展中国特色社会主义"这一重大时代课题，为党和国家事业开辟了光明前景，在伟大的社会实践中形成了习近平新时代中国特色社会主义思想。习近平新时代中国特色社会主义思想攀登了马克思主义理论思维的新高峰，开创了当代中国马克思主义的新境界，是马克思主义和中国特色社会主义伟大实践相结合的最新成果。习近平新时代中国特色社会主义思想将马克思主义中国化的理论成果提高到了前所未有的高度，实现了马克思主义中国化的又一次历史性飞跃，开辟了马克思主义新境界。

历史已经雄辩地证明，马克思主义是一脉相承又不断发展的科学理论，是与时俱进、颠扑不破的伟大真理，是始终指引中国人民和世界人民推进历史前进的永不熄灭的灯塔。

二 当代中国马克思主义的历史性实践贡献

实践性是马克思主义优于人类一切理论体系的鲜明特质。党的十八大以来，习近平总书记准确把握当今世界和中国发展大势，顺应实践要求和人民愿望，推动党和国家事业发生历史性变革。这些变革力度之大、范围之广、效果之显、影响之深，在党的历史上、中华人民共和国历史上、中华民族发展史上，都具有开创性意义。正是这些伟大的社会实践孕育了当代中国马克思主义、21 世纪马克思主义——习近平新时代中国特色社会主义思想，也正是习近平新时代中国特色社会主义思想指引了中国人民的伟大社会实践。

实践探索没有止境，理论创新也没有止境。创新的科学理论必须通过伟大的社会实践才能展现其真理性。习近平新时代中国特色社会主义思想具有高度的理论价值和实践意义，其实践要求突出体现在新时代坚持和发展中国特色社会主义的基本方略上。基本方略首先明确了新时代中国特色社会主义事业的领导核心，要求坚持党对一切工作的领导。党的领导地位是历史的选择、人民的选择。中国革命建设改革的伟大实践表明，没有党的领导，就没有新中国，就没有社会主义在中国的实践，就没有中国特色社会主义的开创和发展，中华民族伟大复兴必然会沦为空谈。基本方略还规划了新时代中国特色社会主义实践的全新格局，全面体现了"五位一体"总体布局和"四个全面"战略布局，提出坚持以人民为中心、坚持全面深化改革、坚持新发展理念、坚持人民当家做主、坚持全面依法治国、坚持社会主义核心价值体系、坚持在发展中保障和改善民生等。新时代坚持和发展中国特色社会主义的基本方略，是对习近平新时代中国特色社会主义思想的实践展开，每一个都有很强的现实针对性和指导性，是思想化为行动的导航仪、路线图、方法论。

20 世纪末，世界社会主义运动遭遇挫折，有人妄言历史已经终结，有人认定只有西方发展模式才能实现现代化。事实证明了这些观点的错误性。几十年来，我们党坚持聚精会神搞建设、一心一意谋发展，创造了人类历史的奇迹。中国人民生活从短缺走向充裕、从贫困走向小康，并将在 2020 年全面建成小康社会，

在 2035 年基本实现社会主义现代化，在 21 世纪中叶把中国建成
富强民主文明和谐美丽的社会主义现代化强国。中国人民的成功
实践昭示世人，中国道路、中国方案是通向现代化的光明之路，
只要找准方向、确定道路、坚定不移、驰而不息，就一定能够到
达胜利的彼岸。

中国共产党是为中国人民谋幸福的伟大政党，也是为人类进
步事业而奋斗的伟大政党，中国共产党始终把为人类做出新的更
大的贡献作为自己的使命。习近平总书记提出的人类命运共同体
理念既体现出马克思主义宏大的世界视野，又彰显出为世界谋大
同的伟大情怀。作为构建人类命运共同体的伟大探索，"一带一
路"指明了新型经济全球化发展的方向，使相关国家能够共同发
展、共享繁荣。在习近平新时代中国特色社会主义思想指引下，
中国特色社会主义道路、理论、制度、文化不断发展，拓展了发
展中国家走向现代化的途径，给世界上那些既希望加快发展又希
望保持自身独立性的国家和民族提供了全新选择，为解决人类问
题贡献了中国智慧和中国方案。这是当代中国马克思主义对全人
类最重要的实践贡献。

三 习近平新时代中国特色社会主义思想
具有伟大的时代意义

一方面，从世界社会主义 500 年的大视野来看，我们依然处在
马克思主义所指明的历史时代，在这一历史进程中，资本主义基本
矛盾没有改变，人类社会演进的历史趋势也没有改变。另一方面，
经过长期努力，中国特色社会主义进入了新时代，这是我国发展新
的历史方位。习近平新时代中国特色社会主义思想是马克思主义时

代化的最新成果，既是社会发展大的"历史时代"的产物，又深深植根于中国特色社会主义新时代的实际国情，它紧扣当今中国和世界的时代特征，准确把握党的十八大以来我国社会主要矛盾的变化和社会发展的新特征，从而科学地回答了 21 世纪中国和世界面临的新的时代课题，极大地拓展了马克思主义在 21 世纪的时代视野，使科学社会主义在 21 世纪的中国焕发出强大生机活力，奏响了马克思主义在 21 世纪的最强音。习近平新时代中国特色社会主义思想是当之无愧的当代中国马克思主义、21 世纪马克思主义，这一重要思想不仅开启了新时代，也必将引领新时代。

中国所处的当今世界，既是一个充满机遇与挑战的时代，又是一个正在深刻变革的时代。一方面，新一轮科技和产业革命给人类社会发展带来新的机遇，人类文明发展到历史最高水平；另一方面，世界两极分化进一步扩大，矛盾更加尖锐化，一些国家和地区的人民仍然生活在战争和冲突的阴影之下。"面对复杂变化的世界，人类社会向何处去？亚洲前途在哪里？"习近平总书记在博鳌亚洲论坛 2018 年年会上发出了"时代之问"。世界潮流，浩浩荡荡，顺之则昌，逆之则亡。习近平总书记深刻分析了 21 世纪的世界大势和时代潮流，总结了"和平合作""开放融通""变革创新"三个关键词，明确提出共创和平、安宁、繁荣、开放、美丽的亚洲和世界的中国方案，为世界发展贡献了中国智慧。在新世纪，马克思主义愈加显现出跨越时代的真理魅力。作为当代中国马克思主义、21 世纪马克思主义，习近平新时代中国特色社会主义思想在把握历史规律，认清世界大势，顺应时代潮流的基础上，完美地回答了"时代之问"，充分彰显了伟大的时代意义。

时代是思想之母，实践是理论之源。要聆听时代声音，回应时代呼唤，把握历史脉络，在新时代中国特色社会主义伟大实践中坚持和发展当代中国马克思主义、21 世纪马克思主义。习近平新时代中国特色社会主义思想是历史性与时代性的辩证统一，是理论性与实践性的高度统一，为马克思主义的发展、世界社会主义运动的发展、全人类的发展做出了极其重要的贡献，具有伟大的时代意义。

（原载《光明日报》2018 年 6 月 1 日）

科学判定时代方位，对中国特色社会主义和世界社会主义充满信心[*]

李慎明

2017 年 9 月 29 日，习近平总书记在中共中央政治局集体学习时强调指出："时代在变化，社会在发展，但马克思主义基本原理依然是科学真理。尽管我们所处的时代同马克思所处的时代相比发生了巨大而深刻的变化，但从世界社会主义 500 年的大视野来看，我们依然处在马克思主义所指明的历史时代。这是我们对马克思主义保持坚定信心、对社会主义保持必胜信念的科学根据。"①

当今世界局势白云苍狗，云谲波诡；中美贸易摩擦是一场旷日持久战。当今中国，多年积累的"难啃的硬骨头"亟待通过进一步深化改革加以解决。中国正在大踏步地走向世界，世界也正在大踏步地拥抱中国。我国面临着前所未有的机遇，同时也有着世所罕见的挑战。

毛泽东同志特别强调思想上政治上的路线正确与否是决定一切的。习近平总书记特别强调顶层思维和顶层设计。笔者认为，毛泽

* 本文系国家社科基金重大专项项目"新时代中国特色国际关系学基本理论问题研究"（项目编号：18VK009）的阶段性成果之一。

① 《习近平谈治国理政》第 2 卷，外文出版社 2017 年版，第 66 页。

东、习近平所讲，本质上是完全一致的。"我们依然处在马克思主义所指明的历史时代"是习近平总书记运用马克思主义关于人类历史发展规律这一基本原理，与当今时代特征和中国具体实际相结合所做出的重大结论。这一判断不仅完全正确，而且有着十分重大的战略意义和强烈的现实意义。只有认清马克思主义所揭示的人类历史发展规律，认清马克思主义所指明的时代，才能正确认识时代性质，科学判定时代方位，才能从根本上增强中国特色社会主义的"道路、理论、制度、文化"这四个自信，也才能正确进行顶层设计，制定出正确的对内对外的路线、方针、政策以及战略、策略等。也只有如是，才能事半功倍，否则就会事倍功半。

一　当今时代依然处在马克思、恩格斯所指明的大的历史时代

历史学家常用生产工具作为划分时代的标准。马克思、恩格斯用占社会主导地位的阶级来确定和划分"过去的各个历史时代"、社会发展形态，并明确提出了"资产阶级时代"这一概念。

马克思、恩格斯首先创立了辩证唯物主义，接着又运用辩证唯物主义这个锐利的武器，考察了人类历史，从而第一次揭示了人类社会发展的客观规律，指明了人类社会发展大趋势，明确地得出了"两个必然"的结论，即："资产阶级的灭亡和无产阶级的胜利是同样不可避免的。"[①] 因而，资产阶级时代终究会终结，无产阶级与社会主义时代终究会到来。当然，这是一个长期的历史过程。

马克思进而运用唯物史观，深入考察和研究了资本主义生产方

---

① 《马克思恩格斯选集》第 1 卷，人民出版社 1995 年版，第 284 页。

式，第一次揭示了资本主义剥削的秘密，创立了剩余价值学说，从而揭示了资本主义社会内部基本矛盾，即生产社会化和生产资料的资本主义私人占有的最终不可调和的对抗性，进而找到了实现社会变革的阶级和社会力量——无产阶级。马克思、恩格斯对大的历史时代发展规律、发展趋势的科学判定与揭示，正是建立在唯物史观和剩余价值学说这两个基石之上的。

马克思在得出"两个必然"结论的同时，也明确指出"两个决不会"，即："无论哪一个社会形态，在它所能容纳的全部生产力发挥出来以前，是决不会灭亡的；而新的更高的生产关系，在它的物质存在条件在旧社会的胎胞里成熟以前，是决不会出现的。"①

"两个必然"与"两个决不会"是一个统一的有机整体，绝不能用其中一个来否定另一个。用一个否定另一个，在哲学上讲就是"二元论"和"一点论"，而不是"一元论"和"两点论"。但同时我们也必须注意：在马克思主义的基本原理中，"两个必然"与"两个决不会"也绝不是完全等同的平行并列的关系；如果作此认识，就会为种种"左"、右倾错误认识，甚至给历史虚无主义留下相当活跃的空间。从一定意义上讲，"两个必然"是人类历史发展的总趋势、总归宿，是我们正确理想信念的总源泉、总依据，是我们建设中国特色社会主义和最终实现共产主义的信心的根本所在。"两个决不会"是人类历史总体发展的具体过程和具体细节的总汇集、总描述，是我们在实现最高纲领的过程中，在制定、实施和实现一个个最低纲领和一个个战略策略时，所要考察的客观的具体条件的现实依据。

正因如此，我们对"两个必然"和"两个决不会"的结论，

---

① 《马克思恩格斯选集》第2卷，人民出版社1995年版，第33页。

绝不会也绝不能割裂开来甚至对立起来。在建设中国特色社会主义和最终实现共产主义的道路上，必然充满荆棘和曲折，绝不可能只是在敲锣打鼓中就能实现，同时也对最终到达全人类的最终归宿——共产主义，亦即最终实现人类命运共同体充满无比的信心。

综上所述，我们完全可以说，当今世界仍处于资本主义向共产主义过渡的时代；社会主义是共产主义的初级阶段，而当今中国特色社会主义仅仅是社会主义的初级阶段而已。

二 当今世界同时也处于列宁所说的金融帝国主义这一特定的小的历史时代

笔者个人认为，习近平总书记所讲的"我们依然处在马克思主义所指明的历史时代"，既包括马克思、恩格斯所说的大的历史时代，又包括了列宁所说的帝国主义这一特定的小的历史时代。

列宁坚持和发展了马克思、恩格斯的思想。按照列宁划分时代的标准，我们可以把马克思、恩格斯所说的资产阶级分别细分为三个阶段：一是商业资产阶级；二是工业资产阶级；三是金融资产阶级即金融帝国主义。同时相对应地把资产阶级这一"大的历史时代"分别细分为三个较小的历史时代：一是商业资本主义时代；二是工业资本主义时代。商业资本主义时代和工业资本主义时代同为自由竞争的资本主义时代。因而这个时期的资本主义处于上升时期，同以前的时代相比是文明的、进步的；三是工业资本和银行资本加速集中并日益融合为金融帝国主义时代。金融帝国主义时代则是垄断的、寄生的、腐朽的、垂死的资本主义时代。当今美国当局不顾国际社会的强烈反对，对我国悍然发动贸易战乃至金融战、科技战等，就是企图维护其在全球摇摇欲坠的在金融、科技、军事、意识形态、规则规制等方面的垄断地位，其最终结果必然进一步加深其寄生、腐朽和垂死性。

早在1914年，列宁就指出："帝国主义是资本主义完成了它所能完成的一切而转向衰落的这样一种状态"；"这个时代将延续多久，我们无法断言"。① 在1915年年底和1916年，列宁明确指出："典型的世界'主宰'已经是金融资本……整个世界的命运简直就掌握在几百个亿万富翁和百万富翁的手中。"② "帝国主义的特点，恰好不是工业资本而是金融资本。"③ 1916年上半年，列宁在其著名的《帝国主义是资本主义的最高阶段》中更是十分明确地指出："资本主义已经发展到这样的程度"，"大部分利润都被那些干金融勾当的'天才'拿去了"，"人类历尽艰辛所达到的生产社会化这一巨大进步，却造福于……投机者"。④ "资本主义的一般特性，就是资本的占有同资本主义在生产中的运用相分离，货币资本同工业资本或者说生产资本相分离，全靠货币资本的收入为生的食利者同企业家及一切直接参与运用资本的人相分离。帝国主义，或者说金融资本的统治，是资本主义的最高阶段。"⑤ "金融资本是一种存在于一切经济关系和一切国际关系中的巨大力量，可以说是起决定作用的力量，它甚至能够支配而且实际上支配着一些政治上完全独立的国家。"⑥ "各种形式的附属国"，"它们在政治上、形式上是独立的，实际上却被金融和外交方面的依附关系的罗网缠绕着"。这就是"半殖民地"。⑦ 1917年4月，列宁指出："不研究这个问题，就

---

① 《列宁全集》第26卷，人民出版社2017年版，第36页。
② 《列宁全集》第27卷，人民出版社2017年版，第142页。
③ 同上书，第403页。
④ 《列宁选集》第2卷，人民出版社1995年版，第594页。
⑤ 《列宁全集》第27卷，人民出版社2017年版，第374页。
⑥ 《列宁选集》第2卷，人民出版社1995年版，第644页。
⑦ 同上书，第648页。

根本不会懂得如何去认识现在的战争和现在的政治。"① 1920 年 7
月，列宁又强调指出："资本主义已成为极少数'先进'国对世界
上绝大多数居民实行殖民压迫和金融扼杀的世界体系。"② "资本主
义现在已经划分出极少数特别富强的国家"，"它们专靠'剪息票'
来掠夺全世界"。③ "只要生产资料私有制还存在"，"帝国主义战争
是绝对不可避免的"。④ "世界革命危机日益发展，这个危机不管会
经过多么长久而艰苦的周折，最后必将以无产阶级革命和这一革命
的胜利而告终。"⑤ "帝国主义是无产阶级社会革命的前夜。从 1917
年起，这已经在全世界范围内得到了证实。"⑥ 因而，从本质上说，
帝国主义时代同时也是无产阶级革命的时代。

　　在经济全球化和国际金融危机深入发展的今天，只要认真读一
读列宁《帝国主义是资本主义的最高阶段》这一著作，任何有起码
良知和公正的人都会得出这样的结论：这部字数不多的著作，与马
克思、恩格斯的《共产党宣言》一样，其理论、历史与形式逻辑有
着高度的内在统一，在人类文明史的重重迷雾之中，是一座愈加闪
烁着巨大真理光芒、照耀人们不断顽强前行的具有里程碑意义的理
论灯塔。任何偏见和诡辩，都无法使其消弭。很可惜，这些年来，
读此著作的人不多了。也有一些人，忙着去搞所谓的"金融创新"
了，而对垄断资本控制的金融的本质不甚了解，甚至把金融创新当
成谋取私利的工具。

　　笔者认为，列宁当年所说的帝国主义就是金融资本统治的金融

---

① 《列宁选集》第 2 卷，人民出版社 1995 年版，第 576 页。
② 同上书，第 578—579 页。
③ 同上书，第 581 页。
④ 同上书，第 578 页。
⑤ 同上书，第 579 页。
⑥ 同上书，第 582 页。

帝国主义的简称；列宁当年所说的帝国主义是资本主义发展的最高阶段，就是金融帝国主义是资本主义发展的最高阶段的简要表述；我们常说的当今世界仍然处于帝国主义时代，就是当今世界仍然处于金融帝国主义时代。也正因如此，如果使用列宁的"金融帝国主义"这一提法，将有助于我们更加直接、更加深刻地认识帝国主义的本质，有助于深刻认识当前在全球范围内爆发的国际金融危机和当今世界上所发生的各种主要事件的本质，有助于我们进一步坚定中国特色社会主义、世界社会主义乃至共产主义的信心，有助于找到科学应对的战略举措。

毫无疑问，"资产阶级在历史上曾经起过非常革命的作用"[①]。但随着金融帝国主义时代的到来，从总体上来说，资产阶级则逐渐步入了垄断、寄生、腐朽和垂死的历史阶段。我们虽然无法断言列宁所说的金融帝国主义这个时代能够延续多久，但有一点则完全可以肯定，这一时代绝不是以几十年甚至一百多年为单位，而至少是以几百年甚至更长时间为单位。人们对列宁所说的帝国主义是腐朽、垂死的资本主义的诘难，就是把金融帝国主义这一时代看短了，是以百年甚至几十年为单位来衡量对错的，从而得出了列宁所说过时的结论来。其实，这不是列宁所做判断的过错，而是我们理解上的偏狭和过错。

资本主义向社会主义的过渡时代是长期的，其进程不仅是曲折的，有时甚至会发生逆转。列宁曾明确指出："每个时代都有而且总会有个别的、局部的、有时前进、有时后退的运动，都有而且总会有各种偏离运动的一般形式和一般速度的情形。"[②] 对东欧剧变、苏联解体，对当今世界社会主义的低潮，完全可以做如

---

① 《马克思恩格斯选集》第 1 卷，人民出版社 1995 年版，第 274 页。
② 《列宁全集》第 26 卷，人民出版社 2017 年版，第 143 页。

是理解。

在由资本主义向社会主义过渡的过程中，社会主义革命有迅速发展时期，也有消沉时期。列宁曾明确指出，社会主义革命不可能像"涅瓦大街上的人行道"那样"宽阔、畅通、笔直，在走向胜利的途中根本不必承受极其重大的牺牲，不必'困守在被包围的要塞里'，或者穿行最窄狭、最难走、最曲折和最危险的山间小道，谁认为只有'在这种条件下'才'可以'进行无产阶级革命，谁就不是革命者"①。他认为："社会主义的彻底胜利是要经过漫长的、艰苦的道路"②；革命在发展中既有"一天等于二十年"的迅速发展时期，也会有"'和平'龟行发展"的"政治消沉"时期。③这种现象，既会在一国革命中发生，也会在世界范围内发生。因此，不能把当前世界社会主义革命处于消沉时期的现象，看成时代的根本性质改变了，甚至要告别革命，它仅仅是时代不同发展阶段上主题的变化。列宁说，"无产阶级的策略都要考虑到人类历史的这一客观必然的辩证法"，"要利用政治消沉"时期"来发展先进阶级的意识、力量和战斗力……并使这个阶级在'一天等于二十年'的伟大日子到来时有能力实际完成各项伟大的任务"。④

毛泽东、邓小平、江泽民、胡锦涛和习近平等国家领导人从来没有否定当今世界时代的性质仍然是帝国主义的时代。而恰恰相反，他们都或直接或间接地肯定了这一时代的本质没有发生改变。

早在1935年，毛泽东同志就指出："自从帝国主义这个怪物出世之后，世界的事情就联成一气了，想要割开也不可能了。"⑤ 1937

---

① 《列宁全集》第35卷，人民出版社2017年版，第55页。
② 《列宁全集》第33卷，人民出版社2017年版，第414页。
③ 《列宁全集》第26卷，人民出版社2017年版，第78页。
④ 同上。
⑤ 《毛泽东选集》第1卷，人民出版社1991年版，第161页。

年，毛泽东同志还指出："自由竞争年代的资本主义发展为帝国主义"，列宁主义"成为帝国主义和无产阶级革命时代的马克思主义"①。1969 年 3 月，毛泽东同志在召集有关人员的碰头会上明确指出："列宁是帝国主义时代的马克思主义。现在还是帝国主义时代。"② 1973 年 6 月 16 日，毛泽东与周恩来谈话，当谈到党的十大政治报告起草问题时说："政治报告中要指出时代的特点，现在仍处于帝国主义和无产阶级革命时代，这个时代与列宁所处的时代相同，要引用列宁在《帝国主义论》中所说过的话为证。报告中要指出注意一种倾向常常掩盖另一种倾向。此外，应多引用一些马、列的话。"③

邓小平同志在中苏论战中曾协助毛泽东主持撰写"九评"。1960 年 6 月 30 日，邓小平同志在会见拉丁美洲 12 国兄弟党代表团的讲话中就指出："一切问题的关键在对时代的分析，这个问题在国际共产主义运动中有不同的解释，发生了列宁关于帝国主义是资本主义最高阶段这个论断合不合用的问题。我们的观点概括说，列宁的论断并没有过时，帝国主义的特征没有改变。"④

以邓小平同志为核心的党的第二代中央领导集体的另一位重要成员陈云同志在 1989 年十分明确地指出："列宁论帝国主义的五大特点和侵略别国、互相争霸的本质，是不是过时了？我看，没有过时。""那种认为列宁的帝国主义论已经过时的观点，是完全错误的，非常有害的。这个问题，到了大呼特呼的时候了。"⑤

江泽民同志在 2000 年也明确指出，当今世界的经济全球化，

① 《毛泽东选集》第 1 卷，人民出版社 1991 年版，第 314 页。
② 《毛泽东年谱（1949—1976）》第 6 卷，中央文献出版社 2013 年版，第 233 页。
③ 同上书，第 482 页。
④ 《邓小平年谱（1904—1974）》（下），中央文献出版社 2009 年版，第 1562 页。
⑤ 《陈云文选》第 3 卷，人民出版社 1995 年版，第 370 页。

由西方发达国家主导。① 2005 年，胡锦涛同志指出："要和平、促发展、谋合作是时代的主旋律"，"同时，世界和平与发展这两大问题还没有得到根本解决……人类实现普遍和平、共同发展的理想还任重道远"②。

2013 年 3 月，习近平同志在莫斯科国际关系学院的演讲中指出："这个世界，人类依然面临诸多难题和挑战，国际金融危机深层次影响继续显现，形形色色的保护主义明显升温，地区热点此起彼伏，霸权主义、强权政治和新干涉主义有所上升，军备竞争、恐怖主义、网络安全等传统安全威胁和非传统安全威胁相互交织，维护世界和平、促进共同发展依然任重道远。"③ 2016 年 6 月 25 日，习近平与普京在北京共同发表的《关于加强全球战略稳定的联合声明》中明确指出："当前，影响全球战略稳定的消极因素正在世界各地增加，我们对此感到担忧。这一趋势的危险性首先在于，个别国家和军事—政治同盟谋求在军事和军技领域获得决定性优势，以便在国际事务中毫无阻碍地通过使用或威胁使用武力来实现自身利益。它们公然无视各国安全不受减损的安全基本原则，企图以牺牲他国安全换取自身安全。这一政策导致军力增长失控，动摇了全球战略稳定体系，与在有效国际监督下实现普遍、全面裁军的理念背道而驰。"④ 这一论断，不仅间接肯定了列宁所说的帝国主义时代的存在，而且还充分肯定了帝国主

---

① 江泽民：《在 2000 年亚太经合组织工商界领导人峰会午餐会上的演讲》，《人民日报》2000 年 11 月 16 日。

② 胡锦涛：《努力建设持久和平　共同繁荣的和谐世界——在联合国成立 60 周年首脑会议上的讲话》，《人民日报》2005 年 9 月 16 日。

③ 习近平：《顺应时代前进潮流　促进世界和平发展——在莫斯科国际关系学院的演讲》，《人民日报》2013 年 3 月 24 日。

④ 《中华人民共和国主席和俄罗斯联邦总统关于加强全球战略稳定的联合声明》，《人民日报》2016 年 6 月 26 日。

义就是战争的结论。

不管承认不承认、正视不正视、认识不认识列宁所界定的时代，它都时时刻刻存在于我们现实的政治经济社会生活之中，存在于我们亟待统筹的国内国际两个大局之中。从一定意义上讲，这是我们进行科学顶层设计中亟待弄清的一个十分重大的基础理论问题和客观现实问题。

三 中国特色社会主义和世界社会主义有着无比光明的前途

1946 年 9 月 11 日，毛泽东同志审阅中共中央宣传部部长陆定一报送的《解放日报》拟发表的题为"蒋军必败"社论。陆定一在送审社论稿时写给毛泽东的信中说："在战争过程中，宣传上主要目标，为揭露美国，澄清同志对美的各种幻想。"毛泽东对社论稿和来信做出如下批语："不但澄清对美幻想，主要应澄清悲观思想，指出必胜前途，这是目前的中心问题。"① 笔者认为，当时党内对美国出现不切实际的幻想，其根源主要还是来自中国共产党战胜不了强大的美国这一悲观思想。毛泽东点到了问题的实质。70 多年过去了，重温毛泽东当年的批示，联系我们现在必须应对的躲不过、绕不开的中美贸易摩擦，应该说，依然具有强烈的现实针对性。

目前这场仍深未见底的国际金融危机的总根源，就是东欧剧变和苏联亡党亡国之后全球范围内贫富两极的急剧分化。国际金融危机爆发已经整整十年。特朗普当局又祭起贸易制裁大棒到处挥舞，

---

① 《毛泽东年谱（1893—1949）》（下），人民出版社 1993 年版，第 133 页。

国内外一些学者包括经济学家认为，第二次国际金融危机即将爆发。摩根大通公司预言"下一场全球金融危机将于 2020 年爆发"①。笔者认为，从本质上说，2008 年爆发的国际金融危机到现在就根本没有结束过，何来的第二次危机呢？资本主义经济正处于长周期的衰落阶段，短期的一些所谓"好看"的经济指标并不代表已经走出危机。从根本上说，再有十年甚至更长的时间，2008 年爆发的国际金融危机也走不出来。2020 年若要爆发更大的危机，仅是 2008 年国际金融危机的延续和深化而已。

马克思、恩格斯和列宁对资产阶级与帝国主义时代现状与趋势的认识，都是基于科技的进步与生产力的发展。在资本主义生产关系框架内，单个技术可以形成单个资本。但其中的交通工具可以把一个个单个资本吞并，最终形成垄断。所以，马克思、恩格斯说，轮船的行驶，铁路的通行，电报的使用，等等，使得"资产阶级在它的不到一百年的阶级统治中所创造的生产力，比过去一切世代创造的全部生产力还要多，还要大"②。列宁更加重视建筑铁路的作用。1920 年 7 月，他指出："资本主义的线索象千丝万缕的密网"，把"建筑铁路""这种事业同整个生产资料私有制连结在一起"，"把这种建筑事业变成"对"占世界人口半数以上的附属国人民，以及对'文明'国家资本的雇佣奴隶进行压迫的工具"。③

世界社会主义有着无比灿烂的前途，就是因为以"互联网＋"、人工智能等为代表的新的高科技革命和新的生产工具的诞生和发展，极大地提高了全球范围内的社会生产力，但同时也极大地加剧着全球范围内的财富占有和收入分配的贫富两极分化。这正如马克

---

① 《摩根大通公司预计下一场全球金融危机将于 2020 年爆发》（2018 年 9 月 13 日），彭博新闻社网站。
② 《马克思恩格斯选集》第 1 卷，人民出版社 1995 年版，第 277 页。
③ 《列宁选集》第 2 卷，人民出版社 1995 年版，第 578 页。

思所强调: 在资本主义社会, "文明的一切进步, 或者换句话说, 社会生产力 (也可以说劳动本身的生产力) 的任何增长, ——例如科学、发明、劳动的分工和结合、交通工具的改善、世界市场的开辟、机器等等, ——都不会使工人致富, 而只会使资本致富"①。这也就是说, 在资本主义生产关系框架之内, 从总体上和本质上说, 资本与劳动的各自致富, 是一个跷跷板的两头, 绝不可能是共富。资本愈是富有, 广大劳动群众则必然愈是贫穷。广大劳动群众愈是贫穷, 社会的有效需求则必然是愈加减少。以美国为首的西方资本主义世界为主导的经济全球化, 必然使得全球范围内广大民众愈加贫穷, 社会的相对需求急剧减少。我们还可以做出这样的预言, 在未来二三十年内, 在全球范围内, 大量的人工智能会更多地挤占现有的人工工作岗位, 无人工厂会雨后春笋般地在世界各地涌现。这一进程, 可能要比我们常人所想象的还要快得多; 其覆盖面, 可能比常人想象的还要更为广阔。但资本都不雇佣工人了, 普通百姓都没有工资了, 谁来购买这些物美价廉的产品呢? 这也是国际金融危机即资本主义经济危机一再爆发的根本原因。

世界社会主义有着无比灿烂的前途, 还因为国际互联网已经远比铁路、航空更快地加速着世界上被压迫被剥削的世界各国、各民族和各国人民的联合。马克思、恩格斯在《共产党宣言》中指出: "工人的越来越扩大的联合", 是 "由于大工业所造成的日益发达的交通工具而得到发展, 这种交通工具把各地的工人彼此联系起来"; "中世纪的市民靠乡间小道需要几百年才能达到的联合, 现代的无产者利用铁路只要几年就可以达到了"②。在当今世界, 国际互联网是柄双刃剑。它既是金融帝国主义企图统治劳动和劳动者思想

---

① 《马克思恩格斯全集》第 46 卷, 人民出版社 1979 年版, 第 268 页。
② 《马克思恩格斯选集》第 1 卷, 人民出版社 1995 年版, 第 281 页。

的最直接、最便捷、最有力的工具，同时也是劳动者传播先进思想和先进文化并进而彼此联合的最直接、最便捷、最有力的工具。绝大多数人的联合与绝大多数人的事业，绝不是极少数人及其所掌握的技术能封锁得了的。

2008 年爆发的国际金融危机本质上是资本主义的经济、政治和文化价值观的全面危机，是高度发达的社会生产力即生产社会化乃至生产全球化与现存的生产关系即生产资料被极少数私人占有这一资本主义基本矛盾的一次总爆发。历史已经反复证明，这一基本矛盾在资本主义生产关系的框架内根本无法摆脱。随着这一矛盾的不断发展和深化，可以断言，更大的金融灾难必将紧随其后并在一些年内接连爆发。

整个资本主义世界，颇像中国著名古典小说《红楼梦》中内囊空虚起来的贾府。今天全世界范围内的贫富两极分化，必然带来明天全世界各国人民的痛苦、愤懑直至反抗，这是全球范围内的大变革大调整的根本动力；全球人类社会大变革大调整的结果，就必然推动着整个人类社会的大发展。

从眼前和局部看，中国与美国有不少利益交汇点，尤其是经济贸易往来，相互额度占比高，但从根本和长远看，以美国为首的资本主义的道路、理论体系、制度和文化则是与中国特色社会主义的道路、理论体系、制度和文化根本对立的。

从一定意义上讲，以美国为首的西方强国只要主导着这个世界，战争就不可能完全避免。列宁的判断依然科学而准确：帝国主义是战争的策源地。冷战结束以来，世界范围内发生了十多起较大的局部战争，都直接或间接地与帝国主义大国有关。之所以说世界和平有希望，主要是说世界各国人民，其中包括所有发达国家和发展中国家的广大人民，对世界和平有着强烈的愿望和追求，对帝国主义的现象和本质的认识、对帝国主义是战争的策源地的认识都有不同程度的深化。另外，以美国为首的西方国家正处于衰退之中，世界多极化也在深入发展，美国称霸全球常常是力不从心。鉴于用"和平演变"的办法在苏联获得成功，它们今后将主要运用其经济、政治和文化等霸权对世界上社会主义国家搞"和平演变"，对其他发展中国家搞"颜色革命"，以企图达到永久称霸世界、掠夺世界之目的。正因如此，世界和平的整体总格局可能仍将会维持一段时间。

战争与和平都有不同阶级和力量的主导即性质的不同，又是对立统一和质变与量变的关系。在人类的历史长河中，从时间而言，从整体而言，相对温馨的和平时期是常态，而血与火的战争却是短暂甚至极其短暂的。但是战争一旦发生，既会给一个国家、民族及其人民带来十分巨大的灾难，在一定条件下又可以导致一个国家、民族及其人民的新生。这正如同经济危机与经济发展时期一样，经济发展是常态，经济危机是非常态，但短暂的经济危机的非常态的发生，可能会对一个国家、民族及其人民造成较长甚至很长时段的极大的苦难，又可能促使一个国家、民族及其人民走向觉醒和振兴。

和平与发展这"两大主题""两大课题"和"两大问题"，绝不是几十年甚至上百年乃至更长一点的历史阶段所能轻易解决的了的。经济全球化的深入发展和国际金融危机的深化，不仅使现有的和平与发展这两大问题得不到很好解决，反而又带来而且也必然带来新的更大更多的问题，其中最为突出的是全球范围内的贫富两极分化。这一新的问题的凸显，进一步加重了原有的和平与发展这两大问题的存在。原始社会存在100多万年，奴隶社会存在1600多年，封建社会存在2000多年，资本主义社会才存在370多年，尽管现在历史加快了自己的发展步伐，但我们没有理由更没有力量让资本主义现在就"寿终正寝"。

金融帝国主义时代还可能会持续一个相当长的历史时期，我们绝不能把这一时期看轻了、看短了。认为当今时代已是和平与发展时代，就是把金融帝国主义这一时代看轻了、看短了。当然，从一定意义上讲，这一时代的长短，同时也取决于世界各国人民特别是代表其根本利益的共产党人对这一时代的认识，和在与金融帝国主义合作、竞争、博弈本质上是较量中的主观能动性的发挥。从一定意义上讲，美国拥有金融霸权这一经济基础，也就拥有了其他霸权的各种手段。现在，美国经济之所以扑朔迷离，原因之一，就是美国正在并将继续把自己 2008 年爆发的金融危机转嫁到广大发展中国家，甚至是欧盟和日本这样的发达国家。从总的历史趋势讲，资本帝国主义无疑是腐朽的、垂死的资本主义，是纸老虎，在战略上和本质上，我们必须这么看。因为这是规律和未来必然的事实。但是，我们也必然记住列宁如下的其他论述，列宁在《帝国主义是资本主义的最高阶段》里明确指出："如果以为这一腐朽趋势排除了资本主义的迅速发展，那就错了。不，在帝国主义时代，某些工业部门，某些资产阶级阶层，某些国家，不同程度地时而表现出这种趋势，时而又表现出那种趋势。整个说来，资本主义的发展比从前要快得多"[1]，甚至会出现"惊人迅速的发展"。因此，在战术上看，金融帝国主义又是真老虎、铁老虎，真老虎、铁老虎是要吃人的。苏联这个社会主义的大国不是被吃掉了吗？苏联解体的重要原因之一，就是以美国为首的西方世界通过在苏联制造的金融动荡直接间接洗劫了大量的财富。因此，我们在战术上必须高度警惕，认

---

[1]　《列宁全集》第 27 卷，人民出版社 2017 年版，第 436 页。

真应对，不能有丝毫马虎。只有认清金融帝国主义既腐朽、垂死又可以在特定条件下惊人迅速地发展这一重要特征，我们才可能保持头脑清醒，在任何情况下赢得主动。

笔者认为，随着经济全球化的深入，随着国际金融危机深化，随着全球范围内的贫富两极分化，随着中国特色社会主义的巍然屹立，中国共产党人和中国人民，全世界无产阶级和广大劳动人民群众，在未来二三十年最多不会超过五十年内，必然会结束"'和平'龟行发展"的"政治消沉"时期，迎接列宁所说的"一天等于二十年"的伟大日子的到来，迎接中国特色社会主义赢得巨大成功、世界社会主义获得重大发展的伟大日子的到来。

综上所述，当今世界，不仅处于资本主义时代，而且处于帝国主义时代，而且同时也处于无产阶级革命时代，如果换一种表述，就是同时也处于无产阶级及其进步事业不断发展的时代。

（原载《世界社会主义研究动态》第 130 期）

唯物史观的时代观与当今时代判断*

金民卿

中国特色社会主义进入新时代，是中国共产党人对当代中国发展方位的重大判断。中国特色社会主义新时代是从中国特色社会主义历史进程和发展阶段的角度讲的，阐述的是党和国家事业发展的特定阶段及其历史任务，而不是马克思主义所讲的人类社会发展的大的历史时代。要全面准确完整地理解和把握新时代，就必须系统掌握唯物史观的历史时代观，以此为根本遵循来判断当今人类所处的大的历史时代及其阶段性特征，同时对新时代中国特色社会主义的历史使命和风险挑战做出正确分析。

一 时代观是一个重大的理论和现实问题

时代问题是一个大问题，科学准确地把握时代本质及其阶段性特征，是分析现实、判断形势、制定政策、推进实践、创新理论的重要前提。以不同的历史观和判断标准来把握时代，在理论上会得出不同甚至截然相反的结论，在实践上也会产生不同的效果。正因

* 本文系 2018 年度国家社科基金重大委托项目"世界社会主义与资本主义前途命运暨当代国际形势研究"（项目编号：18@ZH013）的阶段性成果。

为如此，时代问题历来非常受重视，东西方文化体系以及当今思想理论界提出了不同的时代划分标准，做出了不同的时代判断。

中国人历来重视修史，并对历史时代划分提出了独到见解，其中在思想史上影响最大的时代观要数"公羊三世说"。《春秋公羊传》提出，孔子写《春秋》"所见异辞，所闻异辞，所传闻异辞"。据此，董仲舒认为，"《春秋》分十二世以为三等，有见有闻有传闻"（《春秋繁露·楚庄王第一》），初步把春秋的历史归纳为"有见世""有闻世""有传闻世"三个时代。这个"三世说"只是以孔子修史的文献为依据对时间做出的划分，并没有对"三世"进行价值判断和性质界定。而东汉的何休不仅对"三世"做了时间划分，而且做了性质界定，明确提出了"衰乱世""升平世""太平世"的"三世"时代观："所见者，谓昭定哀，己与父时事也；所闻者，谓文宣成襄，王父时事也；所传闻者，谓隐桓庄闵僖，高祖曾祖时事也……于所传闻之世，见治起于衰乱之中，用心尚粗糙，故内其国而外诸夏……于所闻之世，见治升平，内诸夏而外夷狄……至所见之世，著治太平，夷狄进至于爵，天下远近大小若一。"（《春秋公羊经传解诂·隐公元年》）。自此，公羊学的"三世说"时代观得到较系统的阐述。这种"三世说"时代观在历史上影响深远。晚清维新变法时期，康有为就把它同"小康""大同"思想以及进化论思想糅合，提出了以"三世说"为核心的进化论历史观，认为人类社会是变异和进化的，沿着"据乱世""升平世""太平世"的演进路径发展。"三世说"的时代观虽然在一定程度上反映了某些历史现象，并在戊戌变法等特定时期起过积极作用，但它并不是真实的历史现实，更不是科学的历史观和时代观。顾颉刚就曾经批评道："此三世之说殊难稽信也。事实上春秋时愈降则愈不太平，政乱民苦无可告诉，可谓太平乎？"（《春秋三传及国语

之综合研究》)

西方思想史上也有人提出过不同的时代判断标准，形成了各具特色的时代观。例如，赫西俄德在《工作与时日神谱》中就提出过"黄金时代""白银时代""青铜时代""英雄时代""黑铁时代"等划分："黄金时代"的人类虔诚地听从神的旨意，与神幸福地生活在一起，没有生老病死之忧；"白银时代"的人类被降到地上，不如原来幸福，相互争吵不休，强壮但缺乏理智，不知悲伤与快乐；"青铜时代"的人类开始使用青铜工具，身体强壮而心灵残忍，相互之间战争不断；"英雄时代"的人类与半神般的英雄们共同生活，力量和智慧接近于神，变得更勇敢和公正，死后进入极乐世界；"黑铁时代"的人类失去神的保护，陷入悲惨生活，社会失序，道德沦丧，弱肉强食。① 此外，罗马的奥维斯在希腊神话的基础上，把"英雄时代"去掉，提出了"四时代"论。这种根据神话传说而确定的时代划分，当然不是真实的历史。与这种早期依据神话传说而划分的时代不同，黑格尔以人类理性发展程度和状态为依据，创立了客观唯心主义的历史哲学和时代观，划分了不同的历史时代及其代表：处于历史儿童期的东方社会、处于历史青年期的古希腊城邦、处于历史成年期的罗马帝国、处于历史成熟期的欧洲世界等。②

以上这些划分，或以神话传说为依据，或以历史现象为标准，或以人类理性发展状态为标准，并没有全面真实地反映人类历史的客观进程和发展规律。

在当今理论界，关于时代的判断也有各种各样的说法，分别体现着不同的内涵。比如，从生产工具的角度看，人类社会经过了石

---

① ［古希腊］赫西俄德：《工作与时日神谱》，张竹明译，商务印书馆1991年版。
② ［德］黑格尔：《黑格尔历史哲学》，潘高峰译，九州出版社1991年版。

器时代、铜器时代、铁器时代、机器时代、电子时代，现在进入了信息时代；从生产方式和产业形态的角度看，人类历史经过了渔猎时代、农耕时代、工业时代，现在进入后工业时代；从文明史的角度看，人类文明发展可划分为原始文明时代、农业文明时代、工业文明时代和知识文明时代等。这些说法是从某个学科、某个视角出发对时代的概括，有一定的可取之处。但是，它们对于历史发展中的生产关系特别是阶级关系的分析明显不足，缺乏对历史时代本质的深度把握。我们要科学把握历史时代的深刻内涵，就必须要确立正确的历史观，坚持科学的判断标准，这就是马克思主义的唯物史观及其时代判断标准。

如何准确把握时代本质及其发展特点，如何定位人类历史发展阶段和发展方位，这不仅是一个重大的理论问题，同时也是一个重大的实践问题。中国共产党历来高度重视对时代本质和特点的判断，并依据这种判断来制定自己的政策和策略，实现自己的奋斗目标。毛泽东同志在领导中国革命的过程中，按照马克思主义的时代观，正确看待中国所处的历史时代和发展阶段，明确提出中国处于半殖民地半封建社会，中国的新民主主义革命是帝国主义时代世界无产阶级革命的重要组成部分，以此为依据制定了新民主主义革命的政策和策略，领导新民主主义革命取得彻底胜利。中华人民共和国成立后，他又根据中国社会发展现状，做出我国处于不发达社会主义阶段的判断，领导社会主义建设，并根据世界格局的变化创立了"三个世界"划分的理论，指导中国的国际斗争和外交工作。改革开放后，邓小平同志对时代问题进行深入分析，做出我国处于社会主义初级阶段、和平与发展是世界两大问题的重大判断，制定了改革开放和社会主义现代化建设的政策和策略，开创了中国特色社会主义道路。

如今，人类进入一个大发展大变革大调整的历史时期，资本主义经历了几百年的发展出现了一系列问题，中国特色社会主义经过长期发展进入新时代，这就要求当代中国共产党人要对当今时代本质和特点进行深刻把握，对当代中国发展的历史方位进行新的概括，更好地开展具有许多新的历史特点的伟大斗争，更好地坚持和发展中国特色社会主义事业。对此，习近平总书记坚持马克思主义的时代观，继承前人的理论创新成果，做出了一系列重大理论判断。我们要学懂弄通做实这些重大理论成果，就必须深入理解和把握唯物史观的时代观。

二 唯物史观的社会历史时代观包含着
丰富的思想内涵

马克思主义的唯物史观，深刻把握了人类历史的基本规律和发展趋势，创立了分析把握人类历史问题的科学世界观和方法论，真正把历史学提升到了科学境界。唯物史观基于人类历史发展的基本规律、客观进程和发展趋势，对于社会历史时代的丰富内涵、判断标准、深刻本质、阶段特征以及不同时代的阶级性内涵等，都有系统全面的分析，形成了科学的完整的时代观。

首先，社会历史时代是一个过程性概念。它是指占统治地位的社会形态所历经的整个历史时期，而这个长的历史时期又经历不同的发展阶段。

唯物史观中的社会历史时代是一个大的"历史时代"，该时代的进程从其所依据的社会形态取代前一社会形态在人类社会占据统治地位时起，历经兴起、兴盛、衰落，直到其内部所容纳的全部生产力发挥出来、被新的社会形态所取代而不再占据统治地位为止，这毫无疑问是一个相当长的历史时期。

这个长的历史时期是稳定性与变动性的统一。一方面，时代的本质保持着自身的稳定性，在该时代结束之前其本质不发生变化，即这个时代所依据的占统治地位的社会形态没有改变。另一方面，该时代在其发展过程中又分为不同的发展阶段，而每一个阶段又呈现出不同的阶段性特征。例如，资本主义社会时代已经历经了自由竞争资本主义阶段、垄断资本主义阶段，现在正处在现代的资本主义阶段，显示出同过去发展阶段不同的具体特征；社会主义时代也将经历不同的发展阶段，当代中国就处于社会主义初级阶段，具有自身的阶段性特征和发展要求，将来还要发展到更高级的阶段；中国特色社会主义也经历了奠基、开创、推进等阶段，如今进入了新时代。

其次，社会历史时代是一个客观性的本质判断。占统治地位的"经济的社会形态"是判断和划分时代的根本标准，不同时代的本质由占统治地位的生产关系所决定。

马克思指出："人们在自己生活的社会生产中发生一定的、必然的、不以他们的意志为转移的关系，即同他们的物质生产力的一定发展阶段相适合的生产关系。这些生产关系的总和构成社会的经济结构，即有法律的和政治的上层建筑竖立其上并有一定的社会意识形式与之相适应的现实基础。物质生活的生产方式制约着整个社会生活、政治生活和精神生活的过程。不是人们的意识决定人们的存在，相反，是人们的社会存在决定人们的意识。社会的物质生产力发展到一定阶段，便同它们一直在其中运动的现存生产关系或财产关系（这只是生产关系的法律用语）发生矛盾。于是这些关系便由生产力的发展形式变成生产力的桎梏。那时社会革命的时代就到来了。随着经济基础的变更，全部庞大的上层建筑也或慢或快地发生变革。"① 这段话，全面阐述了社会历史时代的丰富内涵，提出了界定社会历史时代的根本标准，抓住了区分不同社会历史时代的根本依据。

分析和把握社会历史时代，不能从神话传说和人为想象、人们的主观认知和情感意志，或者某些人类认识形式出发，而必须从客观的生产力和生产关系的运动及其发展状态来把握和判断；不能停留在历史现象层面，而必须深入时代本质层面，要看到决定这个时代本质内容的是占统治地位的经济的社会形态，只有把握了占据统治地位的生产关系，才能明确该社会历史时代的本质；不能仅仅看到历史发展的某些方面、某些环节、某些片段，而要从生产力所决定的生产关系、经济基础及其上层建筑，以及由这一基础所决定的"经济的社会形态"或"社会经济形态"，全面分析时代的各方面构成要素，完整全面地把握历史时代的全貌。

再次，社会历史时代具有深刻的阶级性内涵。在阶级社会中，历史时代同阶级斗争密切联系，不同时代中总是贯穿着统治阶级和被统治阶级之间的斗争，并且这种斗争在这个时代的不同阶段呈现出不同的特点。

人类进入阶级社会之后，每个社会历史时代都经历着不同阶级之间的斗争。"每一历史时代的经济生产以及必然由此产生的社会结构，是该时代政治的和精神的历史的基础；因此（从原始土地公有制解体以来）全部历史都是阶级斗争的历史，即社会发展各个阶段上被剥削阶级和剥削阶级之间、被统治阶级和统治阶级之间斗争的历史；而这个斗争现在已经达到这样一个阶段，即被剥削被压迫阶级（无产阶级），如果不同时使整个社会永远摆脱剥削、压迫和

---

① 《马克思恩格斯文集》第 2 卷，人民出版社 2009 年版，第 591—592 页。

阶级斗争，就不再能使自己从剥削它压迫它的那个阶级（资产阶级）下解放出来。"①

在不同的历史时代，因为占统治地位的生产关系不同，阶级斗争的内容和形式也各有自己的内容和特点。"在过去的各个历史时代，我们几乎到处都可以看到社会完全划分为各个不同的等级，看到社会地位分成多种多样的层次。在古罗马，有贵族、骑士、平民、奴隶，在中世纪，有封建主、臣仆、行会师傅、帮工、农奴，而且几乎在每一个阶级内部又有一些特殊的阶层。"② 资产阶级时代的阶级斗争，就呈现出与过去的社会历史时代显著不同的特点，"它使阶级对立简单化了。整个社会日益分裂为两大敌对的阵营，分裂为两大相互直接对立的阶级：资产阶级和无产阶级"③。即便是在同一个历史时代，不同阶段上的阶级斗争也会有不同的情况，例如资产阶级时代的工人阶级斗争就存在着一个从分散到联合、从自发到自觉的转变，在不同时期也有暴力斗争、合法斗争等形式。

列宁对于阶级和阶级斗争在社会历史时代判断和分析中的重要性加以突出的强调，直接把阶级关系、不同阶级在社会中所处的地位，与对时代的判断紧密联系起来，他指出："这里谈的是大的历史时代……我们能够知道，而且确实知道，哪一个阶级是这个或那个时代的中心，决定着时代的主要内容、时代发展的主要方向、时代的历史背景的主要特点等等。"④ 离开了阶级和阶级斗争分析，就很难对时代问题做出真正科学的判断。

最后，社会历史时代与人类历史发展的客观规律和发展趋势密切相关。每一个社会历史时代都是人类历史螺旋式上升进程中的一

---

① 《马克思恩格斯文集》第 2 卷，人民出版社 2009 年版，第 9 页。
② 同上书，第 31—32 页。
③ 同上书，第 32 页。
④ 《列宁专题文集：论资本主义》，人民出版社 2009 年版，第 91 页。

个环节，前后相继的时代更替构成了历史发展的必然趋势。

人类历史已先后历经原始社会时代、奴隶社会时代、封建社会时代，现在正处于资本主义社会时代，而共产主义的第一阶段即社会主义已经出现并不断发展，人类将经过无产阶级专政的社会主义，过渡到消灭阶级剥削、压迫与阶级斗争的共产主义社会时代。这里的每一个时代都构成了人类历史发展进程的有机环节，这些时代的演进和更替是人类社会发展的普遍规律，新的历史时代取代旧的历史时代是不可避免的历史趋势。对此，马克思指出："大体说来，亚细亚的、古希腊罗马的、封建的和现代资产阶级的生产方式可以看做是经济的社会形态演进的几个时代。资产阶级的生产关系是社会生产过程的最后一个对抗形式，这里所说的对抗，不是指个人的对抗，而是指从个人的社会生活条件中生长出来的对抗；但是，在资产阶级社会的胎胞里发展的生产力，同时又创造着解决这种对抗的物质条件。因此，人类社会的史前时期就以这种社会形态而告终。"[1]

当然，唯物史观的社会历史时代更替揭示的是人类社会发展的一般规律和总体趋势。在具体的历史发展过程中，某一社会历史时代的反复和曲折是经常发生的。例如，资本主义在确立自己统治地位的过程中，就出现过多次封建主义复辟的情形，法国在大革命之后就发生过几次帝制复辟；而社会主义在 1917 年十月革命后曾经获得过繁荣发展，但到 20 世纪 80 年代末 90 年代初也出现了重大曲折，发生了东欧剧变、苏联解体。

同时，历史发展的一般规律、总体趋势和普遍道路，并不排除在历史发展的某个阶段上，某个国家、某个民族、某个地区可以出

---

① 《马克思恩格斯文集》第 2 卷，人民出版社 2009 年版，第 592 页。

现跨越发展，走出具体的、特殊的道路。例如，中国就没有经历过完整的资本主义社会时代，而是在特殊的半殖民地半封建社会的基础上，经过长期的新民主主义革命和社会主义革命，建立了社会主义制度，进入社会主义社会时代，走上了中国特色社会主义发展道路，如今正沿着这条道路开拓前进。

三　在大的历史时代背景下中国特色社会主义进入了新时代

唯物史观的时代观，为人们科学准确、全面客观地把握时代本质及其阶段性特征提供了根本标准和基本遵循。我们要依据这个科学的时代观，准确判断当今人类所处的历史时代及其阶段性特征，对当代中国发展的历史方位做出全面准确的把握。

首先，当今人类处于资本主义社会形态占统治地位并逐步向社会主义过渡的大的历史时代。马克思、恩格斯在《共产党宣言》中提出了"我们的时代，资产阶级时代"[①] 的重大判断。列宁也提出我们处于一个帝国主义和无产阶级革命的大的"历史时代"。从时代的根本性质和人类历史进程来看，马克思、恩格斯和列宁的判断并没有过时，当今人类依然处在资本主义占统治地位的历史时代，并逐步向社会主义过渡。

从社会生产力来看，资本主义国家的科技创新能力依然强大，当今世界的核心技术创新成果、技术创新的科学思想和科学理论，主要出现在以美国为首的资本主义国家。从生产关系和社会治理来看，资本主义国家的自我调整能力依然比较强，还能够在资本主义

---

① 《马克思恩格斯文集》第 2 卷，人民出版社 2009 年版，第 32 页。

制度框架内进行体制性修复，通过加大政府宏观管理获得新的生机；通过改革金融业特别是加强监管，使金融体系服务于实体经济，促进经济增长；通过削减公共债务来解决社会问题；通过改革税收制度来缩小贫富差距。这就意味着资本主义社会容纳新生产力的空间仍然存在，彻底冲破现有生产关系的条件尚未成熟，资本主义社会时代彻底终结的时刻尚未到来。

从控制世界经济政治秩序和转嫁、转移、转化危机的能力来看，资本主义国家获得经济发展和制度延续的条件依然存在。一方面，资本主义总是通过经济政治和军事手段导致世界的资本主义化，"按照自己的面貌为自己创造出一个世界"①，当今世界经济政治秩序的规则制定和解释权基本上由发达资本主义国家掌控。另一方面，先发展起来的资本主义国家总是限制后发展国家的独立发展，把后者作为其谋取利益的附庸，"使未开化和半开化的国家从属于文明的国家，使农民的民族从属于资产阶级的民族，使东方从属于西方"②。第二次世界大战后选择走资本主义道路的国家，要么根本发展不起来，要么即使获得某种程度的发展也无法摆脱大国控制而难以自主，而一些为了捍卫独立和自身利益的国家则总是受到各种名义的制裁而陷入封闭混乱境地。

资本主义的内在矛盾决定了它不可能从根本上消除经济危机和社会危机，而且这种危机还会随着历史发展而日益严重，资本主义发展呈现出新的阶段性特征。2008 年爆发的金融危机已经演变成为全面的经济和社会危机，资本主义国家经济陷入低迷、治理陷入困境、政党相互倾轧、社会族群撕裂、民主日益困顿、恐怖事件频发。正如习近平总书记指出："许多西方国家经济持续低迷、两极

---

① 《马克思恩格斯文集》第 2 卷，人民出版社 2009 年版，第 36 页。
② 同上。

分化加剧、社会矛盾加深，说明资本主义固有的生产社会化和生产资料私人占有之间的矛盾依然存在，但表现形式、存在特点有所不同。"① 这些阶段性特征再次证明了"两个必然"是不可逆转的历史趋势，资本主义社会时代必然要经过社会主义社会的过渡最终进入共产主义社会时代。

其实，资本主义时代从一开始就伴随着社会主义思想和运动，十月革命胜利使社会主义从科学理论走向制度实践，社会主义社会形态嵌入资本主义占统治地位的世界格局中。第二次世界大战后，世界上出现了一批社会主义国家，世界社会主义运动迅速发展，世界呈现出两种制度在斗争中长期并存、两种意识形态长期交锋、两种力量消长变动的局面。当然，社会主义运动不可能是一帆风顺的，20世纪80年代末90年代初爆发的东欧剧变使社会主义运动遭遇了严重曲折。今天，虽然中国、越南等社会主义国家取得了重大成就，但"资强社弱"依然是客观现实，社会主义社会形态在同资本主义社会形态的对比中不占据统治地位，资本主义占统治地位的时代本质没有根本改变。

其次，中国特色社会主义在大的历史时代中经过长期发展进入了新时代。在世界社会主义运动处于低谷的时期，中国坚定地走在中国特色社会主义的道路上，顶住来自各方面的压力，艰辛探索、开拓前进，经济、科技、国防等方面实力已经进入世界前列，国际地位得到空前提升，以崭新姿态走上世界舞台中央，在世界上的影响力、感召力和塑造力日益提高，中国特色社会主义进入了新时代。这是一个划时代的重大历史事件，对于中华民族发展、世界社会主义运动和人类文明发展都具有极其重要的意义。

---

① 习近平：《在哲学社会科学工作座谈会上的讲话》，人民出版社2016年版，第14页。

新时代中国特色社会主义的繁荣发展，必将进一步解放和发展社会生产力，推动社会主义市场经济、民主政治、先进文化、和谐社会和生态文明实现新的跃升，推进全体人民的共同富裕，促进全面发展和社会进步，进一步增强中国人民的"四个自信"，凝聚起团结奋进的力量，使实现中国梦的基础更加雄厚、道路更加宽广、保障更加有力、精神更加振奋、力量更加强大。从这个意义上说，新时代开辟了一个中华民族伟大复兴的新纪元。

中国特色社会主义迅速发展并进入新时代，科学社会主义在21世纪的中国焕发出强大生机活力，有力地回击了形形色色的"共产主义失败论"和"社会主义低潮综合征"，充分彰显了科学社会主义的强大生命力。随着中国特色社会主义不断取得新的伟大胜利，科学社会主义必将获得更多的支持和拥护，世界社会主义运动也必将迎来自己的伟大复兴。从这个意义上说，新时代开辟了一个世界社会主义运动的新纪元。

中国成功实现了市场经济体制优势与社会主义制度优越性、经济快速发展与保持社会稳定、实行对外开放与维护独立自主的有机统一，实现了中华民族从站起来、富起来到强起来的历史跨越，走出一条非资本主义的、中国特色的社会主义现代化道路，有效破解了发展中国家走向现代化的难题，开辟了发展中国家走向现代化的多元化道路，打破了一些国家对西方现代化路径的依赖和膜拜，为世界上那些既希望加快发展又希望保持独立自主性的国家和民族，贡献了中国智慧，提供了新的选择。从这个意义上说，新时代开辟了一个人类文明发展的新纪元。

最后，新时代中国特色社会主义必然要进行具有许多新的历史特点的伟大斗争。任何占统治地位的社会形态都不会自动退出历史舞台。资本主义占统治地位并逐步向社会主义过渡的时代本质，资本主义日益陷入衰落的时代特征，社会主义正在走向复兴的时代现实，决定了无产阶级与资产阶级两个阶级、社会主义与资本主义两种制度、无产阶级意识形态和资产阶级意识形态两种意识形态的斗争将长期存在，较量异常尖锐复杂，在特定条件下会集中爆发。在此历史背景下的新时代中国特色社会主义必然面临着重大的时代责任和风险挑战。

一方面，中国特色社会主义进入新时代，必须要致力于解决人民日益增长的美好生活需要和不平衡不充分的发展之间的矛盾，更好地满足人民在经济、政治、文化、社会、生态等方面日益增长的需要，更好推动人的全面发展和社会全面进步，在实现中华民族伟大复兴的同时，给世界社会主义运动带来更加光明的前景，增强人民坚持和发展社会主义的信心。这是重大的历史责任，需要付出更加艰辛的努力。

另一方面，中国特色社会主义进入新时代，中国面临的国际形势也发生了重大变化。中国日益走近世界舞台中央，中国在世界上的影响力日益增强，极大地遏制了资本主义列强的霸凌行为。一些资本主义国家感到巨大威胁，对中国的繁荣发展愈加忌惮，加大从经济、军事、政治、文化等方面对中国进行围攻，力图遏制中国发展的势头。中国越来越遭到来自西方敌对势力的全方位打压，面临着"颜色革命"、西化分化甚至被侵略的危险。这是大的历史时代中新时代中国特色社会主义所必然面临的严峻挑战。

为此，我们必须以习近平新时代中国特色社会主义思想为指导，在新的历史方位上开展具有许多新的历史特点的伟大斗争。在国内，要同一切妨碍改革发展、妨碍国家治理、妨碍党的领导的思想和行为进行斗争，牢牢坚持党的基本理论、基本路线、基本方略，统筹推进"五位一体"，协调推进"四个全面"，统揽"四个伟大",夺取新时代中国特色社会主义的新胜利,建设社会主义现代化强国,实现中华民族伟大复兴的中国梦。在国际上,要同一切挑战我国制度安全、政权安全、国家安全的行为和思想进行斗争,坚决打击国内外反动势力发动的颠覆活动,揭穿"普世价值"的虚伪性,揭露、预防、反对各种"颜色革命"的图谋,果断运用人民民主专政的力量维护国家政权、社会安定、繁荣发展。积极掌握国际交流的主动权,推动中国思想理论走出去,在世界上发出中国的强大声音,坚决反对文化霸权和意识形态渗透,积极进行国际舆论斗争和网络意识形态斗争,打破西方和平演变的图谋。积极推动"一带一路"建设,共同打造人类命运共同体,积极参与全球治理,善于、勇于打破发达资本主义国家垄断国际规则、控制国际话语权的局面,从国际事务中规则的被动遵循者变成主动制定者,争取在处理国际事务和规则制定中的话语权、引领力。同时,坚守底线思维,捍卫国家主权,随时做好应对各种局部战争的准备。

(原载《世界社会主义研究》2018 年第 10 期)

新时代与资本主义

辛向阳

中国特色社会主义进入新时代，意味着近代以来久经磨难的中华民族迎来了从站起来、富起来到强起来的伟大飞跃，迎来了实现中华民族伟大复兴的光明前景；意味着科学社会主义在 21 世纪的中国焕发出强大生机活力，在世界上高高举起了中国特色社会主义伟大旗帜；意味着中国特色社会主义道路、理论、制度、文化不断发展，拓展了发展中国家走向现代化的途径，给世界上那些既希望加快发展又希望保持自身独立性的国家和民族提供了全新选择，为解决人类问题贡献了中国智慧和中国方案。这"三个意味着"表明，新时代是中国特色社会主义伟大旗帜高高飘扬的时代，是科学社会主义伟大理想生机勃勃的时代。

一　十月革命以来社会主义与资本主义的较量从未停止

社会主义与资本主义的较量是由时代本质决定的。2017 年 9 月 29 日，习近平总书记在中共中央政治局第四十三次集体学习时强调：尽管我们所处的时代同马克思所处的时代相比发生了巨大而深刻的变化，但从世界社会主义 500 年的大视野来看，我们依然处在马克思主义所指明的历史时代。什么历史时代？就是资本主义仍然占统治地位的时代，也是社会主义替代资本主义并最终战胜资本主义、走向共产主义的时代。

十月革命开辟了人类历史的新纪元，这个新纪元有一个基本特点就是地球上出现了两种最主要的社会制度即资本主义和社会主义制度并存，又同时进行着比吸引力、比优越性、比生命力的激烈较量。100 多年来，这种较量一直激烈进行着，其历史过程可以划分为以下三个阶段。

第一个阶段就是十月革命之后到第二次世界大战之前，是新兴的苏维埃社会主义国家与资本主义国家之间的较量。1917 年十月革命后，资本主义国家叫嚣着要把"布尔什维克扼杀在摇篮中"，14 个帝国主义国家围困布尔什维克，俄国国内出现了邓尼金、高尔察克、尤登尼奇、科尔尼洛夫等无数叛乱者，苏俄社会主义一度处于极度危险的状况。1918 年 2 月 21 日人民委员会通过了列宁撰写的《社会主义祖国在危急中》的法令。法令指出：苏维埃社会主义共和国处在万分危急中。人民委员会决定：全国所有一切人力物力全部用于革命的国防事业；各级苏维埃和革命组织务必保卫每一个阵地，战斗到流尽最后一滴血；凡有落入敌人手中危险的全部谷物储备和存粮以及一切贵重财物，应当无条件地销毁。付出了无数牺牲，到 1920 年年底，苏俄社会主义最终击败了帝国主义围困和国内叛乱，成功地捍卫住了社会主义制度。20 世纪 30 年代，苏联社会主义展现出勃勃生机，而资本主义国家则出现了 1933 年大危机。资本主义国家很多人都向往社会主义，在 1933 年危机后美国移民局每天都有上千人排队要求移居苏联。

第二个阶段就是"二战"后到冷战结束，是两大阵营的较量。

"二战"之后出现了一大批社会主义国家，出现了社会主义阵营。从 1946 年冷战开始，逐步形成了以苏联为代表的社会主义阵营与以美国为首的资本主义阵营的较量。后者通过军事封锁、经济遏制、意识形态打压等手段，最后导致苏联解体。

第三个阶段就是冷战结束到现在，是中国特色社会主义与资本主义阵营的较量。冷战结束后，资本主义国家自以为已经赢得了全球性胜利，提出"历史终结论""共产主义失败论"等，而且试图通过新自由主义、经济全球化把中国和平纳入资本主义体系中。中国特色社会主义在与资本主义的合作竞争中不断壮大自己，连续多年对世界经济增长贡献率超过 30%，成为世界经济增长的主要稳定器和动力源，我们还用事实宣告了"历史终结论"的破产，宣告了各国最终都要以西方制度模式为归宿的单线式历史观的破产。中国特色社会主义与资本主义的较量进入了新时代。

这一百多年两种制度之间的较量有这样几个特点：首先，资本主义国家一直以强大的军事力量作为根本来压制社会主义。在苏联解体后，华约随之解散，但北约不仅没有解散，反而更加强化自己的军事存在。美国之所以能够在当今世界上进行所谓的"长臂管辖"，一个重要的原因就是它有遍布全球的军事基地。目前美国海外军事基地有 374 个，分布在 140 多个国家和地区，驻军 30 万人。托马斯·弗里德曼在 1999 年 3 月 28 日的《纽约时报》上发表了《世界的宣言》一文，文章中讲道："如果离开看不见的拳头，市场这只看不见的手是绝不会发生作用的。麦当劳的兴盛离不开麦道战斗机生产商，为硅谷科技开路的看得见的拳头，叫作美国陆军、空军、海军和海军陆战队。"其次，以不公平的经济规则为手段试图控制社会主义国家的经济命脉。正如有的学者所讲：到 2000 年年底，在东欧银行业，外资控股比例最高的达 97%，最低的也超过

50%，所谓社会转型不过是西方的"Bank"取代苏联的"Tank"，美国的"M"（McdDonald's）代替苏联的"M"（Missiles）。人民不仅失去了原来的社会福利，而且还忍受着西方资本的多重盘剥。再次，用意识形态的鼓噪来攻击社会主义制度。早在20世纪20年代初，资本主义的舆论就攻击苏俄是"残暴的大猩猩"，试图把苏俄进行的"和平的经济建设变成和平地瓦解苏维埃政权"①。从冷战开始，西方国家又不断对社会主义国家进行和平演变，试图对社会主义国家"不战而胜"。1991年苏联解体后，西方国家一直把中国特色社会主义视作"另类"，给中国贴上很多标签："一党专制""极权主义国家"，等等。

二 新时代是中国特色社会主义与资本主义 两种制度激烈竞争的时代

在这样一个时代，以美国为代表的西方国家始终对中国特色社会主义抱有很深的敌意，指责中国特色社会主义是"国家资本主义""新官僚资本主义""专制威权主义"，等等。2018年6月以来，美国的政要反复指责中国模式。美国国防部长马蒂斯2018年6月在美国海军学院的毕业典礼上发表演讲时说："中国正在计划着明朝模式，当然以一种更强悍的方式，要求其他国家成为他们的朝贡国，对北京叩头……这个多元的世界有很多条路，他们却只推行'一带一路'……试图在国际舞台上复制他们国内的威权模式；……并利用掠夺性的经济手段让其他国家累积巨大的债务。"美国国务卿蓬佩奥2018年6月18日在美国底特律经济俱乐部发表

---

① 《列宁全集》第30卷，人民出版社1957年版，第422页。

了长达 3 万字的演讲，他表示，必须让全球经济重回"美国模式"，尤其是要在非洲驱除中国的影响，让非洲走"美国模式"，而不是"中国模式"，在他看来，"中国模式"既无民主又无法治。美国副总统彭斯 2018 年 10 月 4 日在华盛顿智库哈德逊研究所就美国政府的中国政策发表长篇演说。他无知且傲慢地指责中国近年来朝着控制和压迫本国人民的方向急转弯。他还可笑地指责中国的信用体系建设：到 2020 年，中国的统治者试图落实奥威尔式的体系，也就是所谓的"社会信用分数"，前提是几乎控制人们生活的方方面面。美国政要指责的都是中国的社会制度。2019 年 2 月 5 日，特朗普在国会发表国情咨文演讲时发誓：美国永远不会变成社会主义国家。

在这样一个时代，市场经济是有社会制度之分的，市场经济有社会主义市场经济，也有资本主义市场经济。江泽民同志明确指出："我们搞的是社会主义市场经济，'社会主义'这几个字是不能没有的，这并非多余，并非'画蛇添足'，而恰恰相反，这是'画龙点睛'。所谓'点睛'，就是点明我们市场经济的性质。"[1] 习近平总书记也明确指出："在社会主义条件下发展市场经济，是我们党的一个伟大创举。我国经济发展获得巨大成功的一个关键因素，就是我们既发挥了市场经济的长处，又发挥了社会主义制度的优越性。我们是在中国共产党领导和社会主义制度的大前提下发展市场经济，什么时候都不能忘了'社会主义'这个定语。之所以说是社会主义市场经济，就是要坚持我们的制度优越性，有效防范资本主义市场经济的弊端。"[2] 我们的市场经济是社会主义市场经济，这与资本主义市场经济是有本质区别的。我们的市场经济强调"达己也达

---

[1] 江泽民：《论社会主义市场经济》，中央文献出版社 2006 年版，第 203 页。
[2] 习近平：《在十八届中央政治局第二十八次集体学习时的讲话》，《习近平关于社会主义经济建设论述摘编》，中央文献出版社 2017 年版，第 64 页。

人",资本主义市场经济是"损不足而奉有余"。我们的市场经济强调公平性,强调按照公平的国际规则进行贸易,而资本主义市场经济强调自身利益最大化,往往采取双重标准,有利于自己的就执行,不利于自己的即使是自己制定的也拒绝执行。这两种市场经济在经济全球化过程中会发生矛盾甚至冲突。一个重要表现就是以国家安全为名禁止诸如华为这样的企业进行正常的投资和并购。近年来,美国对于中国高科技产业迅猛发展和美中核心竞争力此消彼长的趋势越来越关注。美国国内的共识是美国需要运用贸易和投资措施来保护美国在高科技领域的竞争优势,阻止中国企业和政府获取美国技术。2017 年 11 月,美国国会美中经济与安全审查委员会发布 2017 年年度报告,其中关于中国对美投资部分的工作建议,限制中国国有资本对美投资和限制中国对美高科技产业投资的意图十分明显。2019 年 2 月中旬,美国国务卿蓬佩奥在匈牙利访问,警告匈方如部署华为设备将导致两国合作困难。他在访问斯洛伐克期间表示,有必要防范中国通过经济和其他方式造成斯方对华依赖并操纵斯政治体制,美国希望确保美朋友伙伴知悉采购中国商品存在安全风险。此外,蓬佩奥在访问波兰时又表示,如果波兰放弃与中国合作将有利于美在波部署军事基地。动用国家力量打压中国企业的正当发展权利和利益,以政治手段干预经济行为,是极不公正,也是极不道德的。本质上,资本主义市场经济不可能是讲道德的。

在这样一个时代,西方国家对中国的市场经济设有各种隐性的壁垒,利用经济的、产业的、高科技的政策限制中国发展。一方面不承认中国的市场经济地位,指责中国是国家资本主义,对中国企业对外投资进行各种限制,采取各种关税政策打压中国的市场经济,如美国 2018 年 9 月 24 日实施的 2000 亿美元中国商品加征关税政策;另一方面设置各种隐性规则和障碍,以非市场经济的不公平的方式禁止对中国的高科技贸易。从70年前的巴黎统筹委员会到20年前的瓦森纳协定，一条主线就是禁止向中国转让高新技术。巴黎统筹委员会（以下简称"巴统"）的正式名字是"输出管制统筹委员会"，是1949年11月在美国的提议下秘密成立的，是第二次世界大战后西方发达工业国家在国际贸易领域中纠集起来的一个非官方的国际机构，其宗旨是限制成员国向社会主义国家出口战略物资和高新技术。列入禁运清单的有军事武器装备、尖端技术产品和稀有物资三大类上万种产品。被"巴统"列为禁运对象的不仅有社会主义国家，还包括一些民族主义国家，总数共约30个。"巴统"的组织机构有：（1）咨询小组，是"巴统"的决策机构，由各会员国派高级官员参加。（2）调整委员会，1950年成立，是对苏联东欧国家实行禁运的执行机构。（3）中国委员会，1952年成立，是对中国实行禁运的执行机构。禁运货单有4类：①Ⅰ号货单为绝对禁运者，如武器和原子能物质。②Ⅱ号货单属于数量管制。③Ⅲ号货单属于监视项目。④中国禁单，即对中国贸易的特别禁单，该禁单所包括的项目比苏联和东欧国家所适用的国际禁单项目多五百余种。1983年，由苏联海运公司开到日本的万吨货轮"老共产党员"号，从日本芝浦码头出港，运走了数十箱"五轴联动的数控机床"的部件。苏联人购买这些数控机床的用途，除了使潜艇的推进性能改善之外，还能使当时正在建造中的新型航空母舰的推进器得到改进。这就是轰动一时的"东芝公司违反巴统输出事件"。在当时谈判过程中，东芝公司的职员说："除了我们东芝，任何资本主义国家都不可能有此种胆量！"1985年12月，苏、日秘密协议当事人之一、日本和光公司的熊谷独因与他的雇主发生纠纷而辞职，并愤而向"巴统"主席盖尼尔·陶瑞格揭发了东芝事件。陶瑞格立即要求日方调查此事。经过进一步调查，1987年年初，美国人掌握了苏联从日本获取精密机床的真凭实据。在美国的压力下，日本警视厅对东芝公司进行突击检查，查获了全部有关秘密资料，并逮捕了涉案人员。在以后的几个月里，美国朝野群情激愤，再三谴责日本，并对东芝公司进行了制裁。当时的日本首相中曾根康弘不得不向美国道歉，日本方面还花1亿日元在美国的50多家报纸上整版刊登"悔罪广告"。

随着东欧剧变、苏联解体，1994年4月1日"巴统"宣布正式解散。但很快，新的"巴统"即《瓦森纳协定》出台。在美国的操纵下，1996年7月，以西方国家为主的33个国家在奥地利维也纳签署了《瓦森纳协定》，决定从1996年11月1日起实施新的控制清单和信息交换规则。"瓦协"同样包含两份控制清单：一份是军民两用商品和技术清单，涵盖了先进材料、材料处理、电子器件、计算机、电信与信息安全、传感与激光、导航与航空电子仪器、船舶与海事设备、推进系统9大类；另一份是军品清单，涵盖了各类武器弹药、设备及作战平台等共22类。中国同样在被禁运国家之列。美国政府2005年对波音公司处以4700万美元的罚款，原因是美国政府认为，自2000年至2003年，波音卖给中国的9架民用飞机上，装有违反美国出口管制条例的陀螺仪芯片技术，这种技术可能被用于大幅度提高导弹的制导精度。也就是说，中国想通过自由贸易的市场经济手段获取国外的高技术是很难的。

三 如何赢得与资本主义的比较优势

2013年11月，习近平总书记就《中共中央关于全面深化改革若干重大问题的决定》所做说明中指出："我们党靠什么来振奋民心、统一思想、凝聚力量？靠什么来激发全体人民的创造精神和创造活力？靠什么来实现我国经济社会快速发展、在与资本主义竞争中赢得比较优势？靠的就是改革开放。"① 通过开放，勇于解放思想，树立马克思主义的辩证思维、战略思维。

第一，紧紧抓住资本主义阵营中的各种矛盾，利用好它们之间矛盾产生的机会。1990 年 3 月 3 日，邓小平同志在同几位中央负责同志谈话时就指出："世界上矛盾多得很，大得很，一些深刻的矛盾刚刚暴露出来。我们可利用的矛盾存在着，对我们有利的条件存在着，机遇存在着，问题是要善于把握。"② 西方国家之间的矛盾大得很、多得很。当前国际形势正在发生百年未有之大变局，西方国家之间的关系正在大调整。特朗普的"美国优先"政策与欧洲国家、日本等发达资本主义国家之间产生巨大冲突。2019 年 2 月 16 日，德国总理默克尔在慕尼黑安全会议上发言，炮轰美国"独断专行"，表示不能轻易破坏多边主义组织。美国商务部已经得出了欧洲汽车对美国国家安全构成威胁的评估。默克尔说，她不明白美国人为何将德国汽车归类为对国家安全的威胁。她强调："这些汽车是在美国制造的，美国南卡罗来纳州有最大的宝马工厂。那不是在巴伐利亚，而是在南卡罗来纳州。"也就是说德国与美国在很多领域都存在着利益矛盾。中国要利用好这些矛盾，加强《中国制造2025》与德国《国家工业战略 2030》的战略合作。2019 年 2 月 5 日，德国经济和能源部在柏林正式公布了《国家工业战略 2030》，旨在有针对性地扶持重点工业领域，提高工业产值，保证德国工业在欧洲乃至全球的竞争力。

第二，深入研究把握当代资本主义社会基本矛盾变化的特点和

---

① 习近平：《关于〈中共中央关于全面深化改革若干重大问题的决定〉的说明》，《人民日报》2013 年 11 月 16 日。

② 《邓小平文选》第 3 卷，人民出版社 1993 年版，第 354 页。

新的形式。当代资本主义呈现出新的特点。一方面，资本主义的生产力水平在当今世界依然处于领先地位，其缓和阶级矛盾、进行自我调整和体制修复的能力依然较强，转嫁转化危机的能力和空间依然存在，对世界经济政治秩序的控制力依然强势。另一方面，资本主义基本矛盾在加深，出现了许多新问题。正如习近平总书记指出的："许多西方国家经济持续低迷、两极分化加剧、社会矛盾加深，说明资本主义固有的生产社会化和生产资料私人占有之间的矛盾依然存在，但表现形式、存在特点有所不同。"① 有哪些不同？其一，生产的社会化程度、范围、规模都是非常高的。波音 787 代表着民用飞机工业的最高水平，是美国主导下的全球合作产物，日本、加拿大、巴西都参与进来了，该机型的生产分包给 10 个国家的 43 家一级供应商，涉及成千上万家企业。其二，生产资料私人占有高度集中，波音公司作为纽约证券交易所的上市公司，其股权主要是由 1140 家金融机构和基金持有的。这些金融机构和基金又是由极少数人控制的。中国要利用这一变化，参与到国际分工的社会化进程中，比如我们已经成为波音公司的客机生产商了，我们还要进入各种金融机构和基金公司中，参与股权收购甚至进入管理层。

第三，在与资本主义合作发展中保持社会主义制度的本色，能改的坚决改，不能改的坚决不改。强调建设人类命运共同体不意味着消除社会主义制度与资本主义制度的差异。建设人类命运共同体是强调各个国家、各种社会制度都面临着共同需要解决的问题，既有共同的利益问题，也有世界范围的贫富分化日益严重，全球经济增长动能严重不足，霸权主义和强权政治屡屡发生，地区热点问题此起彼伏，恐怖主义、网络安全、重大传染性疾病、气候变化等非

---

① 习近平：《在哲学社会科学工作座谈会上的讲话》，人民出版社 2016 年版，第 14 页。

传统安全威胁持续蔓延等问题。两种制度的竞争是要回答什么样的制度能够以更好的、代价更小的、更加符合全人类利益的方式来解决这些问题。在新时代，中国要始终强调中国共产党的领导是中国特色社会主义最本质特征，是中国特色社会主义制度最大优势；要强调中国特色社会主义的道路、理论、制度、文化自信，展示中国制度的优势。

第四，提高驾驭社会主义市场经济的能力，使市场经济效率充分发挥，其弊端得到有效遏制。习近平总书记非常重视提高驾驭社会主义市场经济能力的问题，他在 2015 年 11 月指出，面对极其复杂的国内外经济形势，面对纷繁多样的经济现象，深入学习马克思主义政治经济学基本原理和方法论的重要论述，有利于我们掌握科学的经济分析方法，认识经济运动过程，把握社会经济发展规律，提高驾驭社会主义市场经济的能力。首先，重视防范利益集团的出现。2015 年 10 月 29 日，在中共十八届五中全会第二次全体会议上的讲话中，习近平总书记指出了最根本的方法："全党同志特别是各级领导干部都要牢记党章中的规定：党除了工人阶级和最广大人民群众的利益，没有自己特殊的利益。如果有了自己的私利，那就什么事情都能干出来。党内不能存在形形色色的政治利益集团，也不能存在党内同党外相互勾结、权钱交易的政治利益集团。党中央坚定不移反对腐败，就是要防范和清除这种非法利益关系对党内政治生活的影响，恢复党的良好政治生态，而这项工作做得越早、越坚决、越彻底就越好。"① 其次，防止商品交换原则渗透党内生活中来。一方面，增强党内政治生活的政治性、时代性、原则性、战斗性，自觉抵制商品交换原则对党内生活的侵蚀，营造风清气正的良

---

① 习近平：《在党的十八届五中全会第二次全体会议上的讲话》，《求是》2016 年第 1 期。

好政治生态；另一方面，防止被利益集团俘获。领导干部要严格自律，注重防范被利益集团"围猎"，坚持公正用权、谨慎用权、依法用权，坚持交往有原则、有界限、有规矩。

第五，要加强与第三世界国家的合作。中国和非洲、拉丁美洲，和其他发展中国家都有着悠久的历史和灿烂的文明，都拥有相同或相近的民族独立和民族解放的血与火的奋斗历程，又都面临着共同的发展目标和任务，以及共同的和平、发展、合作的利益诉求。所有这些，使得中国与第三世界国家之间在很多涉及世界和平与发展的重大问题上，都能够达成一致的立场。金融危机使得国际格局多极化的趋势更加明显，更需要我们顺应潮流，与第三世界国家协调立场、加强合作，推动这一趋势的真正实现。特别是面对一些西方国家的挑拨，我们要稳住立场，进一步深化中国与第三世界国家的合作，建立适度的"国际统一战线"。

第六，加大四大通道能力建设。第一个通道就是航天进出口通道。习近平总书记在2016年5月30日两院院士大会上指出，空间技术深刻改变了人类对宇宙的认知，为人类社会进步提供了重要动力，同时浩瀚的空天还有许多未知的奥秘有待探索，必须推动空间科学、空间技术、空间应用全面发展。第二个通道就是海洋通道，必须大力提高中国保护海洋权益的能力，大力发展海洋产业，尽快建成海洋强国。第三个通道就是陆路通道，依托"一带一路"建设，大力建设通向中亚和欧洲的公路、铁路。第四个通道就是网络通道，信息革命增强了人类脑力，带来生产力又一次质的飞跃，对国际政治、经济、文化、社会、生态、军事等领域发展产生了深刻影响。我们应当抓紧建设世界上最强大的数字经济。这四大通道使中国能够发展形成更为强大、立体的网络体系，形成"可上九天揽月，可下五洋捉鳖"的局面。

二

中国特色社会主义进入新时代

中国特色社会主义进入了以习近平同志为核心的党中央坚强领导、全国人民共同创造的新时代[*]

王伟光

时代是思想之母，实践是理论之源。任何科学理论都不是凭空产生的，都是历史经验的总结、社会实践的产物、时代精神的精华。经过长期努力，中国特色社会主义进入了新时代，这是我国发展新的历史方位。新时代新方位，新征程新要求，呈现出许多新特征，提出许多新问题，迫切需要从理论上回答。

一　中国特色社会主义伟大事业，奠基于毛泽东，开创于邓小平，推进于江泽民和胡锦涛，发展于习近平，进入了一个新的时代

中国特色社会主义是改革开放新时期开创的，也是建立在党长期奋斗基础上的，是由党的几代中央领导集体团结带领全党全国人民历经千辛万苦、接力探索取得的。中国特色社会主义发展的每一

---

　*　本文系作者发表于《中国社会科学》2017 年第 12 期的论文"当代中国马克思主义的最新理论成果"第一部分。

个时期都是在前一个时期的基础上发展起来的，每一个时期都有每一个时期的主要代表人物。中国特色社会主义已经走过了以毛泽东为代表的奠基时期，以邓小平为代表的开创时期，以江泽民和胡锦涛为代表的推进时期，如今进入了以习近平为代表的发展时期，也是全国人民努力奋斗共同创造、全面发展的新时代。

以毛泽东同志为核心的党的第一代中央领导集体，拉开了中国社会主义建设的历史大幕，为探索中国特色社会主义道路奠定了坚实基础，这是中国特色社会主义奠基时期。中华人民共和国成立后，毛泽东同志领导全党全国人民经过短暂的和平恢复过渡，成功开辟了具有中国特色的社会主义改造和革命道路，建立了人民民主专政的社会主义国体，确立了社会主义制度，开启了社会主义建设伟大征程。他率先提出以苏联为鉴戒，探索适合中国国情、具有中国特点的社会主义建设道路，领导了大规模的社会主义建设，在经济、政治、文化、社会等各个方面取得了伟大成就，奠定了中国特色社会主义的制度前提和物质基础，提供了中国特色社会主义的经验积累和理论筹备，是中国特色社会主义历史进程的起点和准备。

以邓小平同志为核心的党的第二代中央领导集体，带领中国进入了改革开放和社会主义现代化建设的新时期，成功开创了中国特色社会主义，这是中国特色社会主义开创时期。"文化大革命"结束后，邓小平同志领导全党全国人民实现了思想上、政治上、组织上的拨乱反正，解决了科学评价毛泽东历史地位和毛泽东思想、根据新的实际和发展要求确立中国社会主义现代化建设的正确道路这两个相互联系的重大历史课题。他带领全党全国人民既不走改旗易帜的邪路，也不走封闭僵化的老路，而是紧紧围绕建设中国特色社会主义这个主题，在"第二次伟大革命"的进程中，开创了中国特色社会主义道路。

以江泽民同志为核心的党的第三代中央领导集体和以胡锦涛同志为总书记的党中央，在坚持和发展中国特色社会主义的进程中不断谱写新的历史篇章，成功推进了中国特色社会主义，这是中国特色社会主义推进时期。江泽民同志带领全党全国人民，坚持和加强党的领导，确立了社会主义市场经济体制的改革目标和基本框架，推进党的建设新的伟大工程，成功地把中国特色社会主义推向 21 世纪。胡锦涛同志带领全党全国人民，坚持以人为本、全面协调可持续的科学发展，提出构建社会主义和谐社会、加快生态文明建设，推进党的执政能力和先进性建设，坚持和发展了中国特色社会主义。

党的十八大以来，以习近平同志为核心的党中央在历史成就的基础上，把中国特色社会主义推进到了一个全面发展的新阶段，这就是中国特色社会主义全面发展的新时代。

二 中国特色社会主义新时代具有鲜明特征和时代标志

中国特色社会主义进入新时代的重大政治判断，是在深刻把握我国社会发展新时代及其阶段性特征的基础上，立足于党和国家事业发展的角度，总结改革开放以来特别是党的十八大以来所取得的伟大成就和历史性变革提出的。"新时代"特指中国特色社会主义发展的新的历史定位，具有特有的鲜明特征和中国标志。

党的十八大以来的历史性新变革标志中国特色社会主义进入新时代。党的十八大以来的五年，是党和国家事业发展进程中极不平凡的五年。面对困难和挑战，以习近平同志为核心的党中央科学把握当今世界和中国发展大势，顺应实践要求和人民愿望，以巨大的政治勇气和强烈的责任担当，进行具有许多新的历史特点的伟大斗争，提出一系列新理念新思想新战略，出台一系列重大方针政策，推出一系列重大举措，推进一系列重大工作，解决了许多长期想解决而没有解决的难题，办成了许多过去想办而没有办成的大事，推动党和国家事业发生历史性变革。这些重大的历史性成就是全方位的、开创性的，所实现的变革是深层次的、根本性的。我国已经进入世界前列，国际地位得到了前所未有的提升，中华民族正以崭新姿态屹立于世界的东方，社会主义中国正走向世界舞台的中央，中国发展站到了新的历史起点上。这些变革的力度之大、范围之广、效果之显、影响之深，在党的历史上、在中华人民共和国历史上、在中华民族发展史上，都具有开创性意义，标志着中国特色社会主义进入了一个新的时代。

社会主义初级阶段主要矛盾的新变化决定中国特色社会主义进入新时代。中国特色社会主义进入新时代，是习近平同志客观分析我国主要矛盾变化得出的具有重大创新意义的政治结论。1981 年，党恢复并发展了 1956 年八大对我国社会主要矛盾的正确判断，提出人民日益增长的物质文化需要同落后的社会生产之间的矛盾，是我国社会主义初级阶段的主要矛盾。经过近 40 年的改革开放，主要矛盾两个方面的内涵都发生了深刻变化：一方面，从人民需要来看，过去人们还停留在对较低层次的物质文化产品的消费需求，现在人们在继续满足物质文化需要的基础上，追求更高层次、更高质量生活的需要日益广泛、更加强烈，对民主、法治、公平、正义、安全、环境等方面的要求也日益增长，人民的需求已然提升到包括满足物质文化需求的对"美好生活"全方位、高层次的需要了；另一方面，从社会生产来看，我国的社会生产力水平总体上显著提高、极大增强，经济总量已稳居世界第二，生产相对落后的提法显然已经不符合当前实际。但是在某些领域短板突出，凸显了发展不平衡不充分的问题，这已经成为满足人民日益增长的美好生活需要的主要制约因素。

正基于此，习近平同志在党的十九大报告中做出一个重大的新判断——我国社会主要矛盾已经转化为人民日益增长的美好生活需要和不平衡不充分的发展之间的矛盾。社会主要矛盾的变化是关系全局的历史性变化，对党和国家工作提出了许多新要求。要继续抓住生产力这个根本任务，着力解决发展不平衡和不充分问题，以更好满足人民群众的需要。必须清醒认识到，社会主要矛盾变化了，但"一个中心，两个基本点"的基本路线并没有变。社会主要矛盾的历史性转化，是判断我国发展新历史方位的客观依据，决定着中国特色社会主义进入了一个新的时代。

中国社会发展变化的新特征显示中国特色社会主义进入新时代。经过近40年的改革开放，特别是党的十八大以来的全面深化改革，我国经济社会发展呈现出一系列新的特征。

一是执政方式和基本方略有了重大创新。党带领人民贯彻依法治国基本方略，坚定不移走中国特色社会主义法治道路，不断完善中国特色社会主义法治体系，建设社会主义法治国家；积极推进多层次多领域的依法治理，运用法治思维和法治方式深化改革、促进发展、化解矛盾、维护稳定，不断推进国家治理体系和治理能力现代化；坚定不移全面从严治党，提高党决策的法治化、规范化和科学化水平。

二是发展理念和发展方式发生重大转变。党领导人民科学把握社会主义本质要求和发展方向，破解发展难题，厚植发展优势，提出以人民为中心的创新、协调、绿色、开放、共享的新发展理念，形成新发展理念导引下的新的发展方式。这是关系我国发展全局的一场深刻变革，集中体现了新阶段发展思路、发展方向、发展着力点的转折。

三是发展环境和发展条件形成深刻变化。党正确认识我国经济发展的阶段性特征，深刻认识引领经济发展的新常态，准确把握发展速度变化、结构优化、动力转换新特点，顺应推动经济保持中高速增长、产业迈向中高端水平新要求，指明破解发展难题新路径，主动适应发展条件的变化，不断提高发展质量和效益。

四是发展水平和发展要求出现更高期望。新的发展阶段给党的执政方式和执政水平提出了更高的要求和期望，党既要政治过硬，也要本领高强。我国经济发展已经由高速增长阶段转向注重高质量发展阶段，正处在转变发展方式、优化经济结构、转换增长动力的攻关期，建设现代化经济体系是跨越关口的迫切要求和我国发展的战略目标。这就要求党员干部特别是领导干部全面增强执政本领，不断提高政治领导本领、改革创新本领、科学发展本领、依法执政本领、群众工作本领、狠抓落实本领、驾驭风险本领，提高贯彻新发展理念的能力和水平，成为领导经济社会发展的行家里手，推动我国发展不断朝着更高质量、更有效率、更加公平、更可持续的方向前进。社会发展变化的新阶段、新特征，显示着中国特色社会主义进入了一个新的时代。

历史交汇期新的历史任务和奋斗目标表明中国特色社会主义进入新时代。改革开放之始，党对我国社会主义现代化建设做出战略安排，提出"三步走"战略目标。第一步解决温饱问题，第二步到20世纪末人民生活总体上达到小康水平，第三步到21世纪50年代达到中等发达国家水平。20世纪末，前两个目标已提前实现。进入21世纪，党的"两个一百年"奋斗目标，即到中国共产党成立100年时，建成经济更加发展、民主更加健全、科教更加进步、文化更加繁荣、社会更加和谐、人民生活更加殷实的小康社会；然后再奋斗30年，到中华人民共和国成立100年时，基本实现现代化，把我国建成社会主义现代化国家。

当前正处于全面建成小康社会的决胜期。习近平同志提出了全面建成小康社会的新要求：紧扣我国社会主要矛盾变化，统筹推进经济建设、政治建设、文化建设、社会建设、生态文明建设，坚定实施科教兴国战略、人才强国战略、创新驱动发展战略、乡村振兴战略、区域协调发展战略、可持续发展战略、军民融合发展战略，突出抓重点、补短板、强弱项，坚决打好防范化解重大风险、精准脱贫、污染防治的攻坚战，确保如期实现得到人民认可、经得起历史检验的小康社会。

习近平同志在党的十九大报告中指出，从十九大到二十大，是"两个一百年"奋斗目标的历史交汇期，既要全面建成小康社会、实现第一个百年奋斗目标，又要乘势而上开启全面建设社会主义现代化国家的新征程，向第二个百年奋斗目标进军，在提前15年基本实现社会主义现代化的基础上，努力把我国建设成为富强民主文明和谐美丽的社会主义现代化强国。这个重大时代使命，要求我们必须牢牢把握"两个一百年"奋斗目标的历史交汇期，如期实现第一个百年奋斗目标，承续第二个百年奋斗目标，做好"两个一百年"奋斗目标的有效衔接，抓住从十九大到二十大这五年的重大历史节点，找准工作坐标，把当代中国发展得更为繁荣昌盛，把党建设得更加坚强有力，不断增强人民的获得感、幸福感和安全感，不断推进全体人民共同富裕。历史交汇期的新任务、新目标、新要求，表明中国特色社会主义发展进入了一个新的时代。

党的理论和实践与时俱进的创新说明中国特色社会主义进入新时代。党的十八大以来，党紧紧围绕坚持和发展中国特色社会主义进行了艰辛的努力，不断推进新的历史条件下的实践创新：贯彻新的发展理念，转变发展方式，提高发展质量，促进经济社会健康发展；全面深化改革，不断完善中国特色社会主义制度，提高国家治理体系和治理能力现代化水平；积极发展社会主义民主政治，完善中国特色社会主义法治体系，建设中国特色社会主义法治国家；加强党对意识形态工作的领导，提高全社会的思想凝聚力、向心力；坚持以人民为中心的发展思想，不断改善人民生活，维护社会稳定和国家安全；大力推进生态文明建设，贯彻绿色发展理念，构建生态文明制度体系；发扬我党我军光荣传统和优良作风，坚定不移走中国特色强军之路；全面推进中国特色大国外交，形成全方位、多层次、立体化的外交布局，实施共建"一带一路"倡议，倡导构建人类命运共同体，促进全球治理体系变革；全面从严治党，推进党的建设新的伟大工程，增强党的创造力、凝聚力和战斗力。这些实践创新给党和国家事业发展带来了重大而深远的影响，使党的面貌、国家的面貌、人民的面貌、军队的面貌、中华民族的面貌发生了前所未有的变化。

实践创新呼唤并产生理论创新。以习近平同志为核心的党中央始终坚持马克思列宁主义、毛泽东思想、中国特色社会主义理论体系的指导，结合新的时代条件和实践要求，形成了习近平新时代中国特色社会主义思想这一重大创新理论。实践和理论上的重大创新，说明着中国特色社会主义进入了一个新的时代。

三 中国特色社会主义进入新时代具有丰富内涵和深远意义

习近平同志全面阐述了中国特色社会主义新时代的科学内涵，明确了新时代党和国家事业发展的新定位、新目标和新要求。中国特色社会主义进入新时代是承前启后、继往开来、在新的历史条件下继续夺取中国特色社会主义伟大胜利的时代，是决胜全面建成小康社会、进而全面建设社会主义现代化强国的时代，是全国各族人民团结奋斗、不断创造美好生活、逐步实现全体人民共同富裕的时代，是全体中华儿女勠力同心、奋力实现中华民族伟大复兴中国梦的时代，是我国日益走近世界舞台中央、不断为人类做出更大贡献的时代。

时代概念具有广义和狭义之分。广义的时代概念是从历史观的角度对人类社会形态发展大的历史时代的判定。狭义的时代概念是从某个特定的角度对社会发展某个历史阶段的判定。马克思主义唯物史观关于时代的概念，是从生产力所决定的生产关系出发，以社会经济形态为标准对大的历史时代的判定。要把历史观上从社会形态出发判断的时代与从其他角度出发判断的时代区别开来。

时代在变化，社会在发展，马克思主义唯物史观关于大的历史时代的科学判断依然是科学真理。尽管我们所处的时代同马克思所处的时代相比发生了巨大而深刻的变化，但从人类历史发展的大视野来看，当今依然处于马克思主义所指明的历史时代，就是马克思、恩格斯在《共产党宣言》中所判定的"我们的时代，资产阶级时代"①，即资本主义生产方式在全世界占统治地位、资本主义社会形态在全世界成为主导社会形态的历史时代。从1640年英国资产阶级革命至今，资本主义社会时代有近400年的历史，资本主义历经革命兴盛阶段，已进入衰落下降阶段；尽管社会主义这一新的社会形态从1917年成为现实，到如今中国特色社会主义成功发展，但社会主义社会形态在世界上仍不占统治地位。从资本主义社会形

---

① 《马克思恩格斯文集》第2卷，人民出版社2009年版，第32页。

态一确立，就充满了社会主义与资本主义两种社会制度、两条发展道路的斗争，且历史越前行，这种斗争越激化。资本主义基本矛盾至今没有改变，人类社会演进的历史趋势没有改变，社会主义这一新的社会形态必然代替资本主义的历史必然性没有改变。

人类社会演进的历史趋势和必然性是什么呢？邓小平同志说："封建社会代替奴隶社会，资本主义代替封建主义，社会主义经历一个长过程发展后必然代替资本主义。这是社会历史发展不可逆转的总趋势。"[①] 这是从马克思主义唯物史观角度，按照社会形态演变理论及其揭示的演变规律，对大的"历史时代"所做的历史观判断，也就是说，人类由原始社会时代，到奴隶社会时代，到封建社会时代，到资本主义社会时代，再经过社会主义的长过程，到共产主义社会时代，这是一个不可逆转的历史趋势。马克思主义关于大的"历史时代"的判断是绝对不能否定的，如果否定了，就会否定马克思主义，否定社会主义代替资本主义的历史必然性，就会误认为资本主义的基本矛盾不存在了，误认为马克思主义过时了。正如邓小平同志所说："不要认为马克思主义就消失了，没用了，失败了。哪有这回事！"[②]

中国特色社会主义新时代所使用的时代概念不是历史观上的大的"历史时代"概念，是从我们党和国家事业发展的角度提出来的。这两种时代概念在唯物史观基础上既有区别，又是辩证统一的：从党和国家事业出发认定的时代服从于广义的大的"历史时代"，大的"历史时代"又是由狭义的具体的时代所组成。依据唯物史观所得出的大的"历史时代"的结论是正确的；新时代特指中国特色社会主义已经站在一个新的历史起点上，进入一个新的历史

---

① 《邓小平文选》第 3 卷，人民出版社 1993 年版，第 382—383 页。
② 同上书，第 383 页。

阶段，处在一个新的历史方位上，这个重大政治判断也是正确的。

习近平同志指出："中国特色社会主义进入新时代，在中华人民共和国发展史上、中华民族发展史上具有重大意义，在世界社会主义发展史上、人类社会发展史上也具有重大意义。"① 只有站在马克思主义唯物史观关于大的"历史时代"的广阔视野中，站在中国特色社会主义进入新时代的特定角度上，将两种时代判断角度结合起来，才能真正理解中国特色社会主义进入新时代的伟大意义。也只有深刻理解新时代的伟大意义，才能深刻理解习近平新时代中国特色社会主义思想的伟大价值。

首先，中国特色社会主义进入新时代，开辟了中华民族伟大复兴的新格局，在当代中国和中华民族发展史上具有重大意义。

在中华人民共和国发展史上，我们现在已经踏上了建设社会主义现代化强国的新征程，在站起来、富起来的基础上，进一步解决强起来的时代主题，建设社会主义的现代化强国。这说明中华人民共和国发展已经进入一个新的历史阶段，正致力于到 21 世纪中叶实现中华民族伟大复兴，这在中华民族发展史上也是一件了不起的大事。

中华民族是人类最伟大的民族之一，曾经创造了人类历史上最为辉煌的中华文明。然而，在 17 世纪中叶资本主义工业革命后，中华民族却停止了巨人的脚步，落后于时代，从 1840 年鸦片战争开始，逐步沦为被西方资本主义列强欺压剥削的半殖民地半封建国家。从那时起，中华民族有志之士为了中华民族的重振前仆后继，流血牺牲，不懈奋斗。从鸦片战争到太平天国起义，从洋务运动到甲午海战，从戊戌变法到辛亥革命，中华民族先进分子所发动的中

---

① 习近平：《决胜全面建成小康社会　夺取新时代中国特色社会主义伟大胜利——在中国共产党第十九次全国代表大会上的报告》，人民出版社 2017 年版，第 12 页。

华民族复兴大业一次一次遭受失败。毛泽东同志一针见血地指出："帝国主义的侵略打破了中国人学西方的迷梦。很奇怪，为什么先生老是侵略学生呢？中国人向西方学得很不少，但是行不通，理想总是不能实现。多次奋斗，包括辛亥革命那样全国规模的运动，都失败了。"① 这些失败的根本原因就在于，没有科学理论的指导，没有先进政党的领导，没有找到正确的道路。

十月革命的成功给中国人民带来了新的希望。"这时，也只是在这时，中国人从思想到生活，才出现了一个崭新的时期。中国人找到了马克思列宁主义这个放之四海而皆准的普遍真理，中国的面目就起了变化了。"② 从失败的教训中，从比较借鉴中，在十月革命的启发下，中华民族的先进分子深刻认识到，当人类历史进入资本主义历史时代，资本主义列强绝不允许落后国家独立自主地选择资本主义的富民强国之路，只能成为资本主义的附庸。只有选择社会主义、走非资本主义的现代化道路才是唯一的出路。中华民族的先进分子，坚定地选择了马克思主义，选择了社会主义和共产主义，创建了中国工人阶级和中国人民的先锋队组织——中国共产党。

以马克思主义为行动指南的中国共产党成立后，中华民族伟大复兴就有了成功的希望。中国共产党的初心和使命，就是为中国人民谋幸福，为中华民族谋复兴。这个初心和使命激励着一代又一代中国共产党人，高举社会主义和共产主义的旗帜，不断前进、不断探索、勇于变革、勇于创新，开创了具有中国特色的新民主主义和社会主义革命道路、具有中国特色的社会主义发展道路，取得了革命、建设、改革和党的十八大以来的伟大成就，创造了一个又一个人间奇迹，中华民族正以崭新姿态屹立于世界的东方，社会主义中

---

① 《毛泽东选集》第 4 卷，人民出版社 1991 年版，第 1470 页。
② 同上。

国正走向世界舞台的中央。

不到百年的中国社会主义现代化建设，所取得的成就远比西方资本主义国家现代化发展几百年所取得的成就大得多、快得多。社会主义道路和前途，给中华民族注入了强大动力和无限希望。进入新时代，我们的目标是，不但要提前15年在2035年基本实现现代化，达到中等发达国家水平，而且要在21世纪中叶把我国建设成为富强民主文明和谐美丽的社会主义现代化强国，中华民族将以更加昂扬的姿态屹立于世界民族之林。

中国特色社会主义进入了一个新的时代，使中华民族伟大复兴的基础更加雄厚，道路更加宽广，保障更加有力，精神更加振奋，力量更加强大，意味着近代以来久经磨难的中华民族迎来了从站起来、富起来到强起来的伟大飞跃，迎来了实现中华民族伟大复兴的光明前景。我们今天比历史上任何时期都更接近、更有信心和能力实现中华民族伟大复兴的目标。这充分表明，中国特色社会主义新时代开辟了中华民族伟大复兴的新格局。

其次，中国特色社会主义进入新时代，开启了世界社会主义运动走向发展的新纪元，在世界社会主义发展史上具有重大意义。

1848年《共产党宣言》发表，科学社会主义问世，社会主义思想从空想变成科学，科学社会主义理论日益走向世界工人运动实践，日益成为工人阶级夺取政权并建立社会主义制度的现实运动，成为世界普遍性的客观存在。这是人类历史，特别是世界社会主义发展史上划时代的事件。

在马克思主义的指导下，列宁成功领导了十月革命，建立了世界上第一个社会主义国家，科学社会主义从理论变成了实践。在十月革命和社会主义苏联的带动下，世界社会主义运动在20世纪上半叶迎来一次高潮，民族解放和无产阶级革命运动风起云涌，一大批社会主义国家纷纷建立。社会主义作为崭新的社会形态，嵌入资本主义世界，登上世界历史舞台，成为历史的真正现实，开辟了人类历史、世界社会主义发展史上的新纪元。

社会主义作为新生事物，其发展并不是一帆风顺的。由于自身的主客观原因，在西方资本主义势力的强大攻势及"和平演变"下，苏联以及东欧社会主义国家在社会主义道路的探索进程中偏离了马克思主义的正确方向，离开了科学社会主义基本原则，最终导致20世纪后期发生了东欧剧变、苏联解体等一系列重大事件，世界社会主义遭受了严重挫折，进入低谷。

正是在这一大的历史背景下，中国特色社会主义开始了极不平凡的历史进程。毛泽东同志带领全党独立探索适合中国国情的社会主义建设道路的实践，取得了伟大成就但也遭遇了重大曲折。邓小平同志带领全党以巨大的政治勇气和理论勇气，开始了通过改革开放建设社会主义现代化的新时期，开辟了中国特色社会主义道路。江泽民同志带领全党把中国特色社会主义推向21世纪。胡锦涛同志带领全党坚持和发展了中国特色社会主义。党的十八大以来，习近平同志带领全党根据世情国情党情的新变化新挑战，在治国理政各个方面提出了一系列新理念新思想新战略，开启了全面建设社会主义现代化强国的新征程，把中国特色社会主义领入了一个新时代。

中国特色社会主义进入新时代，意味着科学社会主义在21世纪的中国焕发出强大生机活力，在世界上高高举起了中国特色社会主义伟大旗帜。改革开放近40年，党以强大的战略定力，牢牢坚持科学社会主义基本原则，坚定不移地走中国特色社会主义道路，经受住了社会主义低潮的考验，西方敌对势力搞"颜色革命"的考验，资本主义世界经济危机的考验，抵制了西方所鼓吹的"普世价值""宪政民主"等错误思潮，开拓了中国特色社会主义的新局面。在 2008 年以来资本主义世界出现严重危机的情况下，中国特色社会主义呈现出"风景这边独好"的繁荣局面，有力地打破了所谓的"共产主义失败论""历史终结论"，有力地回击了"社会主义低潮综合征"。中国特色社会主义的成功，充分证明了社会主义作为人类历史最新社会形态的历史必然性，科学社会主义的基本原则是有强大生命力的，马克思主义关于"两个必然"的历史趋势是不可逆转的，人类社会发展的客观规律是不可替代的。

如果说 20 世纪是社会主义拯救了中国，那么 21 世纪则是中国拯救了社会主义。正是中国在 21 世纪扛起了社会主义的大旗，以新时代的伟大成就和伟大目标再次证明了科学社会主义的正确性和社会主义的优越性，为科学社会主义注入了新的原创性成果。正如十月革命在 20 世纪初开辟了人类历史和世界社会主义发展新纪元一样，中国特色社会主义新时代在 21 世纪初揭开了世界社会主义运动驶出低谷走向发展的新纪元。

最后，中国特色社会主义进入新时代，拓展了发展中国家通过非资本主义道路走向现代化的新途径，在人类社会发展史上具有重大意义。

马克思通过对人类历史发展，特别是资本主义历史发展的科学研究，提出了著名的"世界历史"理论。他认为，世界进入资本主义社会时代，把世界连成一片，人类历史由此进入了"世界历史"时代，即资本主义时代。在"世界历史"时代，先进入资本主义而成为世界列强的资本主义国家，在第一次世界大战前就已经把世界瓜分完毕了，它们从自身资本利益出发绝不允许落后国家独立自主地走资本主义的强国之路，强迫后发国家变成自己的附庸，服从自己的剥削利益，半殖民地半封建社会中国的悲惨遭遇就是铁证。

　　马克思晚年研究东方社会，研究非资本主义发展道路，提出落后国家可以不经过资本主义制度的"卡夫丁峡谷"，走出一条非资本主义的发展道路，即落后国家可以不经过资本主义制度的苦难，而通过社会主义制度实现现代化。这就是著名的"跨越卡夫丁峡谷"的科学设想，中国特色社会主义的成功发展使这个科学设想成为现实，为落后国家实现现代化和赶超提供了新希望新选择，人们已经看到了经由社会主义而进入共产主义的历史必然曙光。

　　资本主义囿于固有的本质，总是竭力阻止其他国家的独立发展，以利于自己转嫁危机和掠夺资源，它们不仅动用经济的、政治的、军事的力量来制约其他国家，而且动用意识形态机器，利用文化软实力向全世界兜售所谓的"普世价值论""西方现代性"等观念，打造西方现代化模式唯一性的神话。纵观当今世界，许多国家已经深陷这种神话中难以自拔。第二次世界大战以后在民族解放运动中争得独立的新兴国家，选择走资本主义民主道路的，罕见有成功的，要么发展不起来，要么即便获得了某种程度的发展，也摆脱不了西方资本主义大国的控制而难以获得完全的独立。一些国家为了捍卫独立主权和利益，拒绝接受西方现代化模式，则往往因为西方资本主义发达国家的制裁或"颜色革命"而陷入了混乱境地。如何开辟出一条新路，既实现快速发展又保持社会稳定，既对外开放吸收世界先进文明又保持自身的独立自主，既同发达资本主义国家在竞争中合作又不成为它们的附庸，成为世界上发展中国家共同追索的重大问题。

　　中国特色社会主义成功地破解了这个难题。它把市场经济与社会主义制度、经济快速发展与保持社会稳定、对外开放与独立自主等有机结合起来，开辟了一条在改革开放中实现社会主义现代化的新路，实现了从站起来、富起来到强起来的历史性跨越。中国特色社会主义的成功探索表明，中国作为一个曾经相对落后的半殖民地半封建国家，不经过资本主义社会制度的折磨，走出一条非资本主义的中国特色社会主义发展道路，一跃成为世界第二大经济体，极大地拓展了发展中国家通向现代化的途径，给世界上那些既希望加快发展又希望保持自身独立性的国家和民族提供了全新选择，为解决人类问题贡献了中国智慧和中国方案。

有什么样的时代，就会产生什么样的时代主题，就会产生什么样的时代人物，解答历史提出的时代课题。只有彻底把握理论时代背景、历史根据、实践基础和经验积累，才能深刻洞悉习近平新时代中国特色社会主义思想的真谛。中华人民共和国发展历史、中华民族发展历史，世界社会主义发展历史、人类社会发展历史，为习近平新时代中国特色社会主义思想提供了坚实的历史根据。大的"历史时代"和在该时代大的历史框架中的中国特色社会主义新时代，为习近平新时代中国特色社会主义思想提供了宏大的时代背景。中国共产党领导革命、建设、改革的历史实践和党的十八大以来的新鲜实践，为习近平新时代中国特色社会主义思想提供了深厚的实践基础和经验积累。

（原载《中国社会科学》2017 年第 12 期）

夺取新时代伟大胜利的行动纲领

王伟光

习近平同志所做的党的十九大报告，明确了新时代党和国家事业发展的主题主线、奋斗目标和宏伟蓝图，提出了关系党和国家事业发展全局的一系列新的重要思想、重要观点、重大判断、重大举措，集中体现了当代中国马克思主义最新成果，是指导当前和今后相当长时期党和国家事业发展的政治宣言和行动纲领，是一篇充满当代中国共产党人政治智慧和历史担当的马克思主义纲领性文献，具有划时代的理论意义和实践意义。

一 初心和使命是激励中国共产党人
不断前进的根本动力

习近平同志在党的十九大报告中指出，中国共产党人的初心和使命，就是为中国人民谋幸福，为中华民族谋复兴。这个初心和使命是激励中国共产党人不断前进的根本动力。

实现中华民族伟大复兴是中华民族近代以来最伟大的梦想。1840年鸦片战争以后，为改变中华民族的命运，无数仁人志士不屈不挠、前仆后继，进行了可歌可泣的斗争，但都未能改变中国半殖民地半封建的社会性质。中国共产党的诞生是开天辟地的大事件，它深刻改变了中国人民和中华民族的前途命运，深刻改变了世界发展的趋势格局。实现中华民族伟大复兴是一项光荣而艰巨的事业，需要一代又一代人为之奋斗。我们党团结带领人民完成新民主主义革命，建立中华人民共和国，实现了中国从几千年封建专制政治向人民民主的伟大飞跃。实现中华民族伟大复兴还要建立适合我国实际的先进社会制度。我们党团结带领人民完成社会主义革命，确立社会主义基本制度，推进社会主义建设，完成了中华民族有史以来最为广泛而深刻的社会变革，实现了中华民族由不断衰落到根本扭转命运、持续走向繁荣富强的伟大飞跃。我们党团结带领人民进行改革开放新的伟大革命，开辟了中国特色社会主义道路，使中国大踏步赶上时代。党的十八大以来，我们党团结带领人民在新的历史起点上坚持和发展中国特色社会主义，取得了改革开放和社会主义现代化建设的历史性成就，实现了从站起来、富起来到强起来的伟大飞跃。

中国共产党一经成立，就把实现共产主义作为党的最高理想和最终目标，义无反顾肩负起实现中华民族伟大复兴的历史使命。今天，我们比历史上任何时期都更接近、更有信心和能力实现中华民族伟大复兴的目标。但我们依然面临严峻挑战，需要全党付出更为艰巨、更为艰苦的努力。我们要高举中国特色社会主义伟大旗帜，始终把人民对美好生活的向往作为奋斗目标，为决胜全面建成小康社会、夺取新时代中国特色社会主义伟大胜利、实现中华民族伟大复兴而努力奋斗。

二　中国特色社会主义进入新时代是我国发展新的历史方位

习近平同志在党的十九大报告中强调，经过长期努力，中国特色社会主义进入了新时代，这是我国发展新的历史方位。这意味着近代以来久经磨难的中华民族迎来了从站起来、富起来到强起来的伟大飞跃，迎来了实现中华民族伟大复兴的光明前景；意味着科学社会主义在 21 世纪的中国焕发出强大生机活力，在世界上高高举起了中国特色社会主义伟大旗帜；意味着中国特色社会主义道路、理论、制度、文化不断发展，拓展了发展中国家走向现代化的途径，给世界上那些既希望加快发展又希望保持自身独立性的国家和民族提供了全新选择，为解决人类问题贡献了中国智慧和中国方案。

历史性成就和历史性变革标志中国特色社会主义进入新时代。党的十八大以来，以习近平同志为核心的党中央以巨大的政治勇气和强烈的责任担当，解决了许多长期想解决而没有解决的难题，办成了许多过去想办而没有办成的大事。我国经济建设取得重大成就，全面深化改革取得重大突破，民主法治建设迈出重大步伐，思想文化建设取得重大进展，人民生活不断改善，生态文明建设成效显著，强军兴军开创新局面，港澳台工作取得新进展，全方位外交布局深入展开，全面从严治党成效卓著。我国改革开放和社会主义现代化建设取得了全方位、开创性的历史性成就，党和国家事业发生了深层次、根本性的历史性变革，标志中国特色社会主义进入了新时代。

我国社会主要矛盾的新变化决定中国特色社会主义进入新时代。在新时代，我国社会主要矛盾已经转变为人民日益增长的美好生活需要和不平衡不充分的发展之间的矛盾。这是关系全局的历史性变化，对党和国家工作提出了许多新要求。同时必须认识到，我国社会主要矛盾发生重大变化，没有改变我们对我国社会主义所处历史阶段的判断，我国仍处于并将长期处于社会主义初级阶段的基本国情没有变，我国是世界最大发展中国家的国际地位没有变。我们既要牢牢把握社会主义初级阶段这个基本国情，又要积极顺应社会主要矛盾的新变化，坚持党的基本路线这个党和国家的生命线、人民的幸福线，在继续推动发展的基础上，着力解决好发展不平衡不充分问题，大力提升发展质量和效益，更好满足人民在经济、政治、文化、社会、生态等方面日益增长的需要，更好推动人的全面发展、社会全面进步。

我国社会发展的新特点意味着中国特色社会主义进入新时代。党的十八大以来，中国特色社会主义发展出现许多新特点。执政方式和基本方略实现重大创新，我们党贯彻依法治国基本方略，积极推进多层次多领域的依法治理，运用法治思维和法治方式深化改革、促进发展、化解矛盾、维护稳定，提高决策的法治化、规范化和科学化水平；发展理念和发展方式发生重大转变，我们党科学把握社会主义本质要求和发展方向，提出创新、协调、绿色、开放、共享的发展理念，集中体现了新阶段我国的发展思路、发展方向、发展着力点，成为引领发展实践、开创美好未来的思想指引；发展环境和发展条件发生深刻变化，我们党主动适应把握引领经济发展新常态，准确把握发展速度变化、结构优化、动力转换的新特点，深化供给侧结构性改革，不断提高发展质量和效益，推动我国发展不断朝着更高质量、更有效率、更加公平、更可持续的方向前进。

历史交汇期新的历史任务和奋斗目标表明中国特色社会主义进入新时代。当前，我国正处于实现第一个百年奋斗目标决胜期，并将向第二个百年奋斗目标迈进。在"两个一百年"奋斗目标的历史交汇期，习近平同志指出，综合分析国际国内形势和我国发展条件，从 2020 年到 21 世纪中叶可以分两个阶段来安排。第一个阶段，从 2020 年到 2035 年，在全面建成小康社会的基础上，再奋斗 15 年，基本实现社会主义现代化。第二个阶段，从 2035 年到 21 世纪中叶，在基本实现现代化的基础上，再奋斗 15 年，把我国建成富强民主文明和谐美丽的社会主义现代化强国。从全面建成小康社会到基本实现现代化，再到全面建成社会主义现代化强国，是新时代中国特色社会主义发展的战略安排，也是在我国发展新的历史方位上提出的战略任务。

三　习近平新时代中国特色社会主义思想是党与时俱进的指导思想

党的十八大以来，我们党围绕回答新时代坚持和发展什么样的中国特色社会主义、怎样坚持和发展中国特色社会主义这个重大时代课题进行艰辛探索，取得重大理论创新成果，形成了习近平新时代中国特色社会主义思想，为全党全国人民奋力实现中华民族伟大复兴的中国梦提供了行动指南。

习近平新时代中国特色社会主义思想具有重大理论价值和丰富思想内涵。它明确坚持和发展中国特色社会主义，总任务是实现社会主义现代化和中华民族伟大复兴，在全面建成小康社会的基础上，分两步走在 21 世纪中叶把我国建成富强民主文明和谐美丽的社会主义现代化强国；明确新时代我国社会主要矛盾是人民日益增长的美好生活需要和不平衡不充分的发展之间的矛盾，必须坚持以人民为中心的发展思想，不断促进人的全面发展、全体人民共同富裕；明确中国特色社会主义事业总体布局是"五位一体"、战略布局是"四个全面"，强调坚定道路自信、理论自信、制度自信、文化自信；明确全面深化改革总目标是完善和发展中国特色社会主义制度、推进国家治理体系和治理能力现代化；明确全面推进依法治国总目标是建设中国特色社会主义法治体系、建设社会主义法治国家；明确党在新时代的强军目标是建设一支听党指挥、能打胜仗、作风优良的人民军队，把人民军队建设成为世界一流军队；明确中国特色大国外交要推动构建新型国际关系，推动构建人类命运共同体；明确中国特色社会主义最本质的特征是中国共产党领导，中国特色社会主义制度的最大优势是中国共产党领导，党是最高政治领导力量，提出新时代党的建设总要求，突出政治建设在党的建设中的重要地位。

习近平新时代中国特色社会主义思想是推进新时代实践创新和理论创新的根本指针。它是对马克思列宁主义、毛泽东思想、邓小平理论、"三个代表"重要思想、科学发展观的继承和发展，是马克思主义中国化最新成果，是党和人民实践经验和集体智慧的结晶，是中国特色社会主义理论体系的重要组成部分，是全党全国人民为实现中华民族伟大复兴而奋斗的行动指南，必须长期坚持并不断发展。当前，全党在思想理论建设方面最重大的任务，就是深刻领会习近平新时代中国特色社会主义思想的精神实质和丰富内涵，增强学习贯彻的自觉性和坚定性，把这一指导思想贯彻到社会主义现代化建设全过程、体现到党的建设各方面。要深入把握、全面落实新时代坚持和发展中国特色社会主义的基本方略，坚持党对一切工作的领导，坚持以人民为中心，坚持全面深化改革，坚持新发展理念，坚持人民当家做主，坚持全面依法治国，坚持社会主义核心价值体系，坚持在发展中保障和改善民生，坚持人与自然和谐共生，坚持总体国家安全观，坚持党对人民军队的绝对领导，坚持"一国两制"和推进祖国统一，坚持推动构建人类命运共同体，坚持全面从严治党。只要我们不忘初心、牢记使命，坚决维护以习近平同志为核心的党中央权威和集中统一领导，持之以恒用习近平新时代中国特色社会主义思想武装全党，就一定能够凝聚起全党全国人民投身社会主义现代化建设新征程的磅礴力量，决胜全面建成小康社会，夺取新时代中国特色社会主义伟大胜利。

（原载《人民日报》2017 年 11 月 2 日）

改革开放是党领导的第二次革命

王伟光

习近平总书记深刻指出："改革开放这场中国的第二次革命，不仅深刻改变了中国，也深刻影响了世界。"[①] 改革开放40年来，我们党团结带领全国各族人民，经历了我国历史上最为广泛而深刻的社会变革，推进了我们党历史上一次新的伟大自我革命，进行了人类历史上最为宏大而独特的实践创新，谱写了中华民族自强不息、顽强奋进新的壮丽史诗。

一　改革开放是与时俱进的马克思主义思想解放运动

解放思想、实事求是、与时俱进、求真务实，是我们党一脉相承的思想路线，在革命、建设、改革各个历史阶段中，都发挥了重要的先导作用。改革开放以来，我们党坚持思想解放与改革进程相伴前行，"思想解放—理论创新—改革突破"成为开启每一阶段改革新航程的必然选择。

开展"真理标准大讨论"，开启改革开放的历史大幕。粉碎

---

① 习近平：《开放共创繁荣　创新引领未来——在博鳌亚洲论坛2018年年会开幕式上的主旨演讲》，人民出版社2018年版，第5页。

"四人帮"后，受"两个凡是"的束缚，各项工作徘徊不前，党面临着思想、政治、组织等各个领域全面拨乱反正的历史任务。1978年5月，《光明日报》发表《实践是检验真理的唯一标准》，明确提出检验真理的标准只能是社会实践，任何理论都要不断接受实践的检验。一场真理标准问题大讨论冲破重重阻力，在全国轰轰烈烈展开，这是中国现代史上继五四运动、延安整风运动之后，又一次伟大的思想解放运动。这场大讨论冲破了"两个凡是"的严重束缚，为党重新确立马克思主义思想路线、政治路线和组织路线奠定了思想基础。正是这场大讨论，为党的十一届三中全会胜利召开，为把党和国家的工作重心转移到经济建设上来，为开辟中国特色社会主义道路提供了思想牵引，成为改革开放的思想先导。

突破僵化观念束缚，推动改革开放不断深化。高度集中僵化的计划经济体制不适合中国国情，严重窒息我国社会主义制度的优越性，束缚社会生产力的发展，抑制了人们的积极性、主动性、创造性。1984年，《中共中央关于经济体制改革的决定》提出，实行"公有制基础上有计划的商品经济"，突破了社会主义与市场经济不能兼容的僵化认识，吹响了我国社会主义市场经济体制改革的号角。1992年邓小平视察南方的重要谈话，以"三个有利于"作为判断姓"社"姓"资"等重大是非的根本标准，进一步冲破了思想羁绊，为党的十四大确立社会主义市场经济体制提供了重要理论准备。1997年，党的十五大明确"非公有制经济是社会主义经济的必要补充""公有制为主体，多种所有制经济共同发展是我国社会主义初级阶段的一项基本经济制度"，又一次推动了人们的思想解放，深化了我们党对社会主义初级阶段经济制度的认识。2007年，党的十七大提出"坚持以人为本，树立全面、协调、可持续的发展观，促进经济社会和人的全面发展"，摒弃片面的发展理念，推动改革开放不断走向深入。党的十八届三中全会提出,"使市场在资源配置中起决定性作用和更好发挥政府作用",进一步破除了阻碍发展的思想束缚,大大地推进了改革开放的进程。

继续解放思想,凝聚全面深化改革的强大力量。站在新的历史关头推进改革,面临的复杂程度、敏感程度、艰巨程度不亚于40年前。只有继续推动思想解放,才能凝聚起全面深化改革开放的强大动力。习近平总书记在论及"三个解放"时,把"解放思想"列于首要位置,并特别强调其"总开关"作用。今天解放思想,要面对更为艰巨复杂的现实利益博弈。一些人嘴上说思想解放,骨子里怕思想解放,一些部门抽象地赞成思想解放,具体地反对思想解放,说到底是一个利益问题。从调节分配到简政放权,影响改革的思想障碍很多不是来自体制外而是来自体制内,尤其来自各种既得利益的羁绊。因此,习近平总书记反复强调,要正确处理中央与地方、全局和局部、长远和当前的关系,正确对待利益格局调整,坚决克服地方和部门利益的掣肘,在破除各方面体制机制弊端、调整深层次利益格局上再啃硬骨头、再拿硬任务,推动形成更加浓厚、更有活力的改革创新氛围。

二 改革开放是解放和发展社会主义生产力的伟大社会革命

中国共产党领导中国人民在中国现代史上开展了两次伟大的社会革命。以新民主主义革命和社会主义革命为主要内容的中国革命是第一次社会革命,使社会生产力从根本上、制度上得到彻底的解放,奠定了社会主义物质经济基础。改革开放是第二次社会革命,使我国生产力水平极大提升,人民生活显著改善,中国实现了由

"追赶世界"到"引领世界"的伟大转变。

推出重大改革举措，极大解放和发展生产力。邓小平同志指出，"我们所有的改革都是为了一个目的，就是扫除发展社会生产力的障碍"①，"当然我们不要资本主义，但是我们也不要贫穷的社会主义"②，为推进改革开放指明了方向。40 年来，我们党领导人民从农村改革到城市改革再到全面深化改革，都是为了解放和发展生产力。经过改革开放 40 年，中国 GDP 以年均 9.5% 的增速实现了 226.9 倍的经济增长，一跃成为世界第二大经济体。中国的对外开放从沿海到沿江沿边、从东部到内陆，层层推进，取得了巨大成就，由世界进出口贸易中排名第 32 位发展成全球第一大贸易国。

坚持以人民为中心，人民生活水平显著提高。邓小平同志明确提出，是否有利于提高人民生活水平，是判断改革开放成败的标准。习近平总书记强调，人民对美好生活的向往，就是我们的奋斗目标。改革开放 40 年来，我们党坚持以人民为中心的发展思想，把增进人民福祉、促进人的全面发展作为一切工作的出发点和落脚点，从人民群众最关心最直接最现实的利益问题入手，让改革发展成果更多更公平惠及全体人民。在 40 年的砥砺奋进中，中国实现了从贫穷到温饱再到整体小康的跨越式发展，全国农民人均纯收入、城镇居民人均收入从 1978 年的几百元增加到上万元，增长近百倍。1978 年以来，我国实现了 7 亿人口的脱贫，对全球减贫贡献率超过 70%，成为"中国奇迹"最为精彩的篇章。

正确认识社会主要矛盾的转化，将全面深化改革进行到底。1956 年，党的八大指出："我国国内社会的主要矛盾，已经是人民对于建立先进工业国的要求同落后的农业国现实之间的矛盾，已经

---

① 《邓小平文选》第 3 卷，人民出版社 1993 年版，第 134 页。
② 《邓小平文选》第 2 卷，人民出版社 1994 年版，第 231 页。

是人民对于经济文化迅速发展同当前经济文化不能满足人民需要状况之间的矛盾。"党的十一届三中全会在此基础上做了进一步的概括，提出"我国社会的主要矛盾是人民日益增长的物质文化需求同落后的社会生产之间的矛盾"。经过长期努力，中国特色社会主义进入了新时代，这是我国发展新的历史方位，也是改革开放新的历史起点。党的十九大对我国社会主要矛盾做出了新阐述："我国社会主要矛盾已经转化为人民日益增长的美好生活需要和不平衡不充分的发展之间的矛盾。"主要矛盾的这一历史性变化，对党和国家工作提出了许多新要求。我们要通过全面深化改革开放解决好我国社会主要矛盾，夺取新时代中国特色社会主义伟大胜利。要牢牢把握全面深化改革的正确方向，不断推进我国社会主义制度自我完善和发展，赋予社会主义新的生机活力。坚持统筹推进"五位一体"总体布局和协调推进"四个全面"战略布局；坚持推进国家治理体系和治理能力现代化，不断变革不适应实践发展要求的体制机制，使我国经济、政治、文化、社会、生态文明、党的建设等各方面的体制机制更加科学、更加完善，使中国特色社会主义制度更加成熟更加定型；坚持扩大开放，解决发展内外联动问题，提高对外开放质量，发展更高层次的开放型经济。

三　改革开放是我们党自我完善、自我革新的伟大自我革命

习近平总书记强调："勇于自我革命，从严管党治党，是我们党最鲜明的品格。"[1] 改革开放既是我们党自觉领导的社会革命，又

---

[1]　习近平：《在纪念周恩来同志诞辰120周年座谈会上的讲话》，人民出版社2018年版，第14页。

是一场党的自我革命。中国共产党要永葆活力，就必须在领导和推动改革开放新的社会革命进程中不断进行自我革命，不断增强自我净化、自我完善、自我革新、自我提高的能力。

坚持党的领导，不断改进和完善党的领导体制。党的领导是中国特色社会主义的最本质特征，是改革开放沿着正确方向前进的根本保证。面对新形势新任务，邓小平同志指出，只有改善党的领导制度、领导方式和领导作风，才能加强党的领导。1980 年以来，改革党的领导制度，划清党组织和国家政权的职能，理顺党组织与人大、政府、司法机关、人民团体、企事业单位和其他各种社会组织之间的关系，做到各司其职，并且逐步走向制度化，这成为党的领导体制改革的开端。以后的历次党代会都对党的领导体制改革进行了新的思考和探索，并出台了相关决定和党内法规制度，使党的领导得到改进和加强。当前，中国特色社会主义已进入新时代，党面临的形势更复杂、承担的任务更艰巨，进一步加强和改进党的领导成为当务之急。习近平总书记明确提出，要坚持和加强党的全面领导，建立健全党对重大工作的领导体制机制，强化党的组织在同级组织中的领导地位，更好发挥党的职能部门作用，统筹设置党政机构，推进党的纪律检查体制和国家监察体制改革。这些重大部署，着眼于完善坚持党的全面领导的制度，优化党的组织机构，将确保党的领导全覆盖，确保党的领导更加坚强有力。

加强党的建设，不断推进全面从严治党。党的十一届三中全会后，在恢复党内正常政治生活、重构党内政治生态的过程中，同步开启了从严治党的探索。党的十八大以来，以习近平同志为核心的党中央，把全面从严治党纳入"四个全面"战略布局，在全党连续开展党的群众路线教育实践活动、"三严三实"专题教育、"两学一做"学习教育，着力营造风清气正的良好政治生态，把政治建设摆在首位，严明政治纪律和政治规矩，严肃党内政治生活，坚持"老虎""苍蝇"一起打，大力营造不敢腐、不能腐、不想腐的法治环境和政治氛围，为夺取全面建成小康社会新胜利提供了坚强政治保证。

增强党的执政能力，不断提高党领导改革开放的本领。邓小平同志多次强调，要把党的执政能力和领导水平问题同改革开放和现代化建设任务密切联系起来，实现现代化是一场深刻的伟大革命，全党必须重新学习。党的十六届四中全会明确提出加强"党的执政能力建设"，要求不断提高科学判断形势的能力、驾驭市场经济的能力、应对复杂局面的能力、依法执政的能力、总揽全局的能力。党的十八大以来，以习近平同志为核心的党中央高度重视加强党的执政能力建设，多次提出要加快知识更新，优化知识结构，拓宽眼界和视野，解决本领不足、本领恐慌、本领落后问题。党的十九大报告明确提出全面增强执政本领，要着力增强学习本领、政治领导本领、改革创新本领、科学发展本领、依法执政本领、群众工作本领、狠抓落实本领和驾驭风险本领。这是对新时代我们党增强执政能力的全面阐释，为把我们党建设成为始终走在时代前列、人民衷心拥护、勇于自我革命、经得起各种风浪考验、朝气蓬勃的马克思主义执政党提供了重要遵循。

（原载《党建研究》2018 年第 8 期）

实现伟大梦想必须进行伟大斗争

王伟光

习近平同志在党的十九大报告中指出，实现伟大梦想，必须进行伟大斗争。我们党要团结带领人民有效应对重大挑战、抵御重大风险、克服重大阻力、解决重大矛盾，必须进行具有许多新的历史特点的伟大斗争。深刻理解这一重要论述，准确把握伟大斗争与伟大梦想的时代内涵，对于在"两个一百年"奋斗目标的历史交汇期发扬斗争精神，开展伟大斗争，奋力夺取新时代中国特色社会主义伟大胜利、实现中华民族伟大复兴的中国梦具有重大意义。

一　实现伟大梦想是中国共产党人的初心和使命

实现中华民族伟大复兴，是全体中华儿女的伟大梦想。中国共产党一经成立，就把实现共产主义作为党的最高理想和最终目标，义无反顾肩负起实现中华民族伟大复兴的历史使命，团结带领人民进行艰苦卓绝的斗争，谱写了气吞山河的壮丽史诗。

实现中华民族伟大复兴是近代以来中华民族最伟大的梦想。把中国人民带上民族伟大复兴人间正道的中国共产党，始终把为中国人民谋幸福、为中华民族谋复兴作为初心和使命。把人民对美好生活的向往作为奋斗目标的中国共产党，紧紧依靠和带领人民在革命、建设、改革中取得一个又一个伟大胜利，使具有五千多年悠久文明史的中华民族告别贫穷和落后、全面迈向现代化，中华文明在现代化进程中焕发出新的蓬勃生机与活力；使具有500年历史的社会主义思想在世界上人口最多的国家成功开辟出具有高度现实性和可行性的正确道路，让科学社会主义在21世纪焕发出新的蓬勃生机；使具有近70年历史的中华人民共和国建设取得举世瞩目的成就，在改革开放后短短30多年里摆脱贫困并跃升为世界第二大经济体。今天，我们比历史上任何时期都更接近、更有信心和能力实现中华民族伟大复兴的目标。

实现伟大梦想需要把远大理想和共同理想紧密结合起来。伟大梦想与共产主义远大理想、中国特色社会主义共同理想是完全一致的。坚持为实现伟大梦想与远大理想、共同理想而奋斗，是我们党在理想信念上对全体党员的党性要求。始终坚持伟大梦想与远大理想、共同理想的统一，有助于巩固全党全国人民团结统一的思想基础，坚定"四个自信"，不断把中国特色社会主义伟大事业推向前进。远大理想是最高目标，共同理想是现实目标。没有远大理想，共同理想就会失去方向和动力；没有共同理想，远大理想就会成为空想和空谈。中国共产党人是远大理想和共同理想的统一论者，共产主义是我们党的最高理想和最终目标，是我们共产党人的精神支柱和政治灵魂。实现伟大梦想，任何时候都要始终坚持、毫不动摇共产主义远大理想。中国特色社会主义是我们党团结凝聚人民的共同理想，是全面建成小康社会、加快推进社会主义现代化、实现伟大梦想的必由之路。中国共产党之所以能经受住一次次挫折而又一次次奋起，归根到底是因为我们党既有远大理想和崇高追求，又为共同理想和现实目标不懈奋斗。

实现伟大梦想需要不断推进伟大社会变革。革命时期，我们党找到一条以农村包围城市、武装夺取政权的正确革命道路，经过28年浴血奋战，建立起中华人民共和国，彻底结束了旧中国半殖民地半封建社会的历史，实现了中国从几千年封建专制政治向人民民主的伟大飞跃。实现伟大梦想，必须建立适合我国实际的先进社会制度。我们党团结领导人民完成社会主义革命，确立社会主义基本制度，推进社会主义建设，完成了中华民族有史以来最为广泛而深刻的社会变革，为当代中国一切发展进步奠定了根本政治前提和制度基础，实现了中华民族由近代不断衰落到根本扭转命运、持续走向繁荣富强的伟大飞跃。实现伟大梦想，必须合乎时代潮流、顺应人民意愿、勇于改革开放，让党和人民事业始终充满奋勇前进的强大动力。我们党团结带领人民进行改革开放新的伟大革命，破除阻碍国家和民族发展的一切思想和体制障碍，开辟了中国特色社会主义道路，使中国大踏步赶上时代。

二 实现伟大梦想必须进行伟大斗争

党的十九大报告指出，中华民族伟大复兴，绝不是轻轻松松、敲锣打鼓就能实现的。全党必须准备付出更为艰巨、更为艰苦的努力。这一重要论断反映了我们党对伟大斗争规律更全面、更深刻的认识，体现了进行伟大斗争的坚定决心和百倍信心。

社会是在矛盾斗争中开拓前进的。宇宙间的一切事物都是在矛盾运动中前进的，有矛盾就会有斗争，矛盾是事物发展的根本动力。人类社会是一个由许多矛盾构成的复杂矛盾体系，是在矛盾斗争中开拓前进的。充分认识和科学运用社会矛盾规律，坚持斗争、不懈斗争、在斗争中前进，是中国共产党人的本色。

我们党是一个敢于斗争、善于斗争的党。没有斗争,就没有胜利,没有今天的一切。中国共产党是在斗争中成长壮大的党,是敢于并善于领导人民百折不挠开展斗争又在斗争中不断取得胜利的党。无论弱小还是强大,无论顺境还是逆境,我们党都初心不改、矢志不渝,团结带领人民历经千难万险、付出巨大牺牲,攻克了一个又一个看似不可攻克的难关,创造了一个又一个彪炳史册的人间奇迹。中国人民能从悲惨境遇走向光明前途,实现伟大历史转变,就是因为中国共产党带领人民以顽强的斗争精神进行了艰苦卓绝的斗争。

实现伟大梦想必须进行具有许多新的历史特点的伟大斗争。我们正在进行具有许多新的历史特点的伟大斗争,这是党中央对世情国情党情新变化新特点的高度概括。就世情来说,2008 年爆发的国际金融危机给世界带来巨大影响,世界加速进入大发展大变革大调整时期,国际力量对比发生新的此消彼长,出现了一系列新特点新趋势。就国情来说,经过近 40 年改革开放,我国发展取得举世瞩目成就;同时,我国改革处于攻坚期和深水区,在经济发展新常态下,我国经济社会发展处于新的历史阶段,面临着与改革开放初期不同的问题和矛盾,出现了一系列新特点新情况。就党情来说,一方面,党的领导和党的建设进一步加强;另一方面,党内还存在严重的政治规矩、组织纪律松懈现象,管党治党出现宽松软和腐败问题,甚至出现搞政治阴谋的严重隐患,全面从严治党和大力开展反腐败斗争任务艰巨。

三　充分认识伟大斗争的长期性、复杂性、艰巨性

党的十九大报告指出,全党要充分认识这场伟大斗争的长期

性、复杂性、艰巨性，发扬斗争精神，提高斗争本领，不断夺取伟大斗争新胜利。

正确认识伟大斗争的长期性、复杂性、艰巨性。伟大斗争的长期性、复杂性、艰巨性，是由社会主义初级阶段这个基本国情决定的。我国仍处于并将长期处于社会主义初级阶段的基本国情没有变，我国是世界上最大发展中国家的国际地位没有变。在这样的国情条件下，要实现伟大梦想，逐步摆脱发展不平衡不充分的现状，逐步缩小同世界先进水平的差距，必须进行长期的不懈奋斗。当前，国际形势正在发生深刻复杂变化，推进人类和平与发展的崇高事业依然任重而道远，这也决定了进行伟大斗争必然经历一个漫长而艰巨的历史过程。

以更加自觉的精神状态开展伟大斗争。全党要更加自觉地坚持党的领导和我国社会主义制度，坚决反对一切削弱、歪曲、否定党的领导和我国社会主义制度的言行。毫不动摇推进党的建设新的伟大工程，把党建设得更加坚强有力，确保党永葆旺盛生命力和强大战斗力，确保党始终成为中国特色社会主义事业的坚强领导核心。更加自觉地维护人民利益，坚决反对一切损害人民利益、脱离群众的行为。贯彻落实以人民为中心的发展思想，始终把人民利益摆在至高无上地位。更加自觉地投身改革创新时代潮流，坚决破除一切顽瘴痼疾。唯改革者进，唯创新者强，唯改革创新者胜。要敢于啃硬骨头，敢于涉险滩，敢于动"奶酪"，敢于打攻坚战。坚决破除一切阻碍改革创新的体制机制障碍，同一切因循守旧、故步自封、顽固保守、不思进取的思想和行为做坚决斗争，勇于变革、勇于创新，永不僵化、永不停滞。更加自觉地维护我国主权、安全、发展利益，坚决反对一切分裂祖国、破坏民族团结和社会和谐稳定的行为。绝不允许任何人、任何组织、任何政党在任何时候、以任何形式把任何一块中国领土从中国分裂出去。更加自觉地防范各种风险，坚决战胜一切在政治、经济、文化、社会等领域和自然界出现的困难和挑战。伟大事业越发展、伟大工程越前进、伟大梦想越接近，遇到的风险挑战就会越大，就越要进行伟大斗争。我们要有效应对重大挑战、抵御重大风险、克服重大阻力、解决重大矛盾，勇于同一切风险困难做坚决斗争，坚决战胜前进道路上的一切艰难险阻。

发扬斗争精神，区分斗争性质，提高斗争本领。中国革命的胜利是靠斗争打出来的，中国建设的成就是靠斗争干出来的，中国改革的推进是靠斗争闯出来的。进行伟大斗争要继承和发扬斗争精神。既要在事关中国特色社会主义前途命运的大是大非问题上敢于斗争、敢于亮剑，不能态度暧昧，不能爱惜羽毛，不能动摇政治立场；又要在改革发展稳定工作中敢于斗争、勇于创新，自觉把使命放在心上、把责任扛在肩上，不断有所发明、有所创造、有所作为、有所前进；还要在全面从严治党上敢于斗争、敢于动硬，全面推进党的建设新的伟大工程。进行伟大斗争要区分斗争性质。党章明确指出，在现阶段，我国社会主要矛盾是人民日益增长的美好生活需要和不平衡不充分的发展之间的矛盾。由于国内的因素和国际的影响，阶级斗争还在一定范围内长期存在，在某种条件下还有可能激化，但已经不是主要矛盾。这就决定了我们所进行的伟大斗争，既不同于革命战争年代那种疾风骤雨式的阶级斗争，也不能采取"以阶级斗争为纲"的极"左"做法。进行伟大斗争要善于区分矛盾性质，针对不同性质的矛盾展开有针对性的有效斗争。要正确区分两类不同性质的矛盾，正确处理人民内部矛盾，制定正确的斗争策略，采取适当的斗争方式和方法，以期取得最大的斗争实效。当前，各种挑战不期而至，对伟大斗争提出了新的更高要求。这就要求我们以时不我待的精神，加强理论武装，提高斗争本领。只有不断提高全党斗争本领，伟大梦想才能真正实现。

（原载《人民日报》2017 年 11 月 30 日）

牢牢把握中国特色社会主义这一主题

李慎明

习近平同志在党的十九大报告中明确指出："中国特色社会主义是改革开放以来党的全部理论和实践的主题。""全党要更加自觉地增强道路自信、理论自信、制度自信、文化自信，既不走封闭僵化的老路，也不走改旗易帜的邪路，保持政治定力，坚持实干兴邦，始终坚持和发展中国特色社会主义。"① 这些重要论述言简意赅，事实上包含着五个概念：一是中国特色社会主义；二是中国特色社会主义道路；三是中国特色社会主义理论体系；四是中国特色社会主义制度；五是中国特色社会主义文化。正确理解这五个概念的科学内涵，对于我们深入学习贯彻习近平新时代中国特色社会主义思想、夺取新时代中国特色社会主义伟大胜利，具有十分重要的意义。

一　中国特色社会主义是我们党始终高擎的伟大旗帜

早在 1920 年 11 月，毛泽东同志就形象地指出："主义譬如一

---

① 习近平：《决胜全面建成小康社会　夺取新时代中国特色社会主义伟大胜利——在中国共产党第十九次全国代表大会上的报告》，人民出版社 2017 年版，第 16—17 页。

面旗子，旗子立起了，大家才有所指望，才知所趋赴。"① 中国特色社会主义就是毛泽东同志所说的这样一面旗子。习近平同志在党的十九大报告中指出，大会的主题是：不忘初心，牢记使命，高举中国特色社会主义伟大旗帜，决胜全面建成小康社会，夺取新时代中国特色社会主义伟大胜利，为实现中华民族伟大复兴的中国梦不懈奋斗。在大会的主题中强调"高举中国特色社会主义伟大旗帜"，就是表明中国特色社会主义是我们党始终高擎的伟大旗帜。

中国特色社会主义主要由以下几部分组成：一是我们党的指导思想，即马克思列宁主义、毛泽东思想、邓小平理论、"三个代表"重要思想、科学发展观、习近平新时代中国特色社会主义思想；二是中国特色社会主义道路；三是中国特色社会主义理论体系；四是中国特色社会主义制度；五是中国特色社会主义文化。这里需要强调的是，我们党的指导思想与中国特色社会主义理论体系是既有联系又有区别的不同概念。我们党的指导思想中有马克思列宁主义、毛泽东思想，中国特色社会主义理论体系并不包括马克思列宁主义、毛泽东思想，但与马克思列宁主义、毛泽东思想是一脉相承、坚持发展的关系。

党的十八大以来，以习近平同志为核心的党中央科学把握当今世界和当代中国发展大势，顺应实践要求和人民愿望，在各个方面都取得重大成就，推动党和国家事业发生历史性变革。5 年来的成就是全方位的、开创性的，5 年来的变革是深层次的、根本性的。这充分说明我们党高举中国特色社会主义伟大旗帜、坚持和发展中国特色社会主义是完全正确的。我们坚定"四个自信"，本质上就是坚定对中国特色社会主义的自信。

---

① 《毛泽东年谱（1893—1949）》（上），人民出版社、中央文献出版社 1993 年版，第71 页。

二 中国特色社会主义道路是实现社会主义现代化、创造人民美好生活的必由之路

中国特色社会主义道路既体现为坚持以经济建设为中心，又体现为全面推进经济建设、政治建设、文化建设、社会建设、生态文明建设以及其他各方面建设，是实现社会主义现代化、创造人民美好生活的必由之路。需要指出的是，在一个社会中，经济是基础，既是政治上层建筑的基础，也是文化上层建筑的基础。这决定了坚持中国特色社会主义道路就要坚持中国特色社会主义经济发展道路。当然，经济发展道路首先体现在政治上层建筑之中，表现为一定的经济制度，这可以叫作应然；但这一经济制度在经济领域运行的实际状况则属于经济基础范畴，这可以叫作实然。中国特色社会主义经济发展道路体现为应然经济制度在实然经济领域的落实上，主要体现在所有制和分配关系、人与人关系的实际状况上。在社会主义初级阶段，坚持中国特色社会主义道路，必须坚持公有制为主体、多种所有制经济共同发展，积极稳妥解决财富占有和收入分配上差距过大问题，不断朝着共同富裕方向前进。只有毫不动摇地坚持社会主义初级阶段基本经济制度，才能从根本上体现我国的社会主义性质，体现最广大人民的根本利益，我们党、国家和民族才有美好前途。

当前，人们也经常提"中国道路"。从广义上讲，"中国道路"可以包括中国革命、建设和改革开放之路；从狭义上说，"中国道路"专指中国特色社会主义道路。现在，国际社会对中国道路的关注越来越多、认同越来越高，国际国内都在热议"中国模式"和"中国道路"。"中国模式"的提法，一是给人有完成时、不再发展

的凝固之感。事实上，当前我国发展方式正在转变之中，不能说已经成为一种固化的发展模式。二是有推广甚至扩张之嫌。因此，不宜简单地用"中国模式"来概括中国特色社会主义道路，而应该用"中国道路"的提法。

三　中国特色社会主义理论体系是指导党和人民　实现中华民族伟大复兴的正确理论

中国特色社会主义理论体系是包括邓小平理论、"三个代表"重要思想、科学发展观与习近平新时代中国特色社会主义思想在内的科学理论体系。这一理论体系是我们党把马克思列宁主义、毛泽东思想的普遍真理同我国改革开放新的实际与新的时代特征相结合，主要在我国改革开放新的实践中逐步形成和发展起来的。正像为了表示列宁主义和毛泽东思想在许多重要方面发展了马克思主义、因而将其从马克思主义中单列出来一样，中国特色社会主义理论体系在许多重要方面也发展了马克思列宁主义、毛泽东思想，因而将其单列出来。

还应指出的是，毛泽东思想与中国特色社会主义理论体系有着极为紧密的关系。邓小平同志曾经说过："三中全会以后，我们就是恢复毛泽东同志的那些正确的东西嘛，就是准确地、完整地学习和运用毛泽东思想嘛。基本点还是那些。从许多方面来说，现在我们还是把毛泽东同志已经提出、但是没有做的事情做起来，把他反对错了的改正过来，把他没有做好的事情做好。今后相当长的时期，还是做这件事。当然，我们也有发展，而且还要继续发展。"①

---

① 《邓小平文选》第 2 卷，人民出版社 1994 年版，第 300 页。

这阐明了中国特色社会主义理论体系与毛泽东思想之间既一脉相承又与时俱进的关系。

习近平同志在党的十九大报告中指出："经过长期努力，中国特色社会主义进入了新时代，这是我国发展新的历史方位。"① 习近平新时代中国特色社会主义思想，就是适应这一新时代而产生的马克思主义中国化最新成果，是对马克思列宁主义、毛泽东思想、邓小平理论、"三个代表"重要思想、科学发展观的继承和发展，是党和人民实践经验和集体智慧的结晶，是中国特色社会主义理论体系的重要组成部分，是全党全国人民为实现中华民族伟大复兴而奋斗的行动指南，我们必须长期坚持并不断发展。

四 中国特色社会主义制度是当代中国发展进步的根本制度保障

中国特色社会主义制度，是从中华人民共和国成立后开始建立和形成、改革开放时期逐步丰富和完善的崭新的社会制度体系，是当代中国发展进步的根本制度保障，集中体现了中国特色社会主义的性质、特点和优势；是在推进社会主义制度自我完善和发展过程中，在经济、政治、文化、社会、生态文明等各个领域形成的一整套相互衔接、相互联系的制度体系。中国特色社会主义制度坚持把根本政治制度、基本政治制度同基本经济制度以及各方面体制机制等具体制度有机结合起来，坚持把党的领导、人民当家做主、依法治国有机统一起来，为中国特色社会主义事业发展提供了有效制度保障。

---

① 习近平：《决胜全面建成小康社会 夺取新时代中国特色社会主义伟大胜利——在中国共产党第十九次全国代表大会上的报告》，人民出版社 2017 年版，第 10 页。

中国特色社会主义制度体现了我国国体与政体的有机统一。社会主义制度是我国的根本制度，在这一根本制度之下，有人民代表大会制度这一根本政治制度，有中国共产党领导的多党合作和政治协商制度、民族区域自治制度以及基层群众自治制度等基本政治制度；有公有制为主体、多种所有制经济共同发展这一我国社会主义初级阶段的基本经济制度和按劳分配为主体、多种分配方式并存的分配制度；有中国特色社会主义法律体系；有相应的经济体制、政治体制、文化体制、社会体制、生态文明体制等各项具体制度。

坚定制度自信，必须坚持中国共产党的领导。习近平同志在党的十九大报告中指出："中国特色社会主义最本质的特征是中国共产党领导，中国特色社会主义制度的最大优势是中国共产党领导，党是最高政治领导力量。"[1] 在坚持和发展中国特色社会主义的进程中，我们为什么反复强调坚持中国共产党的领导呢？一是坚持党的领导是我国历史发展的必然，是人民的选择；二是坚持党的领导源于党的宗旨是全心全意为人民服务；三是我们党是中国特色社会主义事业的坚强领导核心，处在总揽全局、协调各方的地位。现在有一种观点认为，在革命时期要取得革命的成功需要党的领导，在建设特别是改革时期，只要有一套健全的政治体制并坚持依法治国，人民就可以当家做主了。这是一种极大的误解。世界社会主义发展的历史证明，坚持党的领导不仅是夺取和掌握国家政权的首要条件与普遍规律，同时也是社会主义建设和改革的首要条件与普遍规律。

---

① 习近平：《决胜全面建成小康社会 夺取新时代中国特色社会主义伟大胜利——在中国共产党第十九次全国代表大会上的报告》，人民出版社 2017 年版，第 20 页。

五 中国特色社会主义文化是激励全党全国 各族人民奋勇前进的强大精神力量

文化是一个国家、一个民族的灵魂。中国特色社会主义文化可以说主要由以下几部分组成：一是马克思列宁主义、毛泽东思想和中国特色社会主义理论体系；二是党领导人民在革命、建设、改革中创造的革命文化和社会主义先进文化；三是中华民族五千多年文明历史所孕育的中华优秀传统文化；四是我国积极借鉴过来的世界各国、各个民族的优秀传统文化。这几部分并不是并列关系。马克思列宁主义、毛泽东思想和中国特色社会主义理论体系是中国特色社会主义文化的灵魂，党领导人民创造的革命文化和社会主义先进文化是中国特色社会主义文化的主要内容，中华优秀传统文化是中国特色社会主义文化的丰厚沃壤，积极借鉴过来的世界各国、各个民族的优秀传统文化是中国特色社会主义文化的有益滋养。文化自信是更基础、更广泛、更深厚的自信。我们要坚持以马克思主义为指导，弘扬社会主义核心价值观，弘扬以爱国主义为核心的民族精神和以改革创新为核心的时代精神，不断增强全党全国各族人民的精神力量。

上述五个方面是紧密联系、相互依存、不可分割的统一体。中国特色社会主义作为我们党始终高擎的伟大旗帜是管总的，它规定了道路、理论、制度、文化的根本性质和方向。道路是实现途径，理论体系是行动指南，制度是根本保障，文化是深厚基础，它们统一于中国特色社会主义伟大事业。

（原载《人民日报》2018年2月8日）

正确认识中国特色社会主义新时代社会主要矛盾

李慎明

习近平总书记在党的十九大报告中明确指出："中国特色社会主义进入新时代，我国社会主要矛盾已经转化为人民日益增长的美好生活需要和不平衡不充分的发展之间的矛盾。"[①] 随着时间的推移，我们将会越发感知这一论断的重大意义。

社会主要矛盾是个十分重大的理论和实践问题。为了深刻理解习近平新时代中国特色社会主义思想关于新时代我国社会主要矛盾的理论，我们有必要从现实依据、理论内涵、历史回溯和科学把握四个方面做一些必要的考察。

一 新时代我国社会主要矛盾新表述的现实依据

党的十九大报告关于我国社会主要矛盾的表述，符合当前我国实际，是中国特色社会主义的与时俱进，是马克思主义中国化、时代化、大众化的重大理论创新。

[①] 习近平：《决胜全面建成小康社会 夺取新时代中国特色社会主义伟大胜利——在中国共产党第十九次全国代表大会上的报告》，人民出版社 2017 年版，第 11 页。

1. 从"人民日益增长的物质文化需要"到"人民日益增长的美好生活需要"的转变。这一表述转变的依据是，首先，经过多年的艰辛奋斗，我国稳定解决了十几亿人的温饱，总体上实现了社会主义的小康，不久将全面建成小康社会，人民美好生活需要的品质更高、范围更广。不仅是对物质文化生活提出了更高的要求，而且在民主、法治、公平、正义、安全、环境等方面出现了多样化、更高层次的要求，"物质文化生活需求"的表述不足以囊括人民各方面丰富多样的需求。其次，正如党的十九大报告中所指出的，我们在经济方面所面临的困难和挑战主要是"民生领域还有不少短板，脱贫攻坚任务艰巨，城乡区域发展和收入分配差距依然较大"等。中国特色社会主义进入新时代，人民群众对于共享改革发展成果的要求越来越凸显、越来越强烈。如果不正视这一问题，社会矛盾就会越积累越多、越来越复杂。随着经济实力的增强，解决这一主要矛盾的时机也日渐成熟。最后，现实生活中人民群众的一些需求得不到满足，绝不仅仅是物质不丰富即生产力层面的问题，而往往是生产关系甚至是上层建筑方面的问题，是属于经济、政治、文化、社会和生态这"五位一体"建设与党的建设各个方面发展不平衡、不充分的问题。比如，广大人民群众对党内和社会上存在的严重腐败现象不满，对收入分配过大的担忧，对青山绿水和蓝天白云的渴求，对住房、教育、医疗、养老等切身利益的关注等。"人民日益增长的美好生活需要"这一新的表述，准确地表达了人们在改革开放以来取得重大成就的基础上，在经济、政治、文化、社会、生态和党的建设等各个领域，都充满了对未来生活的美好希冀。

2. 从"落后的社会生产"到"不平衡不充分的发展"的转变。社会生产指生产力和生产关系这两个方面。而发展则涉及经济、政治、文化、社会、生态"五位一体"建设和党的建设的方方面面。

经过 40 年的改革开放，我国的社会生产特别是生产力方面已基本摆脱了落后状况，我国的社会生产水平包括总量、速度等取得了历史性发展和飞跃，社会生产能力在一些方面进入世界前列，并正在向世界上中等发达国家水平迈进。从生产关系方面讲，随着国际金融危机的不断深化，国际社会越发感知中国特色社会主义道路、制度和价值观的魅力。由此，再把我国当前的社会生产称为"落后的社会生产"已经与实际不大相符，突出的问题已转化为发展的不平衡和不充分。发展的不平衡，主要体现在经济领域。从宏观上讲，主要体现在社会生产关系中区域财富占有和收入分配方面的差距上；从微观上讲，主要体现在人与人之间财富占有和收入分配方面的差距上。而发展的不充分，则主要体现在民主、法治、公平、正义、安全、环境等方面发展的不充分上，体现在其相互之间关系的不充分不协调上。这种发展上的不平衡不充分，已经成为满足人民日益增长的美好生活需要的主要制约因素。

这也就是说，我国社会主要矛盾已经转化为"人民日益增长的美好生活需要和不平衡不充分的发展之间的矛盾"这一新的重大提法表明，新时代我们既要着力深化供给侧结构性改革，不断提高我国社会生产力发展水平，又要不断深化体制机制改革，确保社会公平和正义。这无论从理论到实践，都将对我们今后进行伟大斗争、建设伟大工程、推进伟大事业、实现伟大梦想产生重大影响。

在新时代我国社会主要矛盾理论的指导下，在经济领域我们应主要进行供给侧结构性改革，不仅要努力发展经济，更要同时改进产业结构和产品结构，提高产品科技化含量、性价比和质量，增加花色品种，以满足人民群众的多样化需要。而在社会领域，则主要应是解决发展过程中人民群众要共享改革开放物质和精神成果方面的不平衡不充分的问题。需要指出的是，供给侧结构性改革主要是指经济领域方面的问题，而新时代我国社会主要矛盾已经转化为人民日益增长的美好生活需要和不平衡不充分的发展之间的矛盾，则主要是指社会领域。正因如此，习近平总书记特别强调共享，特别强调要努力做好扶贫工作等。

二　社会主要矛盾与社会基本矛盾的理论内涵

只有先从理论上弄清社会主要矛盾与社会基本矛盾的各自内涵以及它们的联系和区别，才有助于真正弄清习近平新时代中国特色社会主义思想关于当今中国社会主要矛盾的重大判断。

1. 社会基本矛盾。马克思主义认为，社会基本矛盾是生产关系与生产力、上层建筑与经济基础之间的矛盾，这是任何社会形态都必然存在的基本矛盾。一定的生产关系要适应一定的生产力，一定的上层建筑要适应一定的经济基础的发展。但是，任何适应即平衡都是相对的。任何社会生产力与生产关系之间、生产关系与上层建筑之间的矛盾和不平衡都是绝对的。正因如此，生产关系与生产力、上层建筑与经济基础之间的矛盾，这是任何社会形态（其中包括既有的原始社会、奴隶社会、封建社会、资本主义社会和社会主义与将来的共产主义社会）都必然存在的基本矛盾。只不过在原来的原始社会、现在的社会主义社会和到了共产主义社会，生产力与生产关系之间、经济基础与上层建筑之间的矛盾这一基本矛盾，将不带阶级冲突性质，而表现为先进与落后、正确与错误之间的矛盾。生产力与生产关系、经济基础与上层建筑矛盾运动的原理是唯物史观的基础和核心。这一基本矛盾的外延就是人与自然的矛盾，人与自然的矛盾同样是任何形态社会都会永远存在的基本矛盾。

2. 社会主要矛盾。社会主要矛盾是社会基本矛盾在一定社会各种具体矛盾中居于支配地位、起着规定或影响其他矛盾的矛盾。其他矛盾则是非主要矛盾。从根本上说，一定社会的主要矛盾在不同社会形态、相同社会形态的不同历史阶段，往往有着不同的表现。共产党人应该根据情况的不断变化，及时从人与人之间关系的不断变化之中来调整认识，适时提出和正确处理社会不同时期的主要矛盾。只有这样，我们才能最大限度地调动最广大人民群众的积极性、主动性和创造性，才能把"以人民为中心"的发展思想落到实处。

3. 社会基本矛盾与社会主要矛盾。社会生产与人类需要这一根本矛盾又具体化为生产力与生产关系、经济基础与上层建筑这一任何社会形态的基本矛盾之中，也表现在人与自然和人与人之间这两个矛盾之中。在社会基本矛盾之中，生产力、经济基础，一般地表现为起决定作用的主要方面，但生产关系、上层建筑、意识形态对生产力、经济基础、社会实践形成反作用，在一定条件下也可以成为矛盾的主要方面。这些基本矛盾相互交织，相互作用，由此推动着人类社会不断向前发展。也就是说，社会生产与人类需要的矛盾即生产力与生产关系、经济基础与上层建筑的矛盾，亦即人与自然的矛盾，是同属任何社会形态的基本矛盾，而不是特定社会形态及其各个不同历史阶段的主要矛盾。研究社会的主要矛盾要联系社会的基本矛盾，但社会主要矛盾与社会基本矛盾有着实质上的不同，在同一个社会形态的不同历史阶段，往往有着不同的表现。比如，在我国新民主主义革命阶段的土地革命时期、抗日战争时期和解放战争时期就各有不同。土地革命时期，主要矛盾是人民群众与帝国主义、封建主义和官僚资产阶级之间的矛盾，是蒋介石集团"围剿"红军与红军要打破"围剿"之间的矛盾。而七七事变爆发后，中华民族与日本侵略者之间的矛盾则上升为主要矛盾，共产党与蒋介石集团和封建开明士绅要结成最广泛的爱国统一战线。日本侵略者投降之后，随着蒋介石集团向解放区的全面进攻，共产党所面对的主要矛盾随即又发生了变化。任何一个社会的各种矛盾及其状况与关系都不是凝固不变的。在正常时期，一般是基本矛盾和主要矛盾相对稳定与相对变化相统一的；在社会革命和社会变化剧烈时期，社会主要矛盾往往会发生大的根本性历史变化。在社会矛盾体系中，主要矛盾与次要矛盾相互作用、相互影响。主要矛盾决定和影响次要矛盾的存在和发展，但次要矛盾并不是消极被动的因素，也影响和制约着主要矛盾，二者在一定历史条件下会互相转化。

三 中华人民共和国成立后我国社会主要矛盾表述的历史回溯

中华人民共和国成立后，我国社会主要矛盾经历了重大变化，我们党对主要矛盾的认识也经历了反复和曲折。

1. 过渡时期的认识。1949 年中华人民共和国的成立，标志着新民主主义革命的胜利，我国进入向社会主义过渡的历史时期。1948 年 9 月，毛泽东同志在中共中央政治局会议上指出："现在点明一句话，资产阶级民主革命完成之后，中国内部的主要矛盾就是无产阶级和资产阶级之间的矛盾，外部就是同帝国主义的矛盾。"[1]1949 年 3 月 5 日，毛泽东同志在党的七届二中全会上的报告中指出：从现在起，"党的工作重心由乡村移到了城市"；在"已经推翻了国民党的统治，建立了人民的统治，并且根本上解决了土地问

---

[1] 《毛泽东文集》第 5 卷，人民出版社 1996 年版，第 145—146 页。

题"后，"党在这里的中心任务，是动员一切力量恢复和发展生产事业，这是一切工作的重点所在"①。"中国革命在全国胜利，并且解决了土地问题以后，中国还存在着两种基本的矛盾。第一种是国内的，即工人阶级和资产阶级的矛盾。第二种是国外的，即中国和帝国主义国家的矛盾。"② 在毛泽东同志此时的语境中，是把一个社会的基本矛盾（主要矛盾）与工作重心、中心任务、工作重点相区别而使用的。

1952 年 6 月 6 日，毛泽东同志在中共中央《关于民主党派工作的决定（草稿）》上的批语中指出："在打倒地主阶级和官僚资产阶级以后，中国内部的主要矛盾即是工人阶级与民族资产阶级的矛盾，故不应再将民族资产阶级称为中间阶级。"③ 以过渡时期的社会主要矛盾的认识为依据，1952 年党中央制定了过渡时期的总路线，成功地指引全国在 1956 年基本上完成社会主义改造。

2. 党的八大前后的认识。在我国社会主义基本制度建立之后，社会的主要矛盾是什么，这是关系到全党全国确定今后的基本路线、根本任务、工作中心的重大问题。在这个历史转折的时刻，1956 年 9 月召开的党的八大及时地回答了这个问题。

1956 年 9 月 27 日通过的《中国共产党第八次全国代表大会关于政治报告的决议》明确指出："我们国内的主要矛盾，已经是人民对于建立先进的工业国的要求同落后的农业国的现实之间的矛盾，已经是人民对于经济文化迅速发展的需要同当前经济文化不能满足人民需要的状况之间的矛盾。这一矛盾的实质，在我国社会主义制度已经建立的情况下，也就是先进的社会主义制度同落后的社

---

① 《毛泽东选集》第 4 卷，人民出版社 1991 年版，第 1427、1429 页。
② 同上书，第 1433 页。
③ 《毛泽东文集》第 6 卷，人民出版社 1999 年版，第 231 页。

会生产力之间的矛盾。"

党的八大关于社会主要矛盾论述的基本精神，就是强调阶级斗争已经不是社会主要矛盾，提出主要矛盾是落后的社会生产力不能满足人民的物质文化需要，主要任务是集中力量发展社会生产力。

1957 年反右派斗争扩大化的错误，导致毛泽东同志对社会主要矛盾的认识发生改变。1957 年 10 月 9 日，毛泽东同志在党的八届三中全会闭幕会上提出："无产阶级和资产阶级的矛盾，社会主义道路和资本主义道路的矛盾，毫无疑问，这是当前我国社会的主要矛盾。"[1] 党的八大二次会议文件确认了毛泽东同志的判断："整风运动和反右派斗争的经验再一次表明，在整个过渡时期，也就是说，在社会主义社会建成以前，无产阶级同资产阶级的斗争，社会主义道路同资本主义道路的斗争，始终是我国内部的主要矛盾。"这个论断，背离了党的八大一次会议对我国社会主要矛盾的判断。1962 年 10 月，党的八届十中全会重提阶级斗争，并且把"整个过渡时期"无产阶级同资产阶级的矛盾始终是社会的主要矛盾的论点进一步延伸到"整个社会主义历史阶段"。后来逐渐形成了一个"以阶级斗争为纲"的路线，发展到极端就是犯了"文化大革命""这一全局性的、长时间的'左'倾严重错误"。

3. 改革开放后的认识。党的十一届三中全会拨乱反正的首要一条，就是不再提"以阶级斗争为纲"的基本路线，决定全党工作的重点转移到社会主义现代化建设上来。1979 年邓小平同志在理论务虚会上联系中心任务回答了我国社会主要矛盾问题："至于什么是目前时期的主要矛盾，也就是目前时期全党和全国人民所必须解决的主要问题或中心任务，由于三中全会决定把工作重点转移到社会

---

① 《毛泽东文集》第 6 卷，人民出版社 1999 年版，第 223—224 页。

主义现代化建设方面来，实际上已经解决了。我们的生产力发展水平很低，远远不能满足人民和国家的需要，这就是我们目前时期的主要矛盾，解决这个主要矛盾就是我们的中心任务。"①

1981 年党的十一届六中全会通过的历史决议，在重新肯定党的八大的路线及其关于矛盾变化论述的基础上，提出："在社会主义改造基本完成以后，我国所要解决的主要矛盾，是人民日益增长的物质文化需要同落后的社会生产之间的矛盾。党和国家工作的重点必须转移到以经济建设为中心的社会主义现代化建设上来，大大发展社会生产力，并在这个基础上逐步改善人民的物质文化生活。"值得指出的是，决议中把原来党的八大决议中"落后的社会生产力"的表述改为"落后的社会生产"。社会生产既包括生产力，又包括了生产关系。这样的表述，就更为准确和周延。

党的十二大确认了决议的提法，并载入了党章总纲，党的十三大、十四大继续确认了这个提法。

1997 年 9 月召开的党的十五大，对我国社会的主要矛盾做了更为完整系统的表述，就主要矛盾的地位作用、贯穿的历史时期和范围进行了新的概括。指出："我国经济、政治、文化和社会生活各方面存在着种种矛盾，阶级矛盾由于国际国内因素还将在一定范围内长期存在，但社会的主要矛盾是人民日益增长的物质文化需要同落后的社会生产之间的矛盾。"

党的十六大、十七大基本上沿用上述关于我国社会发展阶段、主要矛盾、中心任务的提法。

党的十八大基于"我国正处于并将长期处于社会主义初级阶段"的基本认识，提出"三个没有变"，即"我国仍处于并将长期

---

① 《邓小平文选》第 2 卷，人民出版社 1994 年版，第 182 页。

处于社会主义初级阶段的基本国情没有变，人民日益增长的物质文化需要同落后的社会生产之间的矛盾这一社会主要矛盾没有变，我国是世界最大发展中国家的国际地位没有变"。党的十八届三中、五中、六中全会，都坚持了"三个没有变"的基本判断。

但是，不变是相对的，变是绝对的。1992 年 12 月 18 日，邓小平同志就明确指出："中国发展到一定程度后，一定要考虑分配问题。也就是说，要考虑落后地区和发达地区的差距问题。不同地区总会有一定的差距。这种差距太小不行，太大也不行。如果仅仅是少数人富有，那就会落到资本主义去了。要研究提出分配这个问题和它的意义。"① 邓小平同志在 20 世纪末就抓住了发展起来后也就是今天我们面对的突出矛盾和问题，解决这个问题就是我们的中心任务，也就是当前的主要社会矛盾。

4. 党的十八大之后的认识。2012 年 11 月 15 日，刚刚当选为中共中央总书记的习近平在同采访党的十八大的中外记者见面时就掷地有声地指出："我们的人民热爱生活，期盼有更好的教育、更稳定的工作、更满意的收入、更可靠的社会保障、更高水平的医疗卫生服务、更舒适的居住条件、更优美的环境，期盼孩子们能成长得更好、工作得更好、生活得更好。人民对美好生活的向往，就是我们的奋斗目标。"② 2015 年 10 月 29 日，习近平总书记在十八届五中全会第二次全体会议上的讲话中指出："我们必须紧紧抓住经济建设这个中心，推动经济持续健康发展，进一步把'蛋糕'做大，为保障社会公平正义奠定更加坚实物质基础。"他还明确指出："我国经济发展的'蛋糕'不断做大，但分配不公问题比较突出，收入差距、城乡区域公共服务水平差距较大。在共享改革发展成果

① 《邓小平年谱（1975—1997）》（下），中央文献出版社 2004 年版，第 1356—1357 页。
② 《十八大以来重要文献选编》（上），中央文献出版社 2014 年版，第 70 页。

上，无论是实际情况还是制度设计，都还有不完善的地方。为此，我们必须坚持发展为了人民、发展依靠人民、发展成果由人民共享，作出更有效的制度安排，使全体人民朝着共同富裕方向稳步前进，绝不能出现'富者累巨万，而贫者食糟糠'的现象。"① 他强调："全面深化改革必须着眼创造更加公平正义的社会环境，不断克服各种有违公平正义的现象，使改革发展成果更多更公平惠及全体人民。如果不能给老百姓带来实实在在的利益，如果不能创造更加公平的社会环境，甚至导致更多不公平，改革就失去意义，也不可能持续。"②"共享"是以习近平同志为核心的党中央提出"新发展理念"的核心要义与落脚点。

习近平总书记关于共享、共富的论述比比皆是。从这一系列相关论述中可以看到，党的十九大关于当前我国社会主要矛盾的新的表述，已现端倪并呼之欲出了。

四　科学把握中国特色社会主义新时代社会主要矛盾

1. 解决社会主要矛盾必须以习近平新时代中国特色社会主义思想为指导，坚持党对一切工作的领导这一最为根本的政治原则，顶层设计、综合解决。党的十九大关于党和国家事业各项战略部署的整体性、关联性、协同性，全部统一于习近平新时代中国特色社会主义思想之中。解决社会主要矛盾，不能就主要矛盾解决主要矛盾，而必须以习近平新时代中国特色社会主义思想为指导，把握全局，统筹考虑。

在经济领域，必须坚持以公有制为主体和多种所有制经济共同

---

① 《习近平关于全面建成小康社会论述摘编》，中央文献出版社 2016 年版，第41—42 页。
② 《习近平谈治国理政》，外文出版社 2014 年版，第 96 页。

发展的基本经济制度；积极稳妥解决财富占有和收入分配上的差距，不断朝着共同富裕方向迈进。只有这样才能在经济上直接和根本体现我国的社会主义性质，体现最广大人民群众的根本利益，我们党、国家和民族才有美好的前途。

在政治领域，必须坚持"我国是工人阶级领导的、以工农联盟为基础的人民民主专政的社会主义国家，国家一切权力属于人民"这一社会主义根本制度，并把人民代表大会这一根本政治制度、中国共产党领导的多党合作和政治协商制度、民族区域自治制度以及基层群众自治制度这些基本政治制度以及各方面体制机制等具体制度有机结合起来，坚持把党的领导、人民当家做主、依法治国这三者紧密有机结合起来，为逐步解决社会主要矛盾，为中国特色社会主义事业发展提供有效制度保障。

在文化领域，必须坚持以马克思主义为指导，弘扬社会主义核心价值观，弘扬以爱国主义为核心的民族精神和以改革创新为核心的时代精神，建设具有强大凝聚力和引领力的社会主义意识形态，不断增强全党全国各族人民的精神力量。

2. 要牢牢坚持党的基本路线，推动社会主要矛盾的不断解决。党的十九大报告明确指出："必须认识到，我国社会主要矛盾的变化，没有改变我们对我国社会主义所处历史阶段的判断，我国仍处于并将长期处于社会主义初级阶段的基本国情没有变，我国是世界最大发展中国家的国际地位没有变。"这是正确把握中国特色社会主义新时代社会主要矛盾的十分重要的前提条件。我们应当清醒地看到，我国社会主要矛盾虽然发生了变化，但我国仍处于并将长期处于社会主义初级阶段，并是世界最大的发展中国家。我国社会主要矛盾发生了变化，只是社会主义初级阶段在发展过程中呈现了新的阶段性特征。这一基本国情决定了党的基本路线仍然没有过时，所以党的十九大报告强调指出："全党要牢牢把握社会主义初级阶段这个基本国情，牢牢立足社会主义初级阶段这个最大实际，牢牢坚持党的基本路线这个党和国家的生命线、人民的幸福线。"

但同时也必须看到，中国特色社会主义进入新时代，对我们各项工作都提出了新的要求。我们要正确处理坚持以经济建设为中心这"一个中心"与坚持四项基本原则和改革开放这"两个基本点"之间的关系，同时也要坚持党的基本路线中所要求的坚持"自力更生、艰苦创业"的精神。中华人民共和国成立 70 年，改革开放 40 年的实践告诉我们，要自立于世界民族之林，就必须立足于自力更生、艰苦创业。自强、自立才能为与世界各国的合作共赢提供前提条件。有的人仅仅是把坚持以经济建设为中心理解为以 GDP 为中心，甚至是以招商引资为中心，从根本上忘记了自力更生、艰苦创业的精神；有的人认为改革开放就是一切，目的是没有的，甚至认为四项基本原则是对改革开放的束缚，企图否定党的领导和我国社会主义制度；还有的人否定改革开放的正确方向，甚至要走封闭僵化的老路；等等。这些不仅无助于社会主要矛盾的解决，而且还会引发新的更大更多社会矛盾的出现。

一切为了人民，一切依靠人民，这是党的基本路线的出发点与归宿。我们在推动社会主要矛盾解决的过程之中，任何时候，任何情况下，都要牢牢把握坚持以人民为中心这一出发点与落脚点。

3. 要警惕社会主要矛盾与非主要矛盾非正常相互转化的问题，防止社会非主要矛盾影响社会主要矛盾的解决。毛泽东同志在《矛盾论》中指出："对于矛盾的各种不平衡情况的研究，对于主要的矛盾和非主要的矛盾、主要的矛盾方面和非主要的矛盾方面的研究，成为革命政党正确地决定其政治上和军事上的战略战术方针的重要方法之一，是一切共产党人都应当注意的。"①"在各种矛盾之中"，"矛盾的主要和非主要的方面互相转化着，事物的性质也就随着起变化"②。我国经济、政治、文化、社会和生态等各方面存在着错综复杂的各种矛盾。我们在牢牢把握人民日益增长的美好生活需要和不平衡不充分的发展之间的矛盾这一现阶段我国社会主要矛盾时，也要高度正视并处理好其他非主要矛盾即次要矛盾，以防止一些次要矛盾在特定条件下干扰和影响社会主要矛盾的解决。

4. 要始终扭住当前我国社会主要矛盾不放，在继续推动发展的基础上着力解决好发展不平衡不充分的问题。人民日益增长的美好生活需要和不平衡不充分的发展之间的矛盾，绝不是短期内能轻易解决的。社会主要矛盾既然是起着领导和决定的作用，它必然贯穿于经济社会发展的方方面面、党和国家各项工作的方方面面，我们应找准"五位一体建设"和党的建设不同领域中发展不平衡不充分的相关表现。党的十九大报告在充分肯定成绩的基础上，也明确指出："必须清醒看到，我们的工作还存在许多不足，也面临不少困难和挑战。"

比如，经济领域："发展质量和效益还不高，创新能力不够强，实体经济水平有待提高"；"城乡区域发展和收入分配差距依然较大。"政治领域："全面依法治国任务依然繁重，国家治理体系和治理能力有待加强；一些改革部署和重大政策措施需要进一步落实；国家安全面临新情况。"文化领域："意识形态领域斗争依然复杂。"社会领域："脱贫攻坚任务艰巨"；"群众在就业、教育、医疗、居住、养老等方面面临不少难题"；"社会文明水平尚需提高"；"社会矛盾和问题交织叠加。"生态领域："生态环境保护任

---

① 《毛泽东选集》第1卷，人民出版社1991年版，第326—327页。

② 同上书，第322页。

重道远。"党的建设领域:"党的建设方面还存在不少薄弱环节",等等。这些困难与挑战恰恰是我们在各个不同领域亟须认识和解决的问题。只有抓住了我国当前社会主要矛盾在各个领域、各项工作中的不同表现,并采用不同的办法,有针对性地加以解决,我们的改革开放大业,才会打开一个崭新的天地,开创一个崭新的局面。

5. 要坚定信心,居安思危。坚定信心、居安思危的精神贯穿党的十九大报告始终。报告指出:"当前,国内外形势正在发生深刻复杂变化,我国发展仍处于重要战略机遇期,前景十分光明,挑战也十分严峻。"深刻认识上述两个"十分"的内涵及其辩证关系十分重要。前景光明,是因为我们不仅取得了伟大的成就和丰富的经验,又有了一张十分切合实际的宏伟壮丽的蓝图,更因为我们拥有了以习近平同志为核心的党中央,有了习近平新时代中国特色社会主义思想的指引,今天我们比历史上任何时期都更接近、更有信心和能力实现中华民族伟大复兴的目标。

"中华民族伟大复兴,绝不是轻轻松松、敲锣打鼓就能实现的。"同样,解决社会主要矛盾,也绝不是在敲锣打鼓、觥筹交错中就能轻易实现的。我们既要坚定信心,又要做好应对许多重大挑战、重大风险、重大阻力、重大矛盾的准备,保持艰苦奋斗的作风,就一定能够在以习近平同志为核心的党中央的坚强领导下,夺取新时代中国特色社会主义伟大胜利。

(原载《红旗文稿》2018 年第 5 期)

深刻认识中国特色社会主义进入新时代的依据和意义

——学习党的十九大报告的一点体会

朱佳木

党的十九大报告，是"一个凝聚全党智慧、顺应人民期待、对我国发展具有重大指导作用、在国际社会产生积极影响的报告"①。其中最大的重点和亮点，是关于"中国特色社会主义进入了新时代"的重大政治判断。从报告来看，这个判断缘于我国当前社会主要矛盾、历史发展阶段和国际地位的新变化，也反映了我们党在理论探索上取得的新成果、奋斗目标上做出的新安排。报告指出，中国特色社会主义进入新时代，"在中华人民共和国发展史上、中华民族发展史上具有重大意义，在世界社会主义发展史上、人类发展史上也具有重大意义"②。下面，就从中华人民共和国国史的角度谈谈对新时代依据和意义的认识。

---

① 《中共中央召开党外人士座谈会　征求对中共十九大报告的意见》，《人民日报》2017 年 10 月 16 日。

② 习近平：《决胜全面建成小康社会　夺取新时代中国特色社会主义伟大胜利——在中国共产党第十九次全国代表大会上的报告》，人民出版社 2017 年版，第 12 页。

一 关于国内主要矛盾和发展阶段的变化

我国国内主要矛盾和发展阶段的变化是中国特色社会主义进入新时代的主要依据。但它并不是说人民日益增长的物质文化需要与社会生产力发展水平的矛盾已不再成为我国面临的主要矛盾了，也不是说社会主义初级阶段已经结束了，而是说需要与满足需要的两侧，内涵都发生了部分质变，使社会主义初级阶段呈现出了新的阶段性特征。毛泽东同志在《矛盾论》中说："事物发展过程的根本矛盾及为此根本矛盾所规定的过程的本质，非到过程完结之日，是不会消灭的；但是事物发展的长过程中的各个发展的阶段，情形又往往互相区别。这是因为事物发展过程的根本矛盾的性质和过程的本质虽然没有变化，但是根本矛盾在长过程中的各个发展阶段上采取了逐渐激化的形式……因此，过程就显出阶段性来。"① 这就是说，事物在量变到质变过程中，会发生部分质变；社会主义在走完初级阶段这个漫长过程中，也会出现若干因为部分质变而相互区别的新阶段。

我们党在十一届三中全会做出把工作重点转移到社会主义现代化建设上来的决策后，接着在党的十二大上恢复了八大决议关于我国社会主要矛盾的提法，即"人民日益增长的物质文化需要同落后的社会生产之间的矛盾"。此后直到党的十八大的历次党代会，对主要矛盾的这一提法没有再变过。但是，正如党的十九大报告所指出的，经过长期努力，现在我国国内生产总值已稳居世界第二，生产能力在很多方面进入了世界前列，社会生产力水平总体上显著提

① 《毛泽东选集》第1卷，人民出版社1991年版，第314页。

高，已稳定解决了十几亿人的温饱问题，总体实现了小康，不久将全面建成小康社会，人民对物质文化生活提出了更高要求，在民主、法治、公平、正义、安全、环境等方面的要求也日益增长。与此同时，发展不平衡不充分的一些突出问题尚未解决，如发展质量、效益还不高，创新能力不够强，实体经济水平不够高，生态环境保护有待加强，民生领域还有不少短板，城乡、区域发展和收入分配差距依然较大，群众在就业、教育、医疗、居住、养老等方面还面临不少难题，社会文明水平也有待提高。总之，现在人民日益增长的需要已经不再简单局限于物质和文化两方面，也不能再把社会生产笼统说成是落后的；制约人民日益增长的美好生活需要的主要因素，已经变成发展的不平衡不充分问题。正是因为这些新情况，使我国社会主要矛盾发生了转化，在社会主义初级阶段中明显产生了一个新的阶段，中国特色社会主义由此进入了新时代，使我们距离最终建成社会主义现代化强国、实现中华民族伟大复兴的目标又近了一大步。

二 关于中国国际地位的变化

国际地位的变化是中国特色社会主义进入新时代的又一个依据。但这也不表明我国不再是世界上最大的发展中国家了，而是说随着经济实力、科技实力、国防实力等综合国力进入世界前列，我国国际地位实现了前所未有的提升，在世界上的分量越来越重，发言权越来越大，开始"日益走近世界舞台中央、不断为人类作出更大贡献"[1] 了。

---

[1] 习近平：《决胜全面建成小康社会 夺取新时代中国特色社会主义伟大胜利——在中国共产党第十九次全国代表大会上的报告》，人民出版社 2017 年版，第 11 页。

我们党和国家从来不信邪、不怕压，但中国近代以来长期遭受帝国主义、封建主义、官僚资本主义的压迫、剥削，致使中华人民共和国经济底子薄弱，国力有一个逐步恢复、强盛的过程，制约了在世界舞台上的活动余地。邓小平同志 1985 年曾说过："世界上的人在议论国际局势的大三角。坦率地说，我们这一角力量是很单薄的。我们算是一个大国，这个大国又是小国……如果说中国是一个和平力量、制约战争的力量的话，现在这个力量还小。等到中国发展起来了，制约战争的和平力量将会大大增强。"他还说，到了 20 世纪末，中国国民生产总值翻两番，"对于世界和平和国际局势的稳定肯定会起比较显著的作用"①。从那时到现在，32 年过去了，我国国民生产总值已经翻了六番多。与此相适应，我国全方位、多层次、立体化的外交布局深入展开，国际影响力、感召力、塑造力极大提高，对世界和平、国际局势的作用日益显现。正是因为这些变化，中国特色社会主义进入了新时代，使我们具有开展中国特色大国外交、推动构建新型国际关系、推动构建人类命运共同体的底气。

三　关于党的指导理论的新成果

取得党的指导理论的新成果同样是中国特色社会主义进入新时代的重要依据。这当然不是说党在指导理论上另起了什么新"炉灶"，而是说我们党坚持以马克思列宁主义、毛泽东思想、邓小平理论、"三个代表"重要思想、科学发展观为指导，紧密结合新的时代条件和实践要求，进行艰辛理论探索，产生了又一个重大创新

---

① 《邓小平文选》第 3 卷，人民出版社 1993 年版，第 105 页。

理论成果。

正如党的十九大报告所指出的："世界每时每刻都在发生变化，中国也每时每刻都在发生变化，我们必须在理论上跟上时代，不断认识规律，不断推进理论创新、实践创新、制度创新、文化创新以及其他各方面创新。"① 党的十八大以来，国内外形势变化和我国各项事业发展向我们党提出了新的时代课题，需要做出既符合我国实际，又跟上时代前进步伐的回答。如果说邓小平理论要回答"什么是社会主义、怎么建设社会主义"的问题，"三个代表"重要思想要回答"新形势下建设什么样的党、怎样建设党"的问题，科学发展观要回答"新形势下实现什么样的发展、怎样发展"的问题，那么，习近平新时代中国特色社会主义思想要着重回答的是"新时代坚持和发展什么样的中国特色社会主义、怎样坚持和发展中国特色社会主义"的问题。什么是社会主义、怎样建设社会主义同这个问题之间有关联，但不完全是一个问题，不等于弄清楚了前者，就自然而然弄清楚了后者。社会主义是带普遍性的概念，而中国特色社会主义是社会主义普遍原则与中国具体情况相结合的产物，是带有特殊性的概念；什么是新时代中国特色社会主义、怎样建设新时代中国特色社会主义，更是一个崭新的课题。由于习近平总书记在党的十八大以来，特别是党的十九大报告中系统回答了这个课题，从而形成了习近平新时代中国特色社会主义思想。这一思想作为全党全国人民为实现中华民族伟大复兴而奋斗的行动指南，必将给中国的方方面面带来新的气象、新的面貌。

习近平新时代中国特色社会主义思想是中国特色社会主义理论体系的重要组成部分，但从党的十九大报告以及党的十八大以来

---

① 习近平：《决胜全面建成小康社会 夺取新时代中国特色社会主义伟大胜利——在中国共产党第十九次全国代表大会上的报告》，人民出版社 2017 年版，第 26 页。

习近平总书记的系列重要讲话中可以清晰地看出，这一思想相比其他组成部分又具有自己的许多突出特色。

例如，更加鲜明的人民性。过去一段时间，我们党的"四风"问题突出，贪腐现象严重，究其根源，在于宗旨意识淡薄，"为人民服务"被一些人看成"不适应市场经济的旧观念"，甚至有人堂而皇之地提出什么"共产党也有自己的利益"。对此，以习近平同志为核心的党中央一手抓整风反腐，一手抓宗旨教育，习近平总书记本人更是就保持党同人民群众的血肉联系问题发表了大量论述。他旗帜鲜明地指出："我们党以全心全意为人民服务为根本宗旨，没有自己的特殊利益。"① 如果统计党的十九大报告中出现频率最高的词汇，恐怕非"人民"一词莫属。从"坚持以人民为中心"到"着力解决人民群众反映最强烈"的问题，从"顺应人民意愿"到不断促进"全体人民共同富裕"，从"坚持人民当家作主"到"保证全体人民在共建共享发展中有更多获得感"，从"以人民安全为宗旨"到"把人民利益始终摆在至高无上的地位"，从"建设人民满意的服务型政府"到"扩大人民有序政治参与、使各级人大成为同人民群众保持密切联系的代表机关"，从"抓住人民最关心最直接最现实的利益问题"到建成"覆盖全民的社会保障体系、为人民提供全方位全周期健康服务"，从"人民群众反对、痛恨什么，我们党就要坚决防范和纠正什么"到"凡是群众反映强烈的问题都要严肃认真对待"，报告处处闪烁着"为人民服务"的思想光芒。像这样通篇强调、贯彻党的宗旨的报告，在历次党代会中是不多见的。

再如，更加鲜明的革命性。过去一段时间，少数人借口我们党

---

① 《习近平总书记重要讲话文章选编》，中央文献出版社、党建读物出版社2016年版，第420页。

否定"无产阶级专政下继续革命"的理论而反对社会主义社会还要继续进行革命，甚至提出什么"要把我们党由革命党转变为执政党"，导致"革命"一词几乎成为"左"的代名词。其实，"革命"并不完全指一个阶级推翻另一个阶级，我们党坚持为实现共产主义理想而奋斗，选择走社会主义道路，相对于世界资本主义秩序来说也是革命。党中央《关于建国以来党的若干历史问题的决议》在否定"无产阶级专政下继续革命"理论的同时，强调这绝不是说革命的任务已经完成，不需要继续进行各方面的革命斗争了，指的就是这种意义的革命。党的十八大以来，习近平总书记反复强调"革命理想高于天"，指的也是这种意义的革命。他在党的十九大报告中重申："革命理想高于天。共产主义远大理想和中国特色社会主义共同理想，是中国共产党人的精神支柱和政治灵魂，也是保持党的团结统一的思想基础。要把坚持理想信念作为党的思想建设的首要任务，教育引导全党牢记党的宗旨，挺起共产党人的精神脊梁，解决好世界观、人生观、价值观这个'总开关'问题，自觉做共产主义远大理想和中国特色社会主义共同理想的坚定信仰者和忠实实践者。"① 只要同历次党代会比较一下就不难看出，"革命"和"共产主义理想"等词汇在党的十九大报告中出现的频率也是相当高的。报告在回顾党的历史部分，一开头就引用了毛泽东同志"十月革命一声炮响，给中国送来了马克思列宁主义"的著名论断，指出"中国共产党一经成立，就把实现共产主义作为党的最高理想和最终目标"，并且高度评价了新民主主义革命、社会主义革命、改革开放新的伟大革命的重要意义。党的十九大报告除了继续使用历次党代会所使用的"革命军人"这一概念外，还首次提出了"革命文化"

---

① 习近平：《决胜全面建成小康社会 夺取新时代中国特色社会主义伟大胜利——在中国共产党第十九次全国代表大会上的报告》，人民出版社 2017 年版，第 63 页。

的概念，指出"革命文化"与"社会主义先进文化"，都是中国特色社会主义文化的源泉；强调坚持社会主义核心价值观，"必须坚持马克思主义，牢固树立共产主义远大理想和中国特色社会主义共同理想"①。所有这些，也是习近平新时代中国特色社会主义思想的显著特色。

又如，更加鲜明的斗争性。改革开放前，我们党一度提出"以阶级斗争为纲"的口号，过分强调斗争哲学，不该斗的也斗。党的十一届三中全会后停止了这个不适于社会主义社会的口号，但在党内外一些人中出现了另一种偏向，即怕矛盾、怕斗争、怕得罪人，甚至一度面对走私猖獗、腐败成风、资产阶级自由化泛滥、宗教极端势力和各种分裂势力的挑衅，也不敢理直气壮地采取措施。有人还曲解邓小平理论，用"不争论"为其开脱。党的十八大以来，习近平总书记大力倡导我们党一贯的战斗作风、原则立场、斗争精神，在从严治党，加强意识形态工作，反对"台独""疆独""藏独""港独"分裂势力等问题上，敢于斗争、善于斗争，为全党做出了表率。他说："我国曾经有政治挂帅、搞'阶级斗争为纲'的时期，那是错误的。但是，我们也不能说政治就不讲了、少讲了，共产党不讲政治还叫共产党吗？"②他指出："坚持正面宣传为主，决不意味着放弃舆论斗争。"③"要敢抓敢管，敢于亮剑。"④对于国内外敌对势力散布的政治谣言和奇谈怪论，"我们不能默不作声，要及时反驳，让正确的声音盖过它们。这与韬光养晦或不争论是两

---

① 习近平：《决胜全面建成小康社会　夺取新时代中国特色社会主义伟大胜利——在中国共产党第十九次全国代表大会上的报告》，人民出版社 2017 年版，第 23 页。

② 《习近平总书记重要讲话文章选编》，中央文献出版社、党建读物出版社 2016 年版，第 225 页。

③ 《习近平关于社会主义文化建设论述摘编》，中央文献出版社 2017 年版，第 27 页。

④ 同上。

码事"①。他批评"一些单位和党政干部政治敏感性、责任感不强，在重大意识形态问题上含含糊糊、遮遮掩掩，助长了错误思潮的扩散"②。他告诫"宣传思想战线的同志要当战士、不当绅士，不做'骑墙派'和'看风派'，不能搞爱惜羽毛那一套"③。党的十九大报告充分体现了上述精神，明确指出："社会是在矛盾运动中前进的，有矛盾就会有斗争……任何贪图享受、消极懈怠、回避矛盾的思想和行为都是错误的。"④报告提醒全党要充分认识这场具有许多新的历史特点的伟大斗争的"长期性、复杂性、艰巨性"。在加强意识形态工作问题上，报告指出，党的十八大以来，"马克思主义在意识形态领域的指导地位更加鲜明"，同时强调"意识形态领域斗争依然复杂"；"意识形态决定文化前进方向和发展道路"，要"不断增强意识形态领域主导权和话语权"，"牢牢掌握意识形态工作领导权"，"落实意识形态工作责任制"，要"建设具有强大凝聚力和引领力的社会主义意识形态"，"营造清朗的网络空间"，"旗帜鲜明地反对和抵制各种错误观点"，"引导人们树立正确的历史观、民族观、国家观、文化观"，"抵制腐朽落后文化侵蚀"，"倡导讲品位、讲格调、讲责任，抵制低俗、庸俗、媚俗"。在深化依法治国实践和维护国家安全、统一的问题上，报告强调"要加强宪法实施和监督，推进合宪性审查工作，维护宪法权威"；要"坚持总体国家安全观"，"健全国家安全体系，加强国家安全法治保障"，"严密防范和坚决打击各种渗透颠覆破坏活动、暴力恐怖活

---

① 《习近平总书记重要讲话文章选编》，中央文献出版社、党建读物出版社 2016 年版，第 228 页。

② 《习近平关于社会主义文化建设论述摘编》，中央文献出版社 2017 年版，第 35 页。

③ 同上书，第 45 页。

④ 习近平：《决胜全面建成小康社会　夺取新时代中国特色社会主义伟大胜利——在中国共产党第十九次全国代表大会上的报告》，人民出版社 2017 年版，第 15 页。

动、民族分裂活动、宗教极端活动";提出"必须把维护中央对香港、澳门特别行政区全面管治权和保障特别行政区高度自治权有机结合起来",要"发展壮大爱国爱港爱澳力量,增强香港、澳门同胞的国家意识和爱国精神";强调"我们有坚定的意志、充分的信心、足够的能力挫败任何形式的'台独'分裂图谋"。在全面从严治党的问题上,报告肯定党的十八大以来,"坚决改变管党治党宽松软状况","坚持反腐败无禁区、全覆盖、零容忍,坚定不移'打虎'、'拍蝇'、'猎狐'";要求全党"增强党内政治生活的政治性、时代性、原则性、战斗性,自觉抵制商品交换原则对党内政治生活的侵蚀";反对"好人主义",防止和反对"圈子文化、码头文化,坚决反对搞两面派、做两面人"。在党建部分,报告指出:"旗帜鲜明讲政治是我们党作为马克思主义政党的根本要求。党的政治建设是党的根本性建设,决定党的建设方向和效果。""全党要坚决执行党的政治路线,严格遵守政治纪律和政治规矩,在政治立场、政治方向、政治原则、政治道路上同党中央保持高度一致。"报告还在论述正确选人用人导向时指出,要"突出政治标准","旗帜鲜明为那些敢于担当、踏实做事、不谋私利的干部撑腰鼓劲"①。像这样突出强调共产党人的斗争性,在历次党代会报告中更是少见的,可以说是习近平新时代中国特色社会主义思想的又一显著特色。正因为我们党形成了这一新的指导思想,所以我们在决胜全面建成小康社会、进而开启全面建设社会主义现代化国家新征程中,有了更加坚强有力的思想保证,从而使中国特色社会主义由此进入了一个新的时代。

---

① 习近平:《决胜全面建成小康社会　夺取新时代中国特色社会主义伟大胜利——在中国共产党第十九次全国代表大会上的报告》,人民出版社 2017 年版,第 64 页。

四 关于党和国家奋斗目标的新布局

党和国家奋斗目标的新布局也是中国特色社会主义得以进入新时代的重要依据。这并不是说我国已经完成了改革开放、社会主义现代化建设和中国特色社会主义的历史任务，而是因为我们党和国家对社会主义现代化建设"三步走"战略中的第三步，有了更加具体的设想。

自从孙中山提出"振兴中华"以来，对什么是中华民族复兴的标志，始终没有一个明确表述。毛泽东同志在中华人民共和国成立初期说过，到21世纪初，"中国将变为一个强大的社会主义工业国"，"中国应当对于人类有较大的贡献"[①]；又说："要赶上和超过世界上最先进的资本主义国家，没有一百多年的时间，我看是不行的。"[②] 这表明，在他看来，用一百多年，将中国建成强大的社会主义工业国、赶上和超过最先进的资本主义国家，就是中华民族实现了复兴。改革开放初期，邓小平同志按照毛泽东的设想，提出"三步走"战略。但正如党的十九大报告指出的，"解决人民温饱和人民生活总体上达到小康这两个目标已提前实现"，20世纪末提出的到2020年全面建成小康社会的目标，眼看也要很快实现，剩下的目标就是到21世纪中叶建成社会主义现代化强国。为此，报告将党的十九大到二十大，规定为"'两个一百年'奋斗目标的历史交汇期"；又将2020年到21世纪中叶分为两个阶段，即先用15年时间基本实现社会主义现代化，再用15年时间建成富强民主文明和谐美丽的社会主义现代化强国。这意味着，从中华人民共和国成立

---

① 《毛泽东文集》第7卷，人民出版社1999年版，第156—157页。
② 《毛泽东文集》第8卷，人民出版社1999年版，第302页。

到 21 世纪中叶的 100 年里，如果说前 30 年是为中华民族复兴打基础，中间 40 年是为实现温饱和小康目标而奋斗，那么，后 30 年将主要是为建成社会主义现代化强国而努力。报告还明确指出，后 30 年的"总任务是实现社会主义现代化和中华民族伟大复兴"。可见，建成社会主义现代化强国之日，就是中华民族伟大复兴之时。对于党的十九大到二十大之间，进而对于 2020 年到 21 世纪中叶做出这样的战略安排，对于过去 70 年和未来 30 年做出这样明确的阶段性区分，使全党全国人民对实现这些奋斗目标更加充满信心，当然表明中国特色社会主义进入了一个新的时代。

党的十九大报告对中国特色社会主义新时代的阐释同时告诉我们，这个新时代并不是马克思主义社会形态变革意义上的新时代，也不是脱离中国特色社会主义的新时代，而是具有中国特色社会主义属性的新时代。在中华人民共和国成立至今 70 年的历史中，最为显著和最为基本的分期莫过于改革开放前后两大时期。党的十八大以来，以习近平同志为核心的党中央毅然纠正了将这两个历史时期加以割裂和对立的各种偏向，做出两个时期虽然有重大区别但本质上都是我们党领导人民进行社会主义建设实践探索的重大论断，并在这个论断基础上，把两个时期的经验教训联系起来总结，校正改革开放的前进航向，从而使党和国家事业发生了历史性变革，使我国发展站在了新的历史起点上，这是中国特色社会主义进入新时代的重要原因和意义所在。就是说，自从党的十八大以来，我国历史开启了一个有别于前两个历史时期的新的历史时期。报告指出，从党的十八大计，"五年来的变革是深层次的、根本性的"，这一历史性变革"对党和国家事业发展具有重大而深远影响"，"中国特色社会主义进入了新时代"，其深刻蕴意也正在于此。总之，开启中国特色社会主义新时代，不是要回到改革开放前的状况，更不是要停止改革开放，而是要将改革开放前后两个历史时期统一起来加以融会继承、贯通发展，是站在更高的历史起点上推进改革开放。唯物辩证法的否定之否定规律告诉我们，任何事物的发展都是螺旋式上升的运动，中华人民共和国的发展历史、改革开放的发展历史，同样是螺旋式上升的。现在，经过改革开放前近 30 年、改革开放后 40 年，特别是党的十八大以来的接力奋斗，我们国家终于跨入了人民群众期盼已久的中国特色社会主义新时代。让我们以更加昂扬向上的精神状态，迎接这个新时代的到来吧！

（原载《马克思主义研究》2017 年第 11 期）

引领新时代指导新实践的 21 世纪中国马克思主义

姜　辉

伟大的时代产生伟大的理论，伟大的实践孕育伟大的思想。习近平新时代中国特色社会主义思想极大丰富和发展了中国特色社会主义理论体系，实现了党的指导思想的与时俱进，为发展 21 世纪马克思主义、当代中国马克思主义做出了原创性贡献。习近平同志在参加党的十九大贵州省代表团讨论时强调："要深刻学习领会中国特色社会主义进入新时代的新论断，深刻学习领会我国社会主要矛盾发生变化的新特点，深刻学习领会分两步走全面建设社会主义现代化国家的新目标，深刻学习领会党的建设的新要求。"① 这四个"新"，是深入学习贯彻习近平新时代中国特色社会主义思想的核心要义。

一　中国特色社会主义进入新时代的新论断，确定了中国发展新的历史方位，具有根本性、全局性的深远历史意义

做出中国特色社会主义进入新时代的重大政治判断，关系党和

---

① 《习近平在参加党的十九大贵州省代表团讨论时强调　万众一心开拓进取把新时代中国特色社会主义推向前进》，2017 年 10 月 19 日，新华网（http://www.xinhuanet.com/politics/19cpcnc/2017 - 10/19/c_ 1121828266. htm）。

国家事业的长远发展，关系中华民族前途命运。它的重大意义，同党的十一届三中全会做出把全党的工作重点转移到社会主义现代化建设上来，开启改革开放新的历史时期一样，影响巨大而深远。进入中国特色社会主义新时代，开启了全面建设社会主义现代化强国的新的历史时期。

做出这个重大判断最直接、最现实的依据，就是党的十八大以来党和国家取得的全方位的、开创性的成就，发生的深层次的、根本性的变革。党的面貌、国家的面貌、人民的面貌、军队的面貌、中华民族的面貌发生了前所未有的变化，中华民族正以崭新姿态屹立于世界的东方。

中国特色社会主义新时代的本质特征、伟大意义，集中体现在党的十九大报告阐述的"五个时代"和"三个意味着"，深刻、广泛地影响着当代中国与世界。从中华民族发展史上看，我们迎来了从站起来、富起来到强起来的历史飞跃，走进决胜全面建成小康社会、进而全面建设社会主义现代化强国的时代；从世界社会主义发展史上看，中国特色社会主义使科学社会主义在 21 世纪的中国焕发出强大生机活力，成为 21 世纪世界社会主义新发展的引领旗帜；从人类社会发展历史上看，开辟了一条现代化新路，为广大发展中国家提供了全新选择，为解决人类问题贡献了中国智慧和中国方案。

二　中国社会主要矛盾发生变化的新特点，为正确制定新时代党的路线方针政策提供了根本依据，为促改革、谋发展指明了方向

能否正确认识和把握社会主要矛盾，关系党和国家事业发展全

局，关系党的工作重心、指导方针和主要任务的确定，关系党的基本路线和方针政策的落实。毛泽东同志曾说，在研究和解决问题的时候，"要用全力找出它的主要矛盾""捉住了这个主要矛盾，一切问题就迎刃而解了"。习近平同志在党的十九大报告中指出："我国社会主要矛盾的变化是关系全局的历史性变化。"进入中国特色社会主义新时代，我们党果敢、正确、及时地提出了我国社会主要矛盾的转变，即从"人民日益增长的物质文化需要同落后的社会生产之间的矛盾"，转变为"人民日益增长的美好生活需要和不平衡不充分的发展之间的矛盾"。这是中国特色社会主义新时代的重要特征，对新时代各项事业发展具有决定性、全局性的影响。

从 1981 年党的十一届六中全会提出社会主要矛盾到现在已经过去了 38 年，以往关于社会主要矛盾的判断和遵循，对于改革开放以来我们党制定正确的路线方针政策发挥了统领作用，历史作用是巨大的，但它已不能准确反映改革开放 40 年后我国的国情特点和经济社会发展的巨大变化，不能准确反映当前我国生产力发展的实际状况和水平。40 年来天翻地覆的变化，使社会矛盾的两个方面都发生了很大改变，都具有新的内涵。"人民日益增长的物质文化需要"的判断及表述，主要是反映改革开放之初人民群众面对物质产品短缺、生活资料匮乏而提出来的要求，而在总体上实现小康、不久将全面建成小康社会的今天，人民美好生活需要日益广泛，不仅对物质文化生活提出了更高要求，而且在民主、法治、公平、正义、安全、环境等方面的要求日益增长。"落后的社会生产"的判断及表述，主要反映改革开放初期我国生产力的状况，而经过 40 年的发展，我国社会生产水平取得了历史性发展和巨大飞跃，在很多领域已接近世界先进水平。从整体上看，当前我国是世界第二大经济体，经济增长率、对世界的经济贡献都位居世界前列。可以说，我国的社会生产能力已基本摆脱了落后状况，在很多方面进入世界前列。

社会主要矛盾的变化，对党和国家工作提出了许多新要求。我们要在继续推动发展的基础上，着力解决好发展不平衡不充分问题，大力提升发展质量和效益，更好满足人民在经济、政治、文化、社会、生态等方面日益增长的需要，更好推动人的全面发展、社会全面进步。当然，我们既要看到社会主要矛盾的变化，也要看到还有两个"没有变"，即我国仍处于并将长期处于社会主义初级阶段的基本国情没有变，我国是世界最大发展中国家的国际地位没有变。全党要牢牢把握社会主义初级阶段这个基本国情，牢牢立足社会主义初级阶段这个最大实际，牢牢坚持党的基本路线这个党和国家的生命线、人民的幸福线。

三　分两步走全面建设社会主义现代化国家的新目标，明确了新时代中国特色社会主义发展的战略安排，为社会主义现代化强国建设绘出时间表、路线图

我们党在不同历史时期，总是根据人民意愿和事业发展需要，提出富有感召力的奋斗目标。改革开放 40 年来，我们党注重根据时代形势和条件变化、具体国情变化和发展水平变化，因时而变、顺时而谋，在不同时期制定出适应时代、符合客观实际的发展目标。党的十二大提出分两个十年"两步走"的战略部署；党的十三大确定了我国现代化建设"三步走"发展战略；在第二步战略目标即将实现的时候，党的十五大对实现第三步战略目标做了进一步规划，提出了新的"三步走"发展目标，提出到 21 世纪中叶，中华人民共和国成立 100 年时，基本实现现代化，建成富强民主文明的

社会主义国家；党的十六届六中全会把"和谐"与"富强民主文明"一起作为社会主义现代化国家建设的目标。今天，中国特色社会主义进入新时代，党的十九大提出了分两步走全面建设社会主义现代化国家的新目标。新的"两步走"是：第一个阶段，从2020年到2035年，在全面建成小康社会的基础上，再奋斗15年，基本实现社会主义现代化。第二个阶段，从2035年到21世纪中叶，在基本实现现代化的基础上，再奋斗15年，把我国建成富强民主文明和谐美丽的社会主义现代化强国。

新目标之"新"，一是将"基本实现社会主义现代化"的时间提前15年，从原来的21世纪中叶提前到2035年。这是我国综合国力的集中体现，是对我国发展道路的高度自信，也是对我国发展潜力和发展速度的正确判断和充分考量。二是社会主义现代化国家内涵更加丰富，增加了"美丽"，这是对党的十八大以来建设"美丽中国"实践经验的提炼升华，也与中国特色社会主义"五位一体"总体布局融合同步，体现了伟大事业与伟大梦想的有机统一。三是更加注重发展质量，不仅有数量指标，而且更注重质的提升；不仅是让广大群众有物质收入的增加，而且是让人民有更多实实在在的获得感。这充分表明我们党进一步深化了对社会主义现代化建设规律的认识。

四　党的建设的新要求，为新时代推进党的建设新的伟大工程提供了根本遵循，为实现中华民族伟大复兴的中国梦提供坚强政治保证

党的十九大报告既全面总结和充分吸收了党的十八大以来全面从严治党新经验，又根据新时代新使命提出新举措新要求，提出了

"两个毫不动摇"的坚定决心，即必须毫不动摇坚持和完善党的领导，毫不动摇把党建设得更加坚强有力。

新时代党的建设总要求明确提出了党的建设基本方针、方向、目标、布局、主线、统领、着力点、主要任务。坚持和加强党的全面领导，坚持党要管党、全面从严治党，是基本原则和方向；加强党的长期执政能力建设、先进性和纯洁性建设，是主线；以党的政治建设为统领，以坚定理想信念宗旨为根基，以调动全党积极性、主动性、创造性为着力点，是具体路径；全面推进党的政治建设、思想建设、组织建设、作风建设、纪律建设，把制度建设贯穿其中，深入推进反腐败斗争，不断提高党的建设质量，是新的党建格局和主要任务；把党建设成为始终走在时代前列、人民衷心拥护、勇于自我革命、经得起各种风浪考验、朝气蓬勃的马克思主义执政党，是党的建设总目标。根据总要求，还提出了新时代加强党的建设的八项主要任务。党的建设总要求的提出，是对马克思主义党建学说的丰富和发展，是新时代推进党的建设新的伟大工程的根本遵循。

新要求之所以"新"，体现在许多方面和环节，主要有：一是提出用习近平新时代中国特色社会主义思想武装全党，这表明党的理论创新每前进一步，理论武装就跟进一步；二是在"四个伟大"紧密联系、相互贯通、相互作用的有机统一中，突出强调党的建设新的伟大工程是起决定性作用的；三是提出了"六大建设"为主要内容的新格局，更突出强调制度建设的全局性、根本性，贯穿到其他五个建设之中；四是明确提出要坚持和加强党的"全面领导"，这与新时代坚持和发展中国特色社会主义的基本方略第一条即"坚持党对一切工作的领导"相辅相成；五是把政治建设摆在首位，体现了其根本性、方向性的作用，也强调了旗帜鲜明讲政治是马克思主义政党的根本要求，是共产党员的政治本色；六是强调党的"长期执政能力建设"，与应对长期执政考验相适应，这是保证党和国家长治久安的根本要求。

习近平新时代中国特色社会主义思想是逻辑严密、系统完整的科学理论体系，坚持习近平新时代中国特色社会主义思想，就是真正坚持马克思主义。全党全国人民要在以习近平同志为核心的党中央坚强领导下，在以习近平新时代中国特色社会主义思想正确指引下，夺取新时代中国特色社会主义伟大胜利、实现中华民族伟大复兴的中国梦，让 21 世纪中国马克思主义展现出更强大、更有说服力的真理力量。

（原载《光明日报》2017 年 11 月 6 日）

理解中国特色社会主义新时代
重大意义的三个维度

金民卿

习近平总书记在党的十九大报告中做出了一个重大的政治判断——"经过长期努力，中国特色社会主义进入了新时代，这是我国发展新的历史方位"①。中国特色社会主义进入新时代，不论是在中华人民共和国发展史上、中华民族发展史上，还是在世界社会主义发展史上、人类社会发展史上，都具有重大意义。我们应该站在中华民族伟大复兴、世界社会主义运动、人类文明发展的多重维度上，全面分析中国特色社会主义新时代的历史地位和重要价值。

一 从中华民族伟大复兴的维度来把握中国特色社会主义新时代的重要意义

党的十九大报告指出："中国特色社会主义进入新时代，意味着近代以来久经磨难的中华民族迎来了从站起来、富起来到强起来

---

① 习近平：《决胜全面建成小康社会 夺取新时代中国特色社会主义伟大胜利——在中国共产党第十九次全国代表大会上的报告》，人民出版社2017年版，第10页。

的伟大飞跃，迎来了实现中华民族伟大复兴的光明前景。"① 这个论断就是把中国特色社会主义新时代纳入近代以来 170 多年的历史进程、纳入中国特色社会主义的发展历史中，从中华民族伟大复兴的高度来把握其历史地位。

中华民族伟大复兴是近代以来中国人民孜孜以求的梦想，凝聚了几代中国人的夙愿，是每一个中华儿女的共同期盼，但是圆梦之路极为坎坷。从一定意义上说，中国近现代史就是一部无数中华优秀儿女为实现中华民族复兴的伟大梦想而不懈奋斗的历史。进入近代以后，古老的中国在封建专制制度日趋没落和西方列强不断侵略的双重打击下，滑向了半殖民地半封建社会的深渊。中华民族到了生死存亡之秋，国家没有了独立，民族没有了尊严，人民没有了幸福。面对沉重灾难，富于斗争精神的中国人民奋起抗争，进行了一场场气壮山河的斗争，尝试了一次次艰辛曲折的探索。龚自珍、魏源提出"师夷长技以制夷"，曾国藩、李鸿章等洋务派引进西方的坚船利炮，康有为、梁启超进行维新变法，孙中山领导辛亥革命。但是，这些斗争和探索都终归失败。究其原因，就在于缺乏先进政党的领导，缺乏科学理论的指导，没有找到正确的道路，没有建立先进的制度，从而也就不能凝聚起全国人民团结奋进的力量。民族复兴的夙愿难以成为现实。

中国共产党一经成立就团结带领人民为实现中华民族伟大复兴进行艰苦卓绝的不懈奋斗，不断实现伟大的历史跨越。在反帝反封建的伟大斗争中，开辟了一条具有中国特色的"农村包围城市、武装夺取政权"的道路，取得了新民主主义革命的完全胜利，建立了中华人民共和国，彻底结束了半殖民地半封建社会的历史和一盘散

---

① 习近平：《决胜全面建成小康社会　夺取新时代中国特色社会主义伟大胜利——在中国共产党第十九次全国代表大会上的报告》，人民出版社 2017 年版，第 10 页。

沙的局面，彻底废除了列强强加给中国的不平等条约和帝国主义在中国的一切特权，实现了中国从几千年封建专制向人民民主的伟大飞跃。中华人民共和国成立后，在"从古未有的极其伟大的斗争"① 中，开辟了一条具有中国特色的社会主义改造和革命道路，建立了社会主义制度，完成了中华民族有史以来最为广泛而深刻的社会变革，在此基础上开始进行"同过去时代的斗争形式有着许多不同特点的伟大的斗争"②，为当代中国一切发展进步奠定了根本政治前提和制度基础，实现了中华民族由不断衰落到根本扭转命运、持续走向繁荣富强的伟大飞跃。改革开放以来，在领导改革开放新的伟大革命中，成功开创并不断推进中国特色社会主义伟大事业，日益把中国建设成为一个富强、民主、文明、和谐、美丽的社会主义现代化国家，实现了中国人民从站起来、富起来到强起来的伟大飞跃，中华民族伟大复兴的梦想日益接近于实现。

中国共产党实现中华民族伟大复兴的实践进程，也就是中国特色社会主义不断探索、开创、推进和发展的进程。中华人民共和国成立后特别是改革开放以来，中国共产党肩负起建设社会主义现代化强国、实现中华民族伟大复兴的历史使命，团结带领全国各族人民紧紧围绕着中国特色社会主义这个根本主题不断开拓前进。

以毛泽东同志为主要代表的中国共产党人，拉开了中国社会主义建设的历史大幕，为开创中国特色社会主义奠定了坚实基础。毛泽东同志领导全党全国人民确立了人民民主专政的国体，建立人民代表大会、政治协商会议、民族区域自治等政治制度，创建并不断发展社会主义基本经济制度和相应的各种制度，创立了中国特色社

---

① 《在全国政协一届二次会议上的讲话》，《毛泽东文集》第6卷，人民出版社1999年版，第79页。

② 《在扩大的中央工作会议上的讲话（1962年1月30日）》，《毛泽东文集》第8卷，人民出版社1999年版，第502页。

会主义的基本制度框架。20 世纪 50 年代中期后，他率先提出以苏联为鉴戒，探索适合中国国情、具有中国特点的社会主义建设道路，领导全党全国人民开始大规模的社会主义建设实践，取得了重大成就，积累了经验教训，奠定了中国特色社会主义的前提和基础，是中国特色社会主义历史进程的起点。

以邓小平同志为主要代表的中国共产党人，带领中国进入了改革开放和社会主义现代化建设的新时期，成功开创了中国特色社会主义。"文化大革命"结束后，国际国内形势发生重大变化，中国面临重大历史关头，道路选择历史地摆在中国共产党人面前。邓小平同志领导全党全国人民实现了思想上、政治上的拨乱反正，解决了科学评价毛泽东同志的历史地位和毛泽东思想的科学体系、根据新的实际和发展要求确立中国社会主义现代化建设的正确道路这两个相互联系的重大历史课题。在此基础上，他带领党和人民既不走改旗易帜的邪路，也不走封闭僵化的老路，而是紧紧围绕建设中国特色社会主义这个主题，在"第二次伟大结合"的过程中开创了中国特色社会主义道路，社会主义中国走上了新的伟大历史征程。

以江泽民同志和胡锦涛同志为主要代表的中国共产党人，在坚持和发展中国特色社会主义的进程中不断谱写新篇章，成功推进了中国特色社会主义。党的十三届四中全会后，在国内外形势十分复杂、世界社会主义出现严重曲折的严峻考验面前，江泽民同志带领全党全国人民，坚决捍卫中国特色社会主义，确立了社会主义市场经济体制的改革目标和基本框架，确立了社会主义初级阶段的基本经济制度和分配制度，开创全面改革开放新局面，推进党的建设新的伟大工程，成功地把中国特色社会主义推向 21 世纪。新世纪新阶段，胡锦涛同志带领全党全国人民，抓住重要战略机遇期，在全面建设小康社会进程中推进实践、理论和制度创新，坚持以人为本、全面协调可持续发展，提出构建社会主义和谐社会、加快生态文明建设，形成中国特色社会主义事业总体布局，推进党的执政能力建设和先进性建设，成功地在新的历史起点上坚持和发展了中国特色社会主义。

党的十八大以来，以习近平同志为主要代表的中国共产党人，在中华人民共和国成立特别是改革开放以来重大成就的基础上，以巨大的政治勇气和强烈的责任担当，带领全党全国各族人民进行具有许多新的历史特点的伟大斗争，统筹推进"五位一体"总体布局，协调推进"四个全面"战略布局，提出一系列新理念新思想新战略，出台一系列重大方针政策，推出一系列重大举措，推进一系列重大工作，解决了许多长期想解决而没有解决的难题，办成了许多过去想办而没有办成的大事，取得了改革开放和社会主义现代化建设重大的历史性成就，党的创造力、凝聚力、战斗力和领导力、号召力显著增强，国家经济实力、科技实力、国防实力、综合国力、国际影响力和人民获得感显著提升，推动党和国家事业发生了深刻的历史性变革。这些历史性的成就是全方位的、开创性的，这些历史性的变革是深层次的、根本性的，标志着党和国家事业站到了新的历史起点上，社会主义中国正在走向世界舞台的中央，中华民族正以昂扬的姿态屹立于世界民族之林，中国特色社会主义进入了一个全面发展的新时代。

中国特色社会主义进入新时代，对于中华民族伟大复兴具有极其重要的意义。"这个新时代，是承前启后、继往开来、在新的历史条件下继续夺取中国特色社会主义伟大胜利的时代，是决胜全面建成小康社会、进而全面建设社会主义现代化强国的时代，是全国各族人民团结奋斗、不断创造美好生活、逐步实现全体人民共同富裕的时代，是全体中华儿女勠力同心、奋力实现中华民族伟大复兴中国梦的时代，是我国日益走近世界舞台中央、不断为人类作出更大贡献的时代。"① 新时代中国特色社会主义的发展，必将进一步解放和发展我国的社会生产力，推动社会主义市场经济、民主政治、先进文化、和谐社会和生态文明的历史性跃升，推进全体人民的共同富裕，促进了全面发展和社会进步，进一步增强中国人民的道路自信、制度自信、理论自信和文化自信，进一步凝聚起全国各族人民的团结奋进的力量，从而使中华民族伟大复兴的基础更加雄厚，道路更加宽广，保障更加有力，精神更加振奋，力量更加强大，更加展现出前所未有的光明前景。

二　从世界社会主义运动的维度来把握中国特色社会主义新时代的重要意义

党的十九大报告指出，中国特色社会主义进入新时代，"意味着科学社会主义在二十一世纪的中国焕发出强大生机活力，在世界上高高举起了中国特色社会主义伟大旗帜"②。这个论断就是把中国特色社会主义新时代纳入世界社会主义运动的历史进程中，从科学社会主义发展的高度上来把握其历史地位。

中国特色社会主义来源于科学社会主义思想，是世界社会主义运动的组成部分和新的发展阶段。社会主义的思想探索和实践发展至今走过了500多年历史，历经空想社会主义产生和发展、马克思恩格斯创立科学社会主义理论体系、列宁领导十月革命胜利并实践社会主义、苏联社会主义模式逐步形成、中华人民共和国成立后我

---

① 习近平：《决胜全面建成小康社会　夺取新时代中国特色社会主义伟大胜利——在中国共产党第十九次全国代表大会上的报告》，人民出版社2017年版，第10—11页。

② 同上书，第10页。

们党对社会主义的探索和实践、实行改革开放决策并开创和发展中国特色社会主义，先后经历了从空想到科学、从理论到实践、从一国实践到多国发展的六个历史阶段。

20 世纪 80 年代末，世界社会主义运动遭遇东欧剧变、苏联解体等重大事件而进入低潮期，西方国家出现了"共产主义失败论""历史终结论"等各种论调，社会主义国家内部也出现了各种各样的"社会主义低潮综合征"，理想信念动摇，不同形式的资产阶级自由化思潮暗流涌动，"共产主义渺茫论"也沉渣泛起。中国特色社会主义正是在这个时候开创和发展起来的。中国共产党是经过反复比较和总结后才选择走社会主义道路的，中国特色社会主义更是几代中国共产党人历经千辛万苦、付出各种代价才开创和发展出来的，是把马克思主义基本原理同中国具体实际和时代特征创造性结合的结果，是科学社会主义理论逻辑和中国社会发展历史逻辑的辩证统一，既坚持了科学社会主义基本原则，又根据时代条件赋予其鲜明的中国特色。习近平总书记反复强调，"中国特色社会主义是社会主义而不是其他什么主义，科学社会主义基本原则不能丢，丢了就不是社会主义"[①]。中国特色社会主义的理论根源和逻辑依据就是科学社会主义基本原则和共产主义理想，共产主义、社会主义、中国特色社会主义构成了一个不能切断的逻辑链条。"我们依据共产主义和社会主义理想确立了中国特色社会主义道路、理论、制度，这样整个逻辑才成立。如果前提都不要了，就完全变成了实用主义。要回到我们的本源上去认识"[②]；"社会主义是共产主义初级阶段，共产主义是我们的最高理想。我们现在做的是社会主义初级

---

① 习近平：《关于坚持和发展中国特色社会主义的几个问题》，《十八大以来重要文献选编》（上），中央文献出版社 2014 年版，第 109 页。

② 《习近平总书记重要讲话文章选编》，中央文献出版社、党建读物出版社 2016 年版，第 132 页。

阶段的事情，但不能忘记初衷，不能忘了我们的最高奋斗目标。"①
中国特色社会主义秉持了科学社会主义的基本原则和根本要求，始
终坚持公有制的主体地位、人民当家做主的目标设计、马克思主义
政党的领导、马克思主义理论的指导、人的自由全面发展的远大目
标等。

　　中国共产党人不仅牢牢坚持科学社会主义的基本原则，而且为
科学社会主义发展增添了许多原创性内容。这些内容主要包括在中
国共产党领导下，立足基本国情，以经济建设为中心，坚持四项基
本原则，坚持改革开放，解放和发展社会生产力，建设社会主义市
场经济、社会主义民主政治、社会主义先进文化、社会主义和谐社
会、社会主义生态文明，促进人的全面发展，逐步实现全体人民共
同富裕，建设富强民主文明和谐的社会主义现代化国家；包括坚持
人民代表大会制度的根本政治制度，中国共产党领导的多党合作和
政治协商制度、民族区域自治制度以及基层群众自治制度等基本政
治制度，中国特色社会主义法律体系，以公有制为主体、多种所有
制经济共同发展的基本经济制度。习近平总书记曾经强调指出：
"这些都是在新的历史条件下体现科学社会主义基本原则的内容，
是无论怎么改革都不能丢掉的，如果丢掉了这些，那就不成其为社
会主义了。"②

　　中国人用自己的头脑思考自己的前途，用自己的双脚走自己自
愿选择的道路，这是天经地义的事情。但是，走自己的路并不那么
容易。一方面，我们要以极大的勇气进行自我革命，对我们自己存
在的各种不适合发展的体制机制进行深层次的改革，掀起了一场改
革开放的新的伟大革命，推动社会主义事业在中国大地上不断焕发

---

① 《习近平关于全面从严治党论述摘编》，中央文献出版社 2016 年版，第 66 页。
② 《十八大以来重要文献选编》（上），中央文献出版社 2014 年版，第 110 页。

出新的生机活力。另一方面，我们也要以极大的勇气和耐力，抵御外来的各种压力和阻力，因为从一开始有些人就一直对中国指手画脚、横加指摘，仿佛不按照他们的模式、不走他们的路子，中国就犯下了弥天大罪，唱衰中国的声音在国际上不绝于耳，形形色色的"中国崩溃论"从未中断。但是，鞋子合不合脚，只有自己知道。中国共产党和中国人民就是靠着一股不信邪的精神，在中国特色社会主义道路上不懈奋斗，推动我国经济实力、科技实力、国防实力、综合国力进入世界前列，推动我国国际地位实现前所未有的提升，党的面貌、国家的面貌、人民的面貌、军队的面貌、中华民族的面貌发生了前所未有的变化，中华民族正以崭新姿态屹立于世界的东方。

当前，世界社会主义运动尚未完全走出低潮期，处于低谷的总体态势没有得到根本改变，"西强东弱""资强社弱"的总体格局依然存在。但是，中国特色社会主义迅速崛起并进入新时代，中国作为上升的和平力量正积极推进世界的和平发展，社会主义中国已经走近世界舞台中央，中国声音具有极大的影响力、感召力和塑造力，科学社会主义在21世纪的中国焕发出强大生机活力，有力地回击了形形色色的"共产主义失败论"和"社会主义低潮综合征"，充分证明科学社会主义的基本原则是有强大生命力的，马克思主义指出的人类社会发展的基本规律是不可替代的，马克思主义指出的两个必然的历史趋势是不可逆转的。

中国共产党是一个始终走在时代前列、人民衷心拥护、勇于自我革命、经得起各种风浪考验、朝气蓬勃的马克思主义执政党。当前，新时代的中国共产党人在习近平新时代中国特色社会主义思想的引领下，以永不懈怠的精神状态和一往无前的奋斗姿态，立足新的时代，把握新的矛盾，制定了新的发展方略，确立了新的奋斗目标，规划了新的历史征程，明确提出要在 2020 年全面建成小康社会，在此基础上经过 15 年奋斗基本实现社会主义现代化，再经过 15 年奋斗全面建成社会主义现代化强国，实现中华民族伟大复兴的中国梦。我们有理由相信和期待，随着新时代中国特色社会主义不断取得新的伟大胜利，科学社会主义的基本原则必将获得更多的支持和拥护，世界社会主义运动也必将会迎来自己的复兴和繁荣发展。

三 从人类社会发展的维度来把握中国特色社会主义新时代的重要意义

党的十九大报告指出，中国特色社会主义进入新时代，"意味着中国特色社会主义道路、理论、制度、文化不断发展，拓展了发展中国家走向现代化的途径，给世界上那些既希望加快发展又希望保持自身独立性的国家和民族提供了全新选择，为解决人类问题贡献了中国智慧和中国方案"[1]。这个论断就是把中国特色社会主义新时代纳入人类社会发展的"大的历史时代"当中，从解决全人类问题的高度来把握其历史地位。

当今时代的本质和特征在变与不变的交织中呈现出许多新的历史特点。从总体上讲，我们依然处于马克思主义早已指出的历史时代，也就是资本主义向社会主义过渡的大的"历史时代"。在《共产党宣言》中，马克思、恩格斯就已经指出，随着生产力和生产关系的发展变革，人类已经进入了资本主义社会形态占统治地位的历史时代。但是，在资本主义发展的过程中，已经锻造

---

① 习近平：《决胜全面建成小康社会 夺取新时代中国特色社会主义伟大胜利——在中国共产党第十九次全国代表大会上的报告》，人民出版社 2017 年版，第 10 页。

了自己的掘墓人——无产阶级，随着无产阶级革命运动的发展，"资本主义的灭亡和无产阶级的胜利同样是不可避免的"①。人类已经进入了从资本主义向社会主义和共产主义过渡的大的历史时代。经过一百多年的历史发展，资本主义经历了自由竞争的资本主义和垄断资本主义两个重大历史阶段，如今正在进入新的阶段，资本主义体系中已经产生了相当多的社会主义因素，在全世界也已经存在了若干社会主义国家。但是，当今世界依然处于资本主义社会形态占统治地位的时代，资产阶级与无产阶级的斗争依然存在，并且仍然是资本主义社会的主要矛盾；资本主义社会固有的内在矛盾即生产社会化与资本主义生产资料私有制之间的矛盾必然导致其不可克服的两极分化，资本主义国家内部和世界范围内的两极分化日益加大。马克思主义所预言的"两个必然"趋势不可逆转，两个阶级、两种制度的斗争必然长期存在，甚至在特定条件下会集中爆发。

与此同时，当今世界同马克思所处的时代相比已经发生了巨大而深刻的变化，呈现出许多新的阶段性特征。资产阶级的统治方式、资本主义国家之间的关系、资本主义转嫁危机的手段等发生了重大改变，两个阶级、两种制度的斗争呈现新的特点，西方帝国主义国家形成联盟，对社会主义国家进行分化瓦解，制造社会主义国家之间的矛盾。随着经济全球化、科技信息的快速发展，世界信息化、科技创新突飞猛进，人类社会的生产力水平得到了极大的提高，由此引发社会经济基础和上层建筑发生了巨大变化。两个阶级、两种制度、两种意识形态斗争的形式也发生重大变化，互联网已经成为意识形态斗争的主战场，文化意识形态的渗透和斗争更加

---

① 《马克思恩格斯文集》第 2 卷，人民出版社 2009 年版，第 43 页。

隐蔽、更加复杂、更加激烈。

当今世界政治局势发生深刻变化，正处于前所未有的大发展大变革大调整时期，全球治理和人类发展面临一系列新的问题和挑战。20世纪80年代末，东欧剧变、苏联解体后，长达半个世纪的冷战格局结束，两个超级大国之间的较量变成美国一极独霸世界的局面；与此同时，世界多极化趋势日益发展，反对单极霸权的多边主义越来越成为世界局势发展的趋势。进入21世纪，特别是2008年国际金融危机爆发后，美国内部的社会撕裂、族群分裂日益严重，治理困境不断加剧，在世界上的影响力明显下降。资本主义的总体力量虽依然强大但出现了明显的下滑，西方国家内部出现了矛盾激化、政党倾轧、族群撕裂的态势，西方国家之间、西方国家同新兴国家和广大发展中国家之间的矛盾不断深化。西方国家主导的现行国际政治秩序在应对当今世界发展方面日益显得力不从心，在全球化问题上日益捉襟见肘，产生了一系列深刻复杂的问题，提出了许多亟待解决的重大问题。

另一方面，世界多极化、经济全球化、社会信息化、文化多样化深入发展，全球治理体系和国际秩序变革加速推进，各国相互联系和依存日益加深，国际力量对比更趋平衡，和平发展大势不可逆转，全世界范围的反对霸权主义和强权政治的力量迅速发展，广大的社会主义国家、新兴国家、发展中国家已经越来越成为推动世界和平发展的主力军。同时，世界面临的不稳定性、不确定性突出，世界经济增长动能不足，贫富分化日益严重，地区热点问题此起彼伏，恐怖主义、网络安全、重大传染性疾病、气候变化等非传统安全威胁持续蔓延，人类面临许多共同挑战。

在这样的时代背景和世界格局中，中国特色社会主义进入新时代更加显示出重大的世界普遍性意义和为全人类做出的重大贡献。

对于这个贡献，有学者①已经做出了比较系统的概括：中国特色社会主义主要靠自己的力量解决了自己的生存问题，解决了占世界人口约四分之一的中国人的吃饭问题，为世界做出了生存性贡献；使中国人的生活水平从总体上达到了小康，既拓宽了世界在中国的市场，为世界发展创造机会，也有利于世界共享中国发展成果，为世界做出了发展性贡献；丰富了世界发展模式和政治制度的多样性，建立了一套后发国家的追赶型治理制度和发展模式，保持了能够及时回应变化和挑战的制度弹性与可调适性，为世界做出了制度性贡献；向世界展示的贵和尚中、和而不同、天人合一的仁义和合文化，更具有世界道义性和魅力，为世界做出了文化性贡献；使世界力量机构发生变化促进力量转移，进而重塑世界新格局，促进世界多极平衡，有利于维护世界和平，解构"国强必霸"逻辑，为世界做出了和平性贡献。

中国特色社会主义的成功发展及其重大贡献的背后，是内在的思想智慧。中国共产党和中国人民在发展中国特色社会主义的过程中，不仅牢牢坚持和发展了马克思主义的基本原理，而且很好地使之同当代中国实际、当今时代特征和人类发展趋势创造性地结合起来，实现了科学理论与现实实践、认识世界与改造世界的辩证统一；不仅继承和弘扬了中华优秀传统文化的思想精髓，而且使之在当今时代获得了创造性转化和创新性发展，实现了传承与发展、历史与当代的有效贯通；不仅吸收和借鉴了人类文明的优秀成果，而且使之融入当代中国的思想创造和实践探索当中，实现了民族性与世界性、立足本土与借鉴国外的融汇一体。正是这种差异融合、融通创新的思想智慧，使得中国特色社会主义既坚守了独立性的制度

①　韩庆祥：《中国道路能够为世界贡献什么》，人民出版社2017年版。

内涵又不抛弃其他的文明元素，既坚持科学社会主义的基本原则又融合了人类文明的共同成果，既具有鲜明的中国特色又具有普遍的世界性价值。①

马克思晚年在给查苏利奇的信中，曾经提出过"跨越卡夫丁峡谷"的设想：俄国等一些具有自身特殊性的东方国家，在和资本主义同时存在的过程中，"能够不经受资本主义生产的可怕的波折而占有它的一切积极的成果"②。也就是说，这些国家可以不通过资本主义的"卡夫丁峡谷"，而把资本主义制度的一切肯定的成就应用到自己发展当中，直接发展到更高级的社会阶段。虽然马克思在这里并没有确切地提出"跨越卡夫丁峡谷"的完整理论，但是这个设想实际上揭示了人类社会发展的具体道路的多样性问题。也就是说，不同国家、不同民族在通向更高社会阶段或者实现自身现代发展的过程中，可以根据自己的历史文化特点，在物质条件具备、吸收包括资本主义在内的人类优秀文明成果的基础上，走出一条不同于资本主义的发展道路。

在某种程度上来说，中国特色社会主义的成功发展，中国社会主义现代化建设取得的辉煌成就，就以特有的中国智慧和中国方案证实了马克思晚年的设想。中国特色社会主义进入新时代，就是在同资本主义并存的过程中，根据本国的历史文化特点和当代具体实际，在对外开放过程中充分吸收人类文明发展的优秀成果，走出了一条不同于西方资本主义国家的、具有鲜明中国特色的社会主义现代化道路，打破了西方资本主义现代化模式唯一性的神话，打破了许多国家对西方路径的依赖思维，破解了许多发展中国家所面临的发展与稳定、对外开放与独立自主不能兼顾的难题，拓展了发展中

---

① 金民卿：《中国道路带给世界深层智慧启迪》，《人民日报》2017 年 10 月 24 日。
② 《马克思恩格斯选集》第 3 卷，人民出版社 2012 年版，第 821 页。

国家走向现代化的途径。在西方国家出现了经济困境、民主乱象、人权乱景、民生困难、安全困局的情况下，中国特色社会主义的这个贡献更加显示出其特别的价值。

（原载《青海社会科学》2017 年第 6 期）

深刻认识和把握中国社会
主要矛盾的变化

金民卿

党的十九大报告提出了一个重大政治判断：中国特色社会主义进入新时代，我国社会主要矛盾已经转化为人民日益增长的美好生活需要和不平衡不充分的发展之间的矛盾。我国社会主要矛盾的历史性变化，集中体现了党和国家事业发展所取得的辉煌成就，也对新时代中国特色社会主义的发展提出了新的要求。

一　主要矛盾变化体现了中国特色社会主义
取得的辉煌成就

我国社会主要矛盾的变化虽然是当代发生的事情，但绝不是突然出现的，它建立在中华人民共和国成立特别是改革开放以来中国特色社会主义长期发展成就之上。

一方面，主要矛盾变化是历史成就的深刻总结。中华人民共和国成立后特别是我国社会主义基本制度建立后，党的八大对我国社会主要矛盾做出分析：我们国内的主要矛盾，已经是人民对于建立先进的工业国的要求同落后的农业国的现实之间的矛盾，已经是人

民对于经济文化迅速发展的需要同当前经济文化不能满足人民需要
的状况之间的矛盾。这一矛盾的实质，在我国社会主义制度已经建
立的情况下，也就是先进的社会主义制度同落后的社会生产之间的
矛盾。之后，我们党带领人民群众开始探索适合中国国情的社会主
义建设道路，虽然探索中出现曲折甚至是重大挫折，但是为中国特
色社会主义奠定了重要的前提和基础。党的十一届六中全会上，我
们党科学分析我国社会主义初级阶段的主要矛盾，明确提出：在社
会主义改造基本完成以后，我国所要解决的主要矛盾，是人民日益
增长的物质文化需要同落后的社会生产之间的矛盾。从那时开始，
我们就一直坚持这个关于主要矛盾的判断，坚持以经济建设为中
心，大力发展社会生产力，在中国特色社会主义道路上开拓前进。
正如习近平总书记在党的十九大报告中所说："从那时以来，我们
党团结带领全国各族人民不懈奋斗，推动我国经济实力、科技实
力、国防实力、综合国力进入世界前列，推动我国国际地位实现前
所未有的提升，党的面貌、国家的面貌、人民的面貌、军队的面
貌、中华民族的面貌发生了前所未有的变化，中华民族正以崭新姿
态屹立于世界的东方。"① 也就是说，中国特色社会主义探索阶段、
开创阶段、推进阶段所取得的重大成就，积累了社会主要矛盾历史
性变化的坚实基础，我们绝不能离开或割断历史，孤立地看待主要
矛盾变化。

另一方面，主要矛盾变化是对新时代中国发展成就的高度概
括。党的十八大以来，以习近平同志为核心的党中央，提出一系列
新理念新思想新战略，出台一系列重大方针政策，推出一系列重大
举措，推进一系列重大工作，经济建设取得重大成就，全面深化改

---

① 习近平：《决胜全面建成小康社会　夺取新时代中国特色社会主义伟大胜利——在中国
共产党第十九次全国代表大会上的报告》，人民出版社 2017 年版，第 10 页。

革取得重大突破，民主法治建设迈出重大步伐，思想文化建设取得重大进展，人民生活不断改善，生态文明建设成效显著，强军兴军开创新局面，港澳台工作取得新进展，全方位外交布局深入展开，全面从严治党成效卓著，取得了历史性的伟大成就，实现了历史性的深刻变革。这些伟大成就是全方位的、开创性的，这些历史性变革是深层次的、根本性的，党和国家事业发展到了新的历史起点上，中国特色社会主义进入了新时代，我国的社会主要矛盾发生了历史性变化。这个历史性变化具有里程碑的意义，对当代中国发展必将产生巨大影响。

二　主要矛盾变化是新时代的理论和实践创新的内在动力

主要矛盾变化既是长期发展成就的体现，同时也意味着新时代的发展面临着新挑战新问题。社会主要矛盾的变化是关系全局的历史性变化，对党和国家工作提出了许多新要求。要适应新时代新要求，就需要党带领人民以永不懈怠的精神状态和一往无前的奋斗姿态，不断推进实践和理论创新。

一方面，主要矛盾变化对发展实践提出了一系列新要求，需要不断推进实践上的创新，夺取新时代中国特色社会主义的新的伟大胜利。经过近40年的改革开放，我国社会生产力水平总体上显著提高，社会生产能力在很多方面进入世界前列，人民的需要发生了根本性的变化，美好生活需要日益广泛，对物质文化生活提出了更高要求，在民主、法治、公平、正义、安全、环境等方面的要求日益增长。与此同时，发展不平衡不充分的问题凸显出来，已经成为满足人民美好生活需要的主要制约因素。这就要求我们必须坚持以人民为中心的发展思想，既要完成全面建成小康社会的目标，又要开启全面建设社会主义现代化国家新征程。在继续推动发展的基础上，着力解决好发展不平衡不充分的问题，大力提升发展质量和效益，推动我们国家的现代化向着更高层面发展，更好满足人民在经济、政治、文化、社会、生态等方面日益增长的需要，更好推动实现人的全面发展和社会全面进步。

另一方面，主要矛盾变化提出了重大的时代性课题，需要在理论上做出科学回答，不断实现马克思主义中国化的理论创新。科学理论之所以有说服力，就在于其抓住了事物的本质，而事物的本质就是事物的主要矛盾，对于主要矛盾的解决就是思想本身的建构。习近平新时代中国特色社会主义思想就是对当代中国社会主要矛盾的把握和解决。随着中国特色社会主义进入新时代，随着我国社会主要矛盾发生变化，新的重大时代课题摆在我们面前，这就是我们必须从理论和实践的结合上系统回答新时代坚持和发展什么样的中国特色社会主义、怎样坚持和发展中国特色社会主义的问题。围绕这个核心问题，要对新时代坚持和发展中国特色社会主义的总目标、总任务、总体布局、战略布局和发展方向、发展方式、发展动力、战略步骤、外部条件、政治保证等基本问题做出系统完整的回答，并根据新的实践要求对各方面工作做出理论分析和政策指导，更好坚持和发展中国特色社会主义。这是新时代党的理论创新的根本基础和核心内容。习近平新时代中国特色社会主义思想就是通过对这些问题的科学回答，形成了一个系统完整、逻辑严密、内涵丰富的科学理论体系，把马克思主义同中国具体实际相结合的历史进程推进到一个新的阶段，实现了马克思主义中国化的又一次飞跃。

三　主要矛盾变化与基本国情、基本路线和
发展中国家地位的"不变与变"

我国主要矛盾的历史性变化，对我国的基本国情、发展中国家
地位、党在社会主义初级阶段的基本路线都产生了重大影响，这些
影响集中地体现在它们都呈现出"不变与变"的特征，我们必须深
刻把握，准确理解。

社会主义初级阶段基本国情的不变与变。党的十九大报告中明
确提出，我国社会主要矛盾的变化，没有改变我们对我国社会主义
所处历史阶段的判断，我国仍处于并将长期处于社会主义初级阶段
的基本国情没有变。社会主义初级阶段是相当长的历史过程，是一
个社会主义制度从基本建立到向更高阶段发展的总体量变过程。但
是，在总体量变过程中的不同阶段上必定要发生阶段性的部分质
变，党的十九大对我国社会主要矛盾判断的调整就是阶段性部分质
变的结果。这就是说，当前我国社会主义初级阶段的基本性质并没
有改变，根本性的质变没有发生。这就决定了我们还是要从初级阶
段的基本国情出发来制定我们的政策，不能犯主观主义的超越阶段
错误；同时也要与时俱进、开拓进取，在新时代创造新的辉煌，而
不能精神懈怠、裹足不前。

党在社会主义初级阶段基本路线的不变与变。党的十三大提出
了党在社会主义初级阶段的基本路线后，我们党就坚持"一个中
心、两个基本点"毫不动摇。与此同时，我们党又与时俱进地根据
发展着的实际，对基本路线进行丰富和充实。党的十七大在"富
强、民主、文明"之后加上了"和谐"的内容。党的十九大报告
又加上"美丽"一词，把"社会主义现代化国家"调整为"社会

主义现代化强国"。这就是基本路线"不变与变"的辩证法。之所以不变，就是因为初级阶段的主要任务没有完成，我们必须牢牢坚持发展这个执政兴国的第一要务，牢牢坚持四项基本原则，推进全面深化改革；之所以变，就是中国特色社会主义已经取得了重大成就、社会主要矛盾已经发生了历史性变化，我们必须适应新的形势和要求使奋斗目标更加丰富、更加全面。

发展中国家地位的不变与变。党的十九大报告强调，主要矛盾发生历史性变化后，我国是世界上最大发展中国家的国际地位没有变，这是"不变"的一个方面；报告又特别强调中国日益走近世界舞台的中央，也就是说我们是走近世界舞台中央的发展中国家，而不是原来的处于边缘的、影响力不大的发展中国家，这又是"变"的一个方面。虽然作为发展中国家的地位总体上没有改变，但是作为最大发展中国家的功能和世界影响力已经发生重大变化，这种新的情况对我们提出了新的要求，需要我们确立新的目标，制定新的对策。为此，党的十九大报告明确提出我们要实现在综合国力和国际影响力上领先，为全球治理和人类发展不断贡献中国智慧和中国方案。

（原载《解放军报》2017 年 12 月 4 日）

中国特色社会主义进入新时代的政治逻辑

钟　君

中国特色社会主义是改革开放以来党的全部理论和实践的主题。党的十九大做出了"中国特色社会主义进入新时代"的重大政治判断，具有划时代的里程碑意义。这是在科学把握时代趋势和国际局势重大变化，科学把握世情国情党情深刻变化，科学把握实现"两个一百年"奋斗目标历史交汇期已经遇到、将要遇到、可能遇到和难以预料的新情况新问题新矛盾基础上做出的重大论断，更是在深刻把握中国特色社会主义发展变化和时代转换的政治逻辑基础上做出的科学判断。

党的十九大之所以具有划时代的里程碑意义，从政治逻辑的角度说，是因为党的十九大明确宣示了举什么旗，走什么路，将党的十八大以来以习近平同志为核心的党中央在政治上举旗亮剑、校正航向的经验和成果载入党章，成为中国特色社会主义进入新时代的重要标志之一，真正确保了我们既不走封闭僵化的老路，也不走改旗易帜的邪路。党的十八大以来，以习近平同志为核心的党中央在始终坚持以经济建设为中心，矢志不渝地推进改革开放的同时，更加自觉主动地坚持四项基本原则，勇于面对党面临的重大风险考验和党内存在的突出问题，高度重视意识形态工作，全面加强党的领导，果断做出全面从严治党的战略部署，纠正了一些过去熟视无睹的奇谈怪论，刹住了一些过去认为不可能刹住的歪风邪气，攻克了一些司空见惯的顽瘴痼疾。党风民风气象日新，党心民心众志成城，意识形态领域风清气正，党内政治生态明显好转，政治安全和政权安全更加稳固。这与以往社会主义意识形态被淡化、丑化，党的领导被忽视、削弱，管党治党宽松软的状况形成鲜明对照。中国特色社会主义迎来崭新政治局面，坚持党的领导作为当代中国的最高政治原则成为党员群众的高度共识，中国特色社会主义进入新时代成为实践发展的必然结果。

一 铸魂定型，举旗亮剑，纠偏定向，马克思主义的指导地位更加巩固，社会主义意识形态建设迎来新局面

长期以来，市场经济条件下多元复杂利益格局滋生多元多样的社会思潮，给主流意识形态带来难以避免的冲击；新媒体的迅速崛起，给传统主流媒体传播力影响力带来难以避免的对冲；西方敌对势力的西化分化战略以及西方价值观和错误思潮的影响，给主流意识形态带来难以避免的干扰破坏。由此带来淡化、丑化马克思主义和主流意识形态的问题，这些杂音噪声损害党和政府形象，消解政治认同，破坏社会共识，危害国家政治安全。与此同时，片面强调以经济建设为中心，以经济增长论英雄的错误认识普遍存在，在一些领域马克思主义被边缘化、空泛化、标签化，意识形态的极端重要性被轻视，意识形态斗争的客观性长期性复杂性被忽视。

党的十八大以来，面对意识形态领域的风险隐患，以习近平同志为核心的党中央举旗亮剑，纠偏定向，与错误思潮和错误观点开

展了旗帜鲜明的斗争，提出了一系列新思想新理念新战略，对意识形态工作做出了一系列重要论述。习近平总书记反复强调要坚持马克思主义的指导地位，强调意识形态工作是党的一项极端重要的工作，关乎旗帜，关乎道路，关乎国家政治安全，关乎人心向背。强调理想信念是共产党人精神上的"钙"，革命理想高于天。强调意识形态工作本质上做的是政治工作，民心是最大的政治，凝聚人心是意识形态工作的出发点和落脚点。意识形态工作重在建设，以立为本。意识形态工作要坚持党性和人民性的统一，在坚持团结稳定鼓劲，正面宣传为主的同时，要举旗亮剑，敢于担当。与思想铸魂相衔接，制度定型明显加快，中央出台《党委（党组）意识形态责任制实施办法》并纳入巡视巡察，狠抓落实。由此，马克思主义在意识形态领域的指导地位更加巩固，全党全国人民团结奋斗的共同思想基础更加巩固，意识形态工作开创新局面。党的十九大报告多次强调坚持以马克思主义为指导，旗帜鲜明地强调要牢牢把握意识形态工作领导权，强调意识形态决定文化前进方向和发展道路。必须推进马克思主义中国化时代化大众化，建设具有强大凝聚力和引领力的社会主义意识形态。要落实意识形态工作责任制，加强阵地建设和管理，注意区分政治原则问题、思想认识问题、学术观点问题，旗帜鲜明反对和抵制各种错误观点。这不但成为习近平新时代中国特色社会主义思想的重要内容，也成为中国特色社会主义进入新时代的重要标志。

二　正风反腐，调直弯路，建章修规，党的领导全面加强，管党治党全面从严，政治站位提上新高度

过去一个时期，由于种种原因，一些地方和部门不敢旗帜鲜明

坚持党的领导，党的领导被忽视、淡化、削弱的问题比较普遍，甚至出现放弃党的领导的现象。管党治党宽松软，部分党员领导干部脱离群众，形式主义、官僚主义、享乐主义和奢靡之风严重，甚至违纪违法攫取利益，人民群众深恶痛绝，严重侵蚀了党的执政基础。

习近平总书记清醒地认识到党面临的风险挑战，领导全党提高政治站位，善于从政治上审视问题，对坚持和加强党的领导充满自信、绝不回避退让，正风肃纪反腐，果断铲除政治腐败和经济腐败相互交织的利益集团，挽狂澜于既倒，夺取反腐败斗争压倒性胜利。王岐山同志指出，习近平总书记"系列重要讲话万变不离其宗，根本是坚持党的领导；无论哪个领域、哪方面工作，无一不是从加强党的领导抓起，最终落脚在强化党的建设上；澄清了模糊认识，夺回丢失的阵地，把走弯了的路调直，树立起党中央的权威，弱化党的领导的状况得到根本性扭转"①。在正风反腐、调直弯路的同时，党的十八大以来，针对党的法规制度体系当中存在的不适应、不协调、不衔接、不一致的问题，以习近平同志为核心的党中央坚持思想建党与制度治党相结合、依规治党与以德治党相统一，建章修规，不断扎紧扎密扎牢制度的笼子。从制定中央八项规定，到修订《中国共产党巡视工作条例》；从修订出台《中国共产党廉洁自律准则》和《中国共产党纪律处分条例》，到出台《中国共产党问责条例》，再到修订出台《关于新形势下党内政治生活的若干准则》和《中国共产党党内监督条例》，党的十八大到十九大的五年来，中央共出台或修订近80部党内法规，超过现有党内法规的40%。党的十九大通过的新党章全文修改107处，党的十九大报告

---

① 王岐山：《开启新时代　踏上新征程》，《人民日报》2017年11月7日。

确立的重大理论观点和重大战略思想写入党章。五年来波澜壮阔的实践充分证明，管党治党全面从严成为十八届党中央工作的最大亮点，把全面从严治党摆上战略布局英明正确，赢得了广大党员干部和人民群众竭诚拥护，校正了中国特色社会主义前进的航向，为中国特色社会主义进入新时代奠定了坚实的政治基础。

党的十九大对新时代党的建设提出了总要求：坚持和加强党的全面领导，坚持党要管党、全面从严治党，以加强党的长期执政能力建设、先进性和纯洁性建设为主线，以党的政治建设为统领，以坚定理想信念宗旨为根基，以调动全党积极性、主动性、创造性为着力点，全面推进党的政治建设、思想建设、组织建设、作风建设、纪律建设，把制度建设贯穿其中，深入推进反腐败斗争，不断提高党的建设质量，把党建设成为始终走在时代前列、人民衷心拥护、勇于自我革命、经得起各种风浪考验、朝气蓬勃的马克思主义执政党。

习近平总书记在党的十九大报告中强调，中国特色社会主义最本质的特征是中国共产党领导，中国特色社会主义制度的最大优势是中国共产党领导。党政军民学，东西南北中，党是领导一切的。打铁必须自身硬。党要团结带领人民进行伟大斗争、推进伟大事业、实现伟大梦想，必须毫不动摇坚持和完善党的领导，毫不动摇把党建设得更加坚强有力。坚持党的领导作为当代中国的最高政治原则，党的政治建设作为党的建设的根本，纳入党的建设的总体布局，并摆在首位，成为中国特色社会主义进入新时代的另一个重要政治标志。

（原载《红旗文稿》2017 年第 24 期）

论新时代的科技内涵及其伦理边界

刘须宽

时代是指社会发展到某一特定阶段或时期呈现出不同于以往的鲜明特征，并以其自身的独特内涵与标识而开辟一个新的发展时空。中国特色社会主义新时代是党中央基于历史唯物主义立场，结合当前中国社会实践的实际成效与价值预期而做出的理性概括和判断。本质上是中国在党的十八大以来，基于生产力的极大解放和发展，以"三去一降一补"、全面建成小康、全面深化改革、全面依法治国、全面从严治党、治污加速和国际地位提升等重大社会历史事件为标志，而展现出来的特殊社会发展阶段和方位。中国特色社会主义新时代是认识和理解当前乃至今后一个历史时期中国发展状况和发展质量的重要概念。只有正确地认识时代，才能适应变化着的时代。正如列宁指出的，只有首先估计到区别不同时代的基本特征："我们才能够正解地制定自己的策略；只有认清了这个时代的基本特征，我们才能以此为根据来估计这国或那国的更详细的特点。"① 中国站到了新的历史起点上，这个新起点的底蕴与动力是什么，在制度优势、政党优势与以人民为中心的发展理念优势之外，

---

① 《列宁全集》第 21 卷，人民出版社 1959 年版，第 123—124 页。

必须重视作为腾飞动力的科技价值，深入研究具有无限增量空间的科学技术变革在新时代的紧迫性，探究新时代科技新内涵的丰富性，并为技术研究与应用划定必要的伦理约束边界。

一　新时代科技发展形势的紧迫性

近代以来世界历史证明，"一个国家和民族的创新能力，从根本上影响甚至决定国家和民族前途命运"①。党的十九大报告也强调："创新是引领发展的第一动力，是建设现代化经济体系的战略支撑。"② 技术变革改变生产工具、提升生产效能是生产力这一最活跃因素的内在规定性，走好新时代的科技新长征是发展形势所迫，科技竞争使然。

第一，新时代必须顺应科技变革大势，这既是历史必然，也是形势造就的。习近平同志指出："创新驱动是形势所迫""大势所趋"③。如果科技之路不宽，创新搞不上去，新时代的发展动能不足，发展势头必然受阻，在全球经济竞争的劣势必然会更加明显。"我们能不能实现'两个一百年'奋斗目标、能不能实现中华民族伟大复兴的中国梦，要看我们能不能有效实施创新驱动发展战略。"④ （1）单纯靠要素扩张来支撑经济的时代已经结束，竞争的新时空不容许，走资源扩张之路注定是不可持续的。再要像过去那样以资源、资本和劳动力这些要素投入为主来发展，"既没有当初

---

① 《习近平谈治国理政》第2卷，外文出版社2017年版，第202页。
② 习近平：《决胜全面建成小康社会　夺取新时代中国特色社会主义伟大胜利——在中国共产党第十九次全国代表大会上的报告》，人民出版社2017年版，第31页。
③ 《习近平关于科技创新论述摘编》，中央文献出版社2016年版，第3、77页。
④ 同上书，第31页。

那样的条件，也是资源环境难以承受的"①。在新时代如何通过科技创新的动力注入来化解巨大的资源环境压力，是标注时代新高度的关键步骤。（2）中国的劳动力优势随着新时代老龄化社会的到来，供给形势将发生根本性改变，劳动力成本必然随着国际化而不断上升，依靠劳动力要素的限制越发突出。（3）缺少科技含量的低端竞争既难以使中国融入移动互联网、智能终端、大数据、云计算、高端芯片等新一代信息技术和产业变革势头之中，也将导致中国发展缺乏动力与后劲，更会错过"新一轮科技和产业革命正在创新历史性机遇"②。在这一轮时代转换中，我们必须高度重视科技研发、互联网信息与人工智能革命。参照高铁、网购、移动支付、共享单车正在改变我们的生活方式、交往方式，重构我们的消费行为，不断依靠科技拓宽生存半径。（4）当今的世界，留给社会主义中国走向现代化的时空相对有限，必将因制度不同而遭受挤压。如果不借助于创新发展、利用好西方经济发展低迷期，实现快速赶超，走向世界舞台的中心，也许会遭遇新的更大压力。

第二，唯创新者强，唯创新者胜，创新是中国走向现代化的必由之路，拖着"阿喀琉斯之踵"是无法跨入新时代的。必须深入理解国家关于创新驱动、转变发展方式的重大战略抉择的意义。之所以强调科技创新是提高社会生产力和综合国力的战略支撑，原因在于"科技创新，就像撬动地球的杠杆，总能创造令人意想不到的奇迹。当代科技发展历程充分证明了这个过程"③。但创新不是一帆风顺的事，有劣势、有难度、有阻力，竞争局面更复杂，体制也要突破。（1）劣势体现在中国是争夺创新高地的后来者。技术强国必然

---

① 《习近平关于科技创新论述摘编》，中央文献出版社 2016 年版，第 13 页。

② 同上书，第 9 页。

③ 《习近平谈治国理政》，外文出版社 2014 年版，第 120 页。

排挤后来者，比如，英特尔公司作为全球的网络大脑，不管我们愿意不愿意，都无法改变其制约全球几乎所有电脑、移动终端和云服务提供商的现状。信息技术革命是第三次技术革命的核心，也必将是可能的以人工智能为核心的第四次技术革命的重要支撑。当前，以互联网为代表的信息技术的深刻变化，引领着社会生产新变革，塑造着生活方式新样态，创造着人类生活新空间，创新着人类交往的新手段，拓展着国家治理新领域，预示着全球治理的新未来。中国缺席工业革命的结果是远远地被西方工业文明甩在后面，经历了积贫积弱、山河破碎、列国入侵的苦难。尽管中国古代对人类科技发展做出了很多重要贡献，但为什么近代科学和工业革命没有在中国发生？在信息技术革命和可能的人工智能革命时代，中国必须牢牢把握这个机会，绝不能在若干年之后，再留给西方提出"信息技术革命中国为什么错过"的新的"李约瑟之问"。必须"救治"创新不足、技术支撑力不够、信息技术不发达这一影响中国走向美好新时代的"阿喀琉斯之踵"。（2）难度体现在前所未有的伟大工程。全面建成小康社会这一难题即将解决，但基本实现现代化，乃至进入现代化难度极大。正如习近平总书记指出的："现在，世界发达水平人口全部加起来是 10 亿人左右，而我国有 13 亿多人，全部进入现代化，那就意味着世界发达水平人口要翻一番多。不能想象我们能够以现有发达水平人口消耗资源的方式来生产生活，那全球现有资源都给我们也不够用！老路走不通，新路在哪里？就在科技创新上，就在加快从要素驱动、投资规模驱动发展为主向以创新驱动发展为主的转变上。"[①] 过度依赖要素驱动和投资驱动恰恰是造成昨日中国和今日中国的"阿喀琉斯之踵"的重要原因。（3）阻

---

① 《习近平谈治国理政》，外文出版社 2014 年版，第 120 页。

力体现在形势和现状上。工业和信息化部部长苗圩指出："在全球制造业的四级梯队中，中国还处于第三梯队，而且这种格局在短时间内难有根本性改变。要成为制造强国至少要再努力30年。"他说："'中国制造'不像我们想象那么强大，西方工业也没有衰退到依赖中国。我们的制造业还没有升级，但制造业者却已开始撤离。"① 认清我国技术地位及其面临的挑战，是新时代中国发展的重要抓手。中国急需这样的创新"加速器"，需要"创新之犁"深耕新时代的希望田野，创新之火点燃新时代发展新引擎。(4) 新时代需要的创新格局更为复杂，斗争形势也更为严峻。解决发展质量和效益还不高的突出问题，必须从创新找出路。实现伟大梦想，进行伟大斗争，特别是战略科技力量的提升，必须"树立科技是核心战斗力的思想，推进重大技术创新、自主创新"②。做跟跑者亦如那些汽车尾气的承受者，总要付出代价的。中国必须在一些优势领域中继续扩大优势，在载人航天、天眼技术、超级计算、高铁装备、通信技术等领域保持并不断扩大优势。打造"科技强国、质量强国、航天强国、网络强国、交通强国、数字中国、智慧社会"③，"要超前谋划、超前部署，紧紧围绕经济竞争力的核心关键、社会发展的瓶颈制约、国家安全的重大挑战，强化事关发展全局的基础研究和共性关键技术研究，全面提高自主创新能力，在科技创新上取得重大突破，力争实现我国科技水平由跟跑并跑向并跑领跑转变"④。(5) 科技体制改革有待完善，装备制造环境亟须优化。科技管理体

---

① 《工信部部长："中国制造"没我们想象的那么强大》，搜狐网（https://www.sohu.com/a/224749049_505790）。

② 习近平：《决胜全面建成小康社会 夺取新时代中国特色社会主义伟大胜利——在中国共产党第十九次全国代表大会上的报告》，人民出版社2017年版，第54页。

③ 同上书，第31页。

④ 《习近平谈治国理政》第2卷，外文出版社2017年版，第204页。

系、科技激励机制都必须朝着新的技术增长点瞄准，向着保持敏锐的科技嗅觉和快速灵活响应的模式转变。在一些重要科学问题和关键核心技术的研发上，应该有体制性倾斜和提前应对。国家必须有科技的危机感、急迫感，不能等待、不能观望、不能懈怠。瞄准产业革命趋势、把握能源发展势头、夯实装备制造、搭建创新孵化园、重点关注农业现代化难题、依赖技术破解集体经济和振兴乡村发展。

二　深化对新时代科技内涵的理解

新时代是生产结构、产业结构、消费结构、需求结构、竞争态势日益复杂化的时代，这些新变化，重塑了新时代在理论、动力、竞争、发展、目标与价值等方面必须依赖科技实施"高质量发展"的新内涵。

第一，理论内涵。从生产力和生产关系的辩证运动看，科技作为生产力的核心要素在推动时代发展，特别是突飞猛进的时代跃进中扮演着极其重要的角色。习近平新时代中国特色社会主义，不管是从生产力的社会化要求，还是生产关系的优越性，都为生产力的大发展奠定了坚实的基础。在历史必然性上，社会主义已经证明自身的社会化大生产与生产资料公有制的良性互动优越于资本主义的社会化大生产与生产资料私人占有制的恶性循环。社会主义优越于资本主义在理论形态上也已经被证明，但社会主义的生产发展程度还必须在实践形态上进一步证明社会主义制度的优越性。即将实现现代化的新时代中国特色社会主义需要通过对生产力的自如掌控，对科技创新能力的娴熟驾驭，以及实实在在的创新成果证明生产关系的优越性。优越的社会主义生产关系，最有利于社会化大生产的发展，而大生产发展的最核心因素，依然要依赖于生产工具的变革，生产工具变革的内在动力就是科学技术的发展、创新、升级，也就是今天中国所谈论的创新驱动发展。时代的每一次转换都是人类社会的一大进步，既是生产力的进步，也是生产关系的进步。马克思指出："各种经济时代的区别，不在于生产什么，而在于怎样生产，用什么劳动资料生产。劳动资料不仅是人类劳动力发展的测量器，而且是劳动借以进行的社会关系的指示器。"① 这也恰恰是恩格斯强调的，一切社会变迁和政治变革的终极原因，"应当到生产方式和交换方式的变更中去寻找"，"到有关时代的经济中去寻找"，到怎样生产的科学技术的革命中去寻找。②

第二，动力内涵。解决当前我国社会主要矛盾，满足人民日益增长的美好生活需要，化解不平衡不充分发展必须依赖科技的变革与发展。习近平总书记指出："解决深层次矛盾问题，根本出路在于创新，关键要靠科技力量。"③ 民生需要是最大的政治，面对人民需求多样化、环境约束趋紧、自然生态恶化，单纯靠传统的资源消耗的粗放发展不仅不能满足人民日益增长的美好生活需要，还会加剧社会矛盾的激化。从辩证法来看，旧的不平衡和不充分问题的解决，还会有新的更高层次的、优质化的不平衡和不充分，正如列宁指出："发展似乎是在重复以往的阶段，但它是以另一种方式重复，是在更高的基础上重复（'否定的否定'），发展是按所谓螺旋式，而不是按直线式进行的；发展是飞跃式的、剧变式的、革命的；'渐进过程的中断'；量转化为质……"④ 从经济发展和解决当前社会主要矛盾来看，搞好民生科技是满足人民日益增长的美好生活需

---

① 《马克思恩格斯文集》第 5 卷，人民出版社 2009 年版，第 210 页。
② 《马克思恩格斯选集》第 3 卷，人民出版社 1995 年版，第 741 页。
③ 《习近平关于科技创新论述摘编》，中央文献出版社 2016 年版，第 3 页。
④ 《列宁选集》第 2 卷，人民出版社 1995 年版，第 423 页。

要的基本出发点。应着重发展"与民生问题最直接相关的科学技术,即与人民最关心、最直接、最现实的利益问题相关的科学技术"①。它既服务于当前社会主要矛盾的化解,也服务于国家整体经济实力的提升。

化解社会矛盾靠科技,科技发展要靠人才,创新驱动发展关键还是在人才。如何让四方之才、天下英才为我所用,需要通过国内和国际两个人才资源途径招贤纳士。求贤若渴需要用待遇留人、感情留人和事业留人来充分体现,对领军人才、战略人才、尖子人才需要新的人才政策的对接。"我们搞现代化建设、抓军事斗争准备,固然有经费和装备上的问题,但最核心的问题是人才。"② 必须坚持党管人才、突出人才是第一资源理念、实施科教兴国、做好人才储备、宽容善待人才、尊重和保护知识产权、用好各方面人才。

第三,竞争内涵。在新时代的全球竞争中,必须靠科技证明和保障国家综合实力的提升。离开强大科技支撑,没有自己的拳头产品和核心技术,国家既无法形成核心竞争力,也无法走向现代化,更无法跨越新时代,这是新时代对科技依赖的外部依据。新时代失去科技支撑的竞争,必然会造成马太效应与劣势的扩大。抢占科技发展战略制高点在新时代更显重要,一方面,美国等西方大国已经把中国视为首要对手,我们在科技实力与国防实力方面,与发达国家还存在很大差距,而西方企图用技术挤垮中国、遏制中国已经是公开的行为;另一方面,知识经济的较量从未像当前这样愈益激烈,信息网络技术的发展,也从未像今天这样发展迅猛而又竞争激烈。扭转经济结构不合理、科技发展水平不高的局面,在新时代的

---

① 崔永华、李兵、陈洁:《民生视域下的科技发展与政策启示》,《中国科技论坛》2012 年第 8 期。

② 《习近平关于科技创新论述摘编》,中央文献出版社 2016 年版,第 113 页。

竞争环境中，更显突出。优化产业结构，提升产业创新能力和竞争力，形成全球产业发展新高地是我国科技发展规划的重头戏。"当前国际竞争的实质是以经济和科技实力为基础的综合国力较量。"①技术的支撑力必然是托起新时代的重要载体和核心内容。与常规的微电子技术、材料工程技术、生物工程技术变革不同，新时代的信息技术、云技术、智能化发展，体现出依托于数字化的最大可兼容性特点，必然引发新一轮更为深刻的技术大变革。与传统的循序渐进、量变积累的常规科技发展不同，新时代必将是一个技术集群式爆发时期，呈现出群体性科技的质变特征，与全球竞争态势、各国对科技重视相一致的科技大变革、大飞跃必将是新时代一个显著特点。面对新型战争的威胁、世界科技进步日新月异的挑战，以及现代化建设的巨大科技缺口，中国必须借助这个难得的历史机遇，依靠创新和科技走向世界舞台的中心。

特别是对于国防安全与国家综合国力的提升，科技扮演着极其重要的角色，一些带有战略性、基础性、关键性作用的重大科技项目能不能实现突破，事关国家安危。正如邓小平同志曾经清醒地指出："如果六十年代以来中国没有原子弹、氢弹，没有发射卫星，中国就不能叫有重要影响的大国，就没有现在这样的国际地位。"②江泽民同志同样主张：中国必须在世界高科技领域占有一席之地，"我们对国防科技高技术的发展决不能放松，同时要注意缩短常规武器装备同世界先进水平的差距"。"我们要下大气力发展国防科技，这也是一个重要的战略问题。""国防科技的关键技术不是拿钱就能买得到的。谁卖给你呀！我们不能花钱买一个现代化，特别是在国防科技方面不可能买一个现代化。""经济建设必须依靠科技进

---

① 《江泽民文选》第 1 卷，人民出版社 2006 年版，第 224 页。
② 《邓小平文选》第 3 卷，人民出版社 1993 年版，第 279 页。

步和劳动者素质的提高""振兴经济首先要振兴科技"①。从国家强大和军事保障来看，拥有尖端技术、核心技术、拳头产品是保障国家竞争力、国际话语权、世界博弈权、维护国家主权神圣不可侵犯的利器。当前中国大型运输机试飞成功，但飞机发动机技术依然受制于人；笔尖钢能量化生产了，但大型数控机床依然靠进口；国产航母试水了，但美国拥有航母已经有近百年的历史。必须看到差距，弄懂竞争的重心。

第四，发展内涵。科技是解决新时代发展问题的关键。"要发展就必须发挥科学技术第一生产力的作用"②。必须把科技创新摆在国家发展全局的核心位置。科技是改造客观世界最有力的手段选择，也是决定世界经济政治力量对比变化的关键。科技的本质是创新，创新的目的是实现人民生活的便捷和幸福，有了新技术、新产品、新业态、新模式、新高度，才有新时代。当前，智能化技术、新能源应用技术、空间技术、海洋开发技术、低碳技术、生物技术是全球科技攻关的重点领域，"如果我们没有一招鲜、几招鲜，没有参与或主导新赛场建设的能力，那我们就缺少了机会"③。实践证明，世界500强企业，无一不是创新型企业，站在世界发展顶端的国家，无一不是创新型国家。任何谈判的话语权，都抵不过技术的优势。新时代中国必须在新一代信息技术、高端芯片、高端装备、新材料、新能源、节能环保技术、生物制药等方面齐头并进，构建创新驱动的中国现代产业体系。

第五，目标内涵。实现现代化的时间约束对科技创新提出了硬性要求。现代化的目标是：从2020年到2035年，基本实现社会主

---

① 《江泽民文选》第1卷，人民出版社2006年版，第76、144、146、219、232页。
② 《习近平关于科技创新论述摘编》，中央文献出版社2016年版，第15页。
③ 同上书，第29—30页。

义现代化。到那时，我国经济实力、科技实力将大幅跃升，跻身创新型国家前列；从 2035 年到 21 世纪中叶，把我国建成富强民主文明和谐美丽的社会主义现代化强国。到那时将成为综合国力和国际影响力领先的国家。① 两个阶段的目标实现，科技必须在其中扮演至关重要的角色。"科技是国之利器，国家赖之以强，企业赖之以赢，人民生活赖之以好。中国要强，中国人民生活要好，必须有强大科技。"② 在新一轮的科技革命中，如果中国能够大有作为，在中国"智造"的道路上阔步前进，在核心竞争力、物质结构探究、宇宙演化推演、生命起源谱系化建设中能先人一步；在关键共性技术、前沿引领技术、现代工程技术、颠覆性技术创新中棋高一着；在生物技术、制造技术、新材料技术和新能源技术上能领跑世界，在大数据、云计算、自动化、智能化等方面能够掌握触动生产力裂变、劳动生产率飞跃的按钮，走向发达国家行列和中国国际地位的提升一定会提前到来。

第六，价值内涵。新时代的理论家必须着眼于中华民族的伟大复兴，以技术史的研究视野，深入探究技术变革的价值，推进对于新时代技术价值的理解与宣传，奏响科技新时代的强音。实践证明："每一次科技和产业革命都深刻改变了世界发展面貌和格局。""从第二次产业革命以来，美国就占据世界第一的位置，这是因为美国在科技和产业革命中都是领航者和最大获利者。""一次次科技和产业革命，带来一次次生产力提升，创造着难以想象的供给能力。"③ 中国必须在顶层设计上加强国家创新体系建设，塑造创新引领氛围和科技价值导向。在全党深化，在全军推进，在"双创"中

---

① 习近平：《决胜全面建成小康社会　夺取新时代中国特色社会主义伟大胜利——在中国共产党第十九次全国代表大会上的报告》，人民出版社 2017 年版，第 28—29 页。

② 《习近平谈治国理政》第 2 卷，外文出版社 2017 年版，第 267 页。

③ 同上书，第 202、255 页。

落地。用好跟跑、并跑与领跑的辩证法，跟跑是用别人的昨天来装扮我们的明天，并跑是用自己的努力来改变明天，领跑则是靠自主创新做强自身并引领世界的明天。做技术的附庸永远不会掌握主动权，非走自主创新之路不可，非有前瞻性基础研究、引领性原创成果、领跑性关键技术不足以支撑起新时代。"抓创新就是抓发展，谋创新就是谋未来。"① 经历技不如人的昨日血泪苦难，背负今日科教兴国、创新驱动的使命担当，我们靠什么完成使命，科技变革一日千里，不进则退。习近平总书记提醒我们，时代不会因为犹豫者、懈怠者和观望者而停歇，"今天，时代变化和我国发展的广度和深度远远超出了马克思主义经典作家当时的想象"②。新科技定义新时代，新时代要有新气象和新作为。中华民族靠党的英明领导走向新时代；靠艰苦卓绝的奋斗走向新征程；必将靠科技进步注入蓬勃生机。逐浪科技大潮，需要绳锯木断的韧劲，屡败屡战的决绝，技术涅槃的勇气来重铸壮美河山。"复兴号"开进新时代的新旅程，C919（大型客机）向着自主知识产权高飞，国产航母将拓宽国家防御半径。在工业文明的深度变革中，美国提出"再工业化战略"、德国升级到"工业4.0"、日本实施"再兴战略"，中国也必须布局好中国制造2025，理性地落实好科技兴国战略，走好创新驱动发展的持久之路。

三　用价值理性划定新时代科技创新与应用的伦理边界

我们在对科技抱以渴望与敬仰的态度时，必须保持对于科技的

① 《习近平谈治国理政》第2卷，外文出版社2017年版，第203页。
② 同上书，第34页。

适度敬畏与戒惧，理性看待科技的双刃效应。用好智慧女神的科技馈赠，杜绝邪恶的潘多拉魔盒，是必须遵循的基本价值立场与科技伦理边界。

第一，新时代的科技创新必须有为人类服务的情怀。"科学绝不是一种自私自利的享乐，有幸能够致力于科学研究的人，首先应该拿自己的学识为人类服务。"① 大工业的发展带来水体和空气的污染，采掘引发环境破坏、地表下沉，"信息科学和生命科学的发展，提出了涉及人自身尊严、健康、遗传以及生态安全和环境保护等伦理问题"②，在新时代必须通过协调发展加以纠正和克服。技术理性的边界扩张不能以价值理性的萎缩来换取。中国共产党的技术价值基点是：技术必须为人民，为国家富强，为共同富裕，并最终为人的自由而全面发展服务。必须杜绝贝克所理解的"有组织的不负责任"的人为制造的技术灾难。政府必须有前瞻预见性并积极主动矫正利益集团的狭隘、技术决策的失误、技术专家的冲动，减少技术偏差的可能性和技术运行的失常频次。

第二，新时代科技创新必须有效避免出现走向科技进步反面的科技对人的异化。马克思指出，在资本主义时代，"机器具有减少人类劳动和使劳动更有成效的神奇力量，然而却引起了饥饿和过度的疲劳。财富的新源泉，由于某种奇怪的、不可思议的魔力而变成贫困的源泉。技术的胜利，似乎是以道德的败坏为代价换来的"。如何避免科技的纯洁性被贪婪和黑暗笼罩，如何防止"我们的一切发明和进步，似乎结果是使物质力量成为有智慧的生命，而人的生命则化为愚钝的物质力量"③。这是习近平新时代中国特色社会主义

① 《马列著作编译资料》（第七辑），人民出版社 1980 年版，第 57 页。
② 《江泽民文选》第 3 卷，人民出版社 2006 年版，第 104 页。
③ 《马克思恩格斯文集》第 2 卷，人民出版社 2009 年版，第 580 页。

必须通过生产资料公有制的制度优势来化解的重大命题，解决好科学技术进步与贫困和颓废的对抗难题，在人的全面发展和公共服务中控制好技术的两面性。科学不完全等于社会进步，科学也不是社会发展的唯一动力。既要看重科学的颠覆性价值，也要理解社会发展的复杂性。社会发展是事关人文、道德、立法、价值、进步、国家与世界的多元化复杂体系，科技能解决一部分问题，但不能解决全部问题。技治主义本质上还是遵循资本支配一切的惯性思维，带有西方工业文明能改造一切的技术狂妄。通过制度优势改进资本求利的逻辑，平衡好计划和市场两种手段，通过多次分配实现共同富裕和有人人享有尊严的发展。

第三，必须养成以科技伦理为指导的科学理性的生产方式和生活方式。克隆技术、胚胎干细胞等技术涉及的不仅仅是生命伦理的问题，还事关人文、宗教与人伦界限。科学的本质是探究自然的奥秘，解决人力的有限性，为人的自由而突破更多的限制。如核力量探索、速度的提升、太空揭秘、时间黑洞探究、外星人寻觅、有生命特征的宇宙星球、宜居星球的发现，无不是在延伸人类的活动空间，扩大人类的生存半径，丰富人类的生活内容，造就新的无限可能。随着科学不断发展，必将引发新工艺、新服务、新产业、新能源、新市场与人民日益增长的新需要，也将不断深化对自然与人类社会发展的规律性认识，并引发新的生产方式、生活方式与新的价值观念。理性的生产和生活方式旨在设立技术的伦理和法律的底线，防止某些科技的重大突破，被少数邪恶的利益集团，甚至某些邪恶的国家运用于邪恶目的，科学研究行为不能有悖于人类基本的伦理法律规范。符合人类共同利益的"科技"，至少要满足三个维度："揭示自然奥秘、探求科学真理，是为'求真'；确保不动摇人类生存的基础，是为'求存'；符合全人类共同的价值取向，是为'求善'。"①

在互联网时代如何管理大数据、规范数据的采集、应用与隐私保护，是新时代必须应对的问题。应用软件收集使用者的地理信息、位置授权及浏览器、网购、外卖、网约车等软件，甚至不告知软件安装用户，就能随意获取使用者的电话、定位、读取短彩信、读取联系人、修改系统设置等权限。在2018年"两会"上，有政协委员建议要规范各种APP生产、收集用户信息的行为，加大其违法成本，是极其有预见性的议案。应该从国家立法角度细化智能手机应用信息采集规范、APP应用的市场规范、采集用户信息的惩戒法条。在科技研究应用中，必须处理好科技与人、自然的关系，在人民利益最大化和可持续发展的意义上明确技术相关主体的伦理责任。在各级学生的思想品德教育中也应加入科技伦理的相关内容。对于导航、订餐、网络预约车、微信群、公众号等平台，关于顾客的位置信息、送餐地点、家庭信息，重要政府职能部门员工的敏感微信信息，公务员和官兵工作中的微信群、朋友圈及文字、图表、视频等可能会泄露机密的信息，都应该有前瞻性的防范和应对，确保数据安全、防范数据瘫痪、避免横遭劫掠。

（原载《经济研究参考》2018年第13期）

---

① 疏钟：《"科技伦理"不应只是"堂前燕"》，《光明日报》2015年4月17日。

三

新时代中国特色社会主义的世界意义

习近平新时代中国特色社会主义
思想的世界意义

李慎明

习近平总书记在党的十九大报告中明确指出："经过长期努力，中国特色社会主义进入了新时代，这是我国发展新的历史方位。"①他又指出，我们党"以全新的视野深化对共产党执政规律、社会主义建设规律、人类社会发展规律的认识，进行艰辛理论探索，取得重大理论创新成果，形成了新时代中国特色社会主义思想"②。

认识和把握习近平新时代中国特色社会主义思想的历史方位与世界意义，不仅对于坚持和发展中国特色社会主义、实现中华民族伟大复兴的中国梦，而且对于马克思主义与世界社会主义在 21 世纪的复兴和发展应该说也具有重要意义。

一　从中国发展大角度看，提供中国自信

党的十九大报告指出："中国特色社会主义进入新时代，意味

---

①　习近平：《决胜全面建成小康社会　夺取新时代中国特色社会主义伟大胜利——在中国共产党第十九次全国代表大会上的报告》，人民出版社 2017 年版，第 10 页。

②　同上书，第 18—19 页。

着近代以来久经磨难的中华民族迎来了从站起来、富起来到强起来的伟大飞跃，迎来了实现中华民族伟大复兴的光明前景。"①

中华民族悠悠五千多年文明曾经数度辉煌且连绵不绝，引国人和世人为之骄傲。但由于清政府晚期的腐败无能，使得中国瓜剖豆分、积弱积贫。从1840年开始，中国进入半殖民地半封建社会。1840年至1949年这110年间，共对外签订了1182个不平等条约，各个帝国主义列强直接间接掠夺了我国大量有形和无形财富。100多年间，各国列强从中国勒索的战争赔款，至今无法完全统计。其中主要的战争赔款总计约折合19.53亿银圆，相当于1901年清政府收入的16倍、全国工矿资本总额的82倍。我们中华民族的灾难深重极了。

1894年，中国民主革命的伟大先驱孙中山在创建革命团体兴中会时首次提出"振兴中华"的口号。

中国共产党首先以实现中华民族伟大复兴为初心，为己任。1935年，面对气势汹汹的日本侵略者，毛泽东同志豪迈宣布："我们中华民族有同自己的敌人血战到底的气概，有在自力更生的基础上光复旧物的决心，有自立于世界民族之林的能力。"② 1940年，他在《新民主主义论》中指出：我们共产党人的一切目的，"在于建设一个中华民族的新社会和新国家"③。这也充分说明，中国共产党人所说的振兴中华，既是对前人的继承，又与前人有着质的区别。

中国共产党团结带领中国人民进行了28年的浴血奋战，废除了诸多列强用枪炮强加给中国的一系列不平等条约和他们在中国的

① 习近平：《决胜全面建成小康社会 夺取新时代中国特色社会主义伟大胜利——在中国共产党第十九次全国代表大会上的报告》，人民出版社2017年版，第10页。
② 《毛泽东选集》第1卷，人民出版社1991年版，第161页。
③ 《毛泽东选集》第2卷，人民出版社1991年版，第663页。

一切特权，实现了中国从几千年封建专制制度和百余年半殖民地半封建社会向人民民主社会的伟大飞跃。

中国共产党又团结带领人民完成社会主义革命，确立社会主义基本制度，推进社会主义建设，完成了中华民族有史以来最为广泛而深刻的社会变革，为今天的富起来和今后的强起来奠定了根本政治前提和制度基础，并为新的历史时期开创中国特色社会主义提供了宝贵经验、理论准备、物质基础，实现了中华民族由近代不断衰落到根本扭转命运、持续走向繁荣富强的伟大飞跃。

在此基础上，我们党还审时度势，果敢抓住机遇，团结带领人民再接再厉进行改革开放新的伟大革命，成功开辟了中国特色社会主义道路，极大地激发了广大人民群众的创造性，极大地解放和发展了社会生产力，极大地增强了社会发展活力，人民生活显著改善，综合国力显著增强，国际地位显著提高，改革开放取得了举世瞩目的巨大成就。

党的十八大以来，以习近平同志为核心的党中央面对国内外新的形势和新的矛盾，以巨大的政治勇气和强烈的责任担当，提出一系列新理念新思想新战略，出台一系列重大方针政策，推出一系列重大举措，推进一系列重大工作，解决了许多长期想解决而没有解决的难题，办成了许多过去想办而没有办成的大事，取得了改革开放和社会主义现代化建设的历史性成就。

党的十九大和十九届一中全会，进一步确立和巩固了以习近平同志为核心的党中央的坚强领导，豪迈地跨进了奋力实现中华民族伟大复兴中国梦、逐步建成富强民主文明和谐美丽的社会主义现代化强国的新时代，并郑重确立了习近平新时代中国特色社会主义思想为党的指导思想，确认我国社会主要矛盾已经转化为人民日益增长的美好生活需要和不平衡不充分的发展之间的矛盾。在此基础上，既规划了决胜全面建成小康社会、实现第一个百年奋斗目标的具体路径，又全面规划了开启"第二个一百年"全面建设社会主义现代化国家的新征程，对新时代推进中国特色社会主义伟大事业和党的建设新的伟大工程做出了全面部署。今天，我们比历史上任何时期都更接近、更有信心和能力实现中华民族伟大复兴的目标。

环顾当今全球之局势，各主要国家和各个地区都深受金融危机之困、之苦，而社会主义的中国在世界中所占的分量越来越重。中国在世界国内生产总值中的份额已从1990年的2%攀升至2016年的15%。2013年至2016年，中国经济年均增长7.2%，明显高于世界同期2.6%的平均水平；中国对世界经济平均贡献率31.6%，超过美国、欧元区、日本贡献率总和，是世界经济增长第一引擎。同时，中国还是世界第二大经济体，进出口总额世界第二、对外服务贸易总额世界第二、对外直接投资总额世界第二。

中国共产党是个大党，社会主义的中华人民共和国是个大国，还是世界上最大的发展中国家。中国共产党领导中国人民把自己的事情做好，社会主义新中国以特有的自信，巍然屹立于世界民族之林，这本身就是维护和促进世界和平发展的一个十分重要的力量，就是对人类文明进步事业的重大贡献。这也就是说，在习近平新时代中国特色社会主义思想的指引下，中华民族完成了从站起来、富起来到强起来的伟大飞跃，这本身就具有重大的世界意义。

二　从人类发展大潮流看，提供中国理念

2014年10月15日，习近平总书记在文艺工作座谈会上指出："国际社会对中国的关注度越来越高，他们想了解中国，想知道中

国人的世界观、人生观、价值观，想知道中国人对自然、对世界、对历史、对未来的看法。"① 这就很需要实事求是地讲好中国和平发展的理念。

冷战结束后，资本主义世界一片欢腾。一些人甚至宣布了马克思主义、社会主义和共产主义的完结，历史已终结于资本主义制度。但是，就在此时，邓小平同志在南方谈话中说："我坚信，世界上赞成马克思主义的人会多起来的，因为马克思主义是科学"；"不要惊慌失措，不要认为马克思主义就消失了，没用了，失败了。哪有这回事！"② 2008 年国际金融危机爆发，这本质上是资本主义经济、制度和价值观的危机。2013 年 11 月 27 日，英国《苏格兰人报》报道称，教皇方济各的首部宗座劝谕书《福音的喜乐》在梵蒂冈出版。方济各在这本著作中表示："资本主义专制"将导致更广泛的社会动荡；由这个体制造成的不平等性将"不可避免地"导致崩溃和死亡。西方金融体制需要"全面整顿"，并指责这个体制鼓励毫无节制的消费主义思想。随着国际金融危机的深化，世界左翼和马克思主义思潮明显在复兴。世界各地再次出现了"马克思热"，2017 年纪念十月革命 100 周年的到来，甚至也在一定程度上出现了"列宁热"。

党的十八大后，以习近平同志为核心的党中央毫不动摇地在世界上高高举起了中国特色社会主义伟大旗帜，坚持和发展中国特色社会主义。2013 年 1 月 5 日，习近平总书记在"1·5"讲话中明确指出："中国特色社会主义是社会主义而不是其他什么主义，科学社会主义基本原则不能丢，丢了就不是社会主义。"③ 这就向全世

① 《习近平谈治国理政》第 2 卷，外文出版社 2017 年版，第 315 页。
② 《邓小平文选》第 3 卷，人民出版社 1993 年版，第 382—383 页。
③ 《习近平谈治国理政》，外文出版社 2014 年版，第 22 页。

界昭示，我们党和国家所坚持的中国特色社会主义是把马克思主义的普遍真理与中国新的实际相结合的产物，这也与一些别有用心的人强加给我们的中国特色社会主义是"中国特色资本主义""国家资本主义""新官僚资本主义"和"盘剥发展中国家的资本主义"等污蔑坚决地划清了界限。

党的十八大后，以习近平同志为核心的党中央特别强调中国特色社会主义道路、理论、制度和文化这"四个自信"，特别强调要坚持中国共产党的领导，强调坚持以人民为中心，强调从严治党，进而保持党的先进性和纯洁性，等等。这也从理论和实践上，充分说明中国特色社会主义不仅没有丢掉科学社会主义的基本原则，而且始终毫不动摇地坚持和发展科学社会主义的基本原则，正如党的十九大报告中所说："科学社会主义在二十一世纪的中国焕发出强大生机活力。"

在价值观上，中国共产党是为中国人民谋幸福的政党，也是为人类进步事业而奋斗的政党。中国共产党始终把为人类做出新的更大的贡献作为自己的使命。为什么人的问题，是根本的问题，原则的问题。这不仅是衡量一国内政，同样也是衡量一国外交的本质。

在发展观上，中国高举和平、发展、合作、共赢的旗帜。"创新、协调、绿色、开放、共享"这新的"五大发展理念"是基于解决中国国内问题而提出的，但同样也完全适用于当今世界。这"五大发展理念"并不是并列关系，其核心和根本是共享。习近平主席在世界经济论坛 2017 年年会开幕式上的主旨演讲中宣布，中国改革开放之路，"这是一条把人民利益放在首位的道路"①。2015

---

① 《习近平谈治国理政》第 2 卷，外文出版社 2017 年版，第 483 页。

年 10 月 29 日，习近平总书记在党的十八届五中全会第二次全体会议上的讲话中明确指出："我国经济发展的'蛋糕'不断做大，但分配不公问题比较突出，收入差距、城乡区域公共服务水平差距较大"；"在共享改革发展成果上，无论是实际情况还是制度设计，都还有不完善的地方。为此，我们必须坚持发展为了人民、发展依靠人民、发展成果由人民共享，作出更有效的制度安排，使全体人民朝着共同富裕方向稳步前进，绝不能出现'富者累巨万，而贫者食糟糠'的现象。"① 改革开放之初，中国强调"让一部分人先富起来"，这是完全正确的，这是为了调动方方面面的积极性，尽快把经济搞上去。现在中国富起来了，便更多强调"共享"并开始向"共富"方向逐步迈进。当"蛋糕"做大以后，就应该重点强调如何分好"蛋糕"。在推进经济全球化健康发展的过程中，同样如此。2017 年 1 月 18 日，习近平主席在联合国日内瓦总部的演讲中明确表示："推动建设一个开放、包容、普惠、平衡、共赢的经济全球化，既要做大'蛋糕'，更要分好'蛋糕'，着力解决公平公正问题。"② 这一根本的先进理念，体现在人与人之间是共享，体现在国与国之间是共赢。2017 年 12 月 1 日，习近平总书记在中国共产党与世界政党高层对话会上的主旨讲话中指出："中国共产党所做的一切，就是为中国人民谋幸福、为中华民族谋复兴、为人类谋和平与发展。"③

在对外关系上，我们始终恪守维护世界和平、促进共同发展的外交政策宗旨，始终恪守联合国宪章和联合国宗旨，坚定不移地在

---

① 习近平：《在党的十八届五中全会第二次全体会议上的讲话（节选）》，《求是》2016 年第 1 期。

② 《习近平谈治国理政》第 2 卷，外文出版社 2017 年版，第 543 页。

③ 《习近平在中国共产党与世界政党高层对话会上的主旨讲话》，《人民日报》2017 年 12 月 2 日。

和平共处五项原则基础上发展同各国的友好合作。追溯数千年的人类文明史可以发现，西方任何大国、强国的崛起与发展，都是用火与剑、枪与炮攫得第一桶金，然后利用金融、贸易、科技、军事等霸权，从其他弱小国家的血与泪中获得超额利润。而堂堂正正、巍然屹立的社会主义中国，却摒弃弱肉强食的丛林法则，谴责穷兵黩武的霸权之道，遵循联合国宪章的宗旨与和平共处五项原则，带动着世界的和平与发展，强烈地冲击了长期在经济、政治和文化中占主导地位的西方现代化模式，颠覆着习惯用西方价值标准为圭臬来衡量其他国家的狭隘认知。

中国特色社会主义道路作为一种全新参照，进入世界视野。这正如党的十九大报告所指出的那样："中国特色社会主义道路、理论、制度、文化不断发展，拓展了发展中国家走向现代化的途径，给世界上那些既希望加快发展又希望保持自身独立性的国家和民族提供了全新选择。"中国特色社会主义全球示范性的效应在整个 21 世纪，将会越发彰显其重大的意义。

三　从世界变化大格局看，提供中国方案

党的十九大报告指出，"这个新时代"，"是我国日益走近世界舞台中央、不断为人类作出更大贡献的时代"。

世界正处于大发展大变革大调整时期，和平与发展仍然是时代主题。但是，冷战结束后，国际垄断资本更加肆无忌惮地放手盘剥劳动者，进而引起更多的世界性问题。2017 年 5 月 14 日，习近平主席在北京"一带一路"国际合作高峰论坛上的主旨演讲中明确提出："从现实维度看，我们正处在一个挑战频发的世界。世界经济增长需要新动力，发展需要更加普惠平衡，贫富差距鸿沟有待弥

合。地区热点持续动荡，恐怖主义蔓延肆虐。和平赤字、发展赤字、治理赤字，是摆在全人类面前的严峻挑战。"①

出现如此之多的问题，主要是现有的国际秩序和全球治理体系的不合理造成的。习近平主席说："什么样的国际秩序和全球治理体系对世界好、对世界各国人民好，要由各国人民商量，不能由一家说了算，不能由少数人说了算。中国将积极参与全球治理体系建设，努力为完善全球治理贡献中国智慧，同世界各国人民一道，推动国际秩序和全球治理体系朝着更加公正合理方向发展。"② 他还指出：在经济全球化新趋势面前，"我们不能当旁观者、跟随者，而是要做参与者、引领者"；"在国际规则制定中发出更多中国声音，注入更多中国元素"③。

习近平总书记立足高新科技迅猛发展、人类生活关联前所未有，同时人类面临的全球性问题也前所未有之现实，洞察世界各国人民前途命运越来越紧密地联系在一起之趋势，顺应并引领和平、发展、合作、共赢的时代潮流，呼吁应该坚持你好我好大家好的理念，推进开放、包容、普惠、平衡、共赢的经济全球化，倡导共同、综合、合作、可持续的新安全观，营造公平正义、共建共享的安全格局，建立客观反映国际力量对比现实的全球治理体系，为人类破解和平赤字、发展赤字、治理赤字等难题指明了方向和路径。

随着国际金融危机不断加深，面对西方资本主义国家贸易保护主义浪潮兴起与全球治理危机，以及个别超级大国公然提出的"一国优先"的霸权主义理论，党的十八大以来，以习近平同志为核心

---

① 《习近平谈治国理政》第 2 卷，外文出版社 2017 年版，第 508—509 页。
② 同上书，第 41—42 页。
③ 同上书，第 100 页。

的党中央统筹国内国际两个大局，及时提出并不断完善构建人类命运共同体的主张。2017 年 1 月 18 日，习近平主席在联合国日内瓦总部发表了题为"共同构建人类命运共同体"的主旨演讲，深刻、全面、科学、系统地阐述了人类命运共同体理念。其中指出："当今世界充满不确定性，人们对未来既寄予期待又感到困惑。世界怎么了、我们怎么办？这是整个世界都在思考的问题，也是我一直在思考的问题。"① 习近平主席庄严宣告："中国方案是：构建人类命运共同体，实现共赢共享。"②

构建人类命运共同体的思想理念依据是全人类的共同价值。宇宙只有一个地球，人类共有一个家园。世界多极化、经济全球化、社会信息化、文化多样化深入发展，各国相互之间的联系和依存日益加深，人类也面临许多共同挑战，比如气候变化、环境恶化、全球卫生、恐怖主义、核战争等困扰人类自身生存与发展的全球性问题。在当今世界，没有哪个国家能够独自应对人类面临的各种挑战，也没有哪个国家能够退回到自我封闭的孤岛，这就需要全人类共同应对。各国政府和国际组织也会就这些问题达成某些共识，这就产生了全人类的共同利益并进而产生共同价值。所以，2015 年 9 月 28 日，习近平主席在第 70 届联合国大会一般性辩论的讲话中，提出了一个十分重要的概念——"全人类的共同价值"。构建人类命运共同体的现实思想理念依据就是这样的共同价值，这就在当今世界占领了全人类的道德高地。我们必须看到和承认这些共同价值，只有这样，才能更好地把原则的坚定性与策略的灵活性结合起来，才能更好地从事具有许多新的历史特点的伟大斗争，实现伟大梦想。但是，价值是认识主体对

---

① 《习近平谈治国理政》第 2 卷，外文出版社 2017 年版，第 537 页。
② 同上书，第 539 页。

其他客体的主观感受和认知。在承认全人类共同价值的同时，我们也必须清醒认识到所有的共识价值包括全人类的共同价值都是以承认彼此的特殊价值为前提条件的，因而都是相对的、发展的、变化的，并不是绝对的、永恒的、凝固不变的。由于各国特殊价值的不同，在落实某些共识价值其中包括全人类共同价值时提出的解决办法和路径也往往不同。另外，我们还必须特别注意，在当今世界，全人类有共同价值的存在，但绝没有所谓的"普世价值"。有的人把习近平总书记所说的"全人类的共同价值"解释为西方所说的"普世价值"，这是完全站不住脚的。共同价值与所谓"普世价值"有着根本性质的不同。所谓"普世价值"是西方个别霸权主义和强权政治西化、分化中国的理论纲领。西方某些国家宣扬所谓的"普世价值"，是要把自己的为垄断资本服务的政治、经济制度和意识形态及其体制机制说成是"普世价值"，企图引导中国放弃党的领导，走上资本主义道路，重新沦为资本主义强国的附庸。我们绝不能把需要借鉴和汲取世界上其中包括资本主义国家的各种具体民主形式中的某些普遍性，误认成需要把这种民主从形式到内容都要全部、整体地照抄照搬过来。过去，我们往往强调特殊利益和特殊价值多一些，而对共同价值关注不够，这也是现在应当切实注意的。但是，在落实全人类共同价值的同时，也应防止所谓"普世价值"的侵蚀。

构建人类命运共同体的现实依据是亟须建立最广泛的国际统一战线。如上所述，在当今时代，虽然霸权主义、恐怖主义、金融动荡、环境危机等问题愈加突出，但在经济全球化的过程中，各主要国家和各个地区已经形成你中有我、我中有你的共同经济利益的交汇区，就连西方很多有良知、有见识的资产阶级政治家和思想家也都在深刻反思现实，矛头直指造成这些问题的直接根源——新自由主义的泛滥。正如习近平主席所指出的："和平力量的上升远远超过战争因素的增长，和平、发展、合作、共赢的时代潮流更加强劲。"① 这就为摒弃一切形式的冷战思维、扼制穷兵黩武的霸权主义和构建人类命运共同体集合起一支浩浩荡荡的最广泛的国际统一战线提供了强有力的保障。

构建人类命运共同体的最终依靠力量是广大发展中国家和包括发达国家人民在内的世界各国。中国倡导国际关系民主化，坚持国家不分大小、强弱、贫富而一律平等，支持联合国发挥积极作用，支持扩大发展中国家在国际事务中的代表性和发言权，寄希望于世界各国人民。党的十九大报告明确指出："我们呼吁，各国人民同心协力，构建人类命运共同体，建设持久和平、普遍安全、共同繁荣、开放包容、清洁美丽的世界"②；"世界命运握在各国人民手中，人类前途系于各国人民的抉择。中国人民愿同各国人民一道，推动人类命运共同体建设，共同创造人类的美好未来！"③ 世界上广大发展中国家和世界各国人民也正在纷纷觉醒，这是构建人类命运共同体的主力军和根本保障。所以，从根本上说，在当今世界代表全人类共同利益、共同价值的主体是广大发展中国家和包括发达国家在内的世界各国人民。

构建人类命运共同体的最终价值目标和目的地是每个人自由发展的联合体。无产阶级只有解放人类，才能最终解放自己。习近平总书记在党的十九大报告结尾之处，满怀激情地引用了中国"大道之行，天下为公"的名句，展现着中国共产党人的宽阔胸襟和崇高理念。大道之行，天下为公，所到达的目的地必然是天

① 《习近平谈治国理政》第2卷，外文出版社2017年版，第538页。
② 习近平：《决胜全面建成小康社会　夺取新时代中国特色社会主义伟大胜利——在中国共产党第十九次全国代表大会上的报告》，人民出版社2017年版，第58—59页。
③ 同上书，第60页。

下大同。说到底，就是推动人类命运共同体建设，其最终目的
地，必然就是马克思、恩格斯在《共产党宣言》中所说的那样：
"代替那存在着阶级和阶级对立的资产阶级旧社会的，将是这样
一个联合体，在那里，每个人的自由发展是一切人的自由发展的
条件。"① 习近平新时代中国特色社会主义思想以全新的视野深化
对共产党执政规律、社会主义建设规律、人类社会发展规律的认
识。构建人类命运共同体，不仅是人类最美好的理想，更是人类
历史发展的根本规律和必然归宿。所以，构建人类命运共同体是
习近平新时代中国特色社会主义思想的重要组成。

　　坚持和平发展道路，推动构建人类命运共同体，绝不仅仅是我
国的外交方略，更是由中国共产党的根本性质和社会主义中国的国
家性质所决定的。这是习近平新时代中国特色社会主义思想的重要
组成部分，是对马克思主义人类社会发展规律的创新性发展，是中
国对世界和平发展做出的新的重大贡献。

　　构建人类命运共同体逐渐成为世界各国人民的共识。新的经济
全球化时代的到来端倪已经显现。中国向世界提供的核心理念，体
现着中国将自身发展同世界共同发展相统一的全球视野、世界胸怀
和大国担当，具有强大的吸引力、感召力和生命力，在全球也得到
了越来越多的认同。2017 年 2 月 10 日，联合国社会发展委员会第
55 届会议，一致通过了"非洲发展新伙伴关系的社会层面"决议，
"构建人类命运共同体"理念首次被写入联合国决议。2017 年 11
月 1 日，党的十九大刚刚闭幕，第 72 届联大负责裁军和国际安全
事务第一委员会（联大一委）会议就通过了"防止外空军备竞赛
进一步切实措施"和"不首先在外空放置武器"两份安全决议，

---

① 《马克思恩格斯选集》第 1 卷，人民出版社 1995 年版，第 294 页。

"构建人类命运共同体"理念再次载入两份联合国决议，也是这一理念首次纳入联合国安全决议。

人类命运共同体理念不仅得到越来越多的国家与人士的支持和赞同，而且实践人类命运共同体理念的"一带一路"倡议，也已经成为有关各国实现共同发展的巨大合作平台。中国决心"发展更高层次的开放型经济，深入推进'一带一路'建设，推动形成全面开放新格局"①。中国提出的"一带一路"倡议得到了百余个国家和国际组织的支持和参与。2016 年 11 月 17 日联合国大会决议和 2017 年 3 月 17 日联合国安理会第 2344 号决议，分别载入中国倡导的"一带一路"建设内容。国际社会绝大多数国家都达成这样的共识，认为"一带一路"是中国参与制定国际规则并优化全球治理机制的重要举措。

中国在宣示以更为广阔的胸襟和更为大胆的力度实行全方位开放的同时，明确表示要通过推动中国发展给世界创造更多机遇，通过深化自身实践探索人类社会发展规律并同世界各国分享。2017 年 12 月 1 日，习近平总书记在中国共产党与世界政党高层对话会上的主旨讲话中明确表示："我们不'输入'外国模式，也不'输出'中国模式，不会要求别国'复制'中国的做法。"②

中国还高举和平、发展、合作、共赢的旗帜，坚持始终不渝走和平发展道路，积极推进全球伙伴关系建设，主动参与国际热点难点问题的政治解决进程。目前，中国已累计派出 3.6 万余人次维和人员，成为联合国维和行动的主要出兵国和出资国。此时此刻，2500 多名中国官兵正在 8 个维和任务区不畏艰苦和危险，维护着当

---

① 《习近平致信祝贺二〇一七年广州〈财富〉全球论坛开幕》，《人民日报》2017 年 12 月 7 日。

② 《习近平出席中国共产党与世界政党高层对话会开幕式并发表主旨讲话》，《人民日报》2017 年 12 月 2 日。

地的和平与安宁。

习近平总书记指出："世界多极化和国际关系民主化大势难逆，以西方国家为主导的全球治理体系出现变革迹象，但争夺全球治理和国际规则制定主导权的较量十分激烈。"① 中国正迎难而上，积极参与全球治理体系改革和建设，推动国际政治经济秩序朝着更加公正合理的方向发展，并积极参与新领域的国际规则制定。2015 年 11 月发布的《中共中央关于制定国民经济和社会发展第十三个五年规划的建议》提出，要积极参与网络、深海、极地、空天等新领域国际规则制定。2017 年 12 月 3 日，习近平主席致信第四届世界互联网大会，提出了尊重网络主权、维护和平安全、促进开放合作、构建良好秩序的四项原则和加快全球网络基础设施建设、打造网上文化交流共享平台、推动网络经济创新发展、保障网络安全、构建互联网治理体系的五点主张，为构建世界网络空间命运共同体提供了方向和框架。

中国方案正在进入新的经济全球化的实践历程。国际社会对全球治理体系中国方案的热烈认可、积极响应与迫切需求，也进一步凸显了全球治理视域下习近平新时代中国特色社会主义思想的世界意义。

四 推进马克思主义中国化，发展 21 世纪马克思主义

要真正认清习近平新时代中国特色社会主义思想的历史方位和世界意义，还必须要从习近平新时代中国特色社会主义思想本身找

① 《习近平谈治国理政》第 2 卷，外文出版社 2017 年版，第 212 页。

到答案。

2017 年 9 月 29 日，习近平总书记在中共中央政治局第四十三次集体学习时强调指出："时代在变化，社会在发展，但马克思主义基本原理依然是科学真理。尽管我们所处的时代同马克思所处的时代相比发生了巨大而深刻的变化，但从世界社会主义 500 年的大视野来看，我们依然处在马克思主义所指明的历史时代。这是我们对马克思主义保持坚定信心、对社会主义保持必胜信念的科学根据。"① 这一论断，是我们充分认识习近平新时代中国特色社会主义思想历史方位与世界意义的一把钥匙。

马克思、恩格斯用占社会主导地位的阶级来确定和划分"过去的各个历史时代"与社会发展形态，并明确提出了"资产阶级时代"这一概念。按照列宁划分时代的标准，我们还可以把马克思、恩格斯所说的资产阶级这一大的"历史时代"细分为三个较小的历史时代：一是商业资本主义时代。二是工业资本主义时代。商业资本主义时代和工业资本主义时代同为自由竞争的资本主义时代。三是工业资本和银行资本加速集中并日益融合为金融帝国主义时代。金融帝国主义时代则是垄断的、腐朽的资本主义时代。

金融帝国主义时代腐朽的最为显著的特征是全球范围内的贫富两极分化。2017 年 1 月 17 日，世界经济论坛在瑞士达沃斯召开之际，国际慈善机构乐施会发布报告：2016 年"全球贫富悬殊已达历史最严重的地步，八大富豪身家竟等同于 36 亿贫穷人口的总财产，占全球总人口一半"②。2017 年 11 月 30 日，国际劳工组织发

① 《习近平谈治国理政》第 2 卷，外文出版社 2017 年版，第 66 页。
② 《机构报告：八大富豪的财富能顶全球一半人口总财产（名单）》，2017 年 1 月 17 日，凤凰网（finance. ifeng. com/a/20170117/15150105_ 0. shtml）。

布的《全球社会保障报告》中指出："全球半数以上人口（55%）没有享受任何福利津贴，相当于40亿人。"① 2017年11月8日英国《卫报》报道，美国最富有的三个人——比尔·盖茨、杰夫·贝佐斯和沃伦·巴菲特三人加起来拥有2485亿美元，约合人民币16479亿元的财富总和，相当于半数美国人口即1.6亿人的财富。美国最富有的400人，身家合计达2.68万亿美元，约合人民币13.3万亿元，超过了美国64%人口即2.04亿人拥有的财富总和。这是100多年来所从来没有的。在世界发达国家中占据第二行列的英国，其首都伦敦，竟然"每10个家庭中就有一个是靠食品救济生存"，"四分之一的家长担心自己无法养活孩子，而几乎五分之一的家长必须在家庭取暖与伙食之间进行取舍"②。

当今世界并没有超越马克思、恩格斯和列宁所说的时代，并且极可能已开始处于金融帝国主义衰落的历史转折点上。绝对的权力必然产生腐败，绝对的垄断则必然产生腐朽。金融帝国主义的大本营美国通过冷战之后的所谓金融创新，已经把全世界几乎所有发展中国家的主要财富货币化、数据化并收入自己的私囊，从而登上了世界金融垄断的峰巅，也进而从根本上摧毁了广大发展中国家甚至包括发达国家广大人民的消费能力，实质上也就是摧毁了资本主义的再生产能力。举目四望，全球范围内到处都是生产相对过剩，这是典型的经济危机的表现。

列宁关于帝国主义是资本主义发展的最高阶段的论断，并不是讲错了。"小荷才露尖尖角，早有蜻蜓立上头。"可以说，在金融帝国主义刚刚诞生之时，列宁便是站立其上的十分敏锐的"蜻蜓"，宣告

---

① 《报告称全球过半人口没有社保 中国社保体系进步获赞》，2017年12月2日，参考消息网（http://www.cankaoxiaoxi.com/china/20171202/2245880.shtml）。

② 英国《独立报》网站，2017年11月29日。

了资本主义发展进入其最高阶段即金融帝国主义阶段的到来，并指出其垄断的现状和寄生腐朽的必然趋势。列宁的这一重大判断，并不是他讲错了，而是列宁太敏锐了，一般常人一时无法理解。环顾当今全球金融垄断及其寄生、腐朽之态势，人们不得不由衷感叹列宁的预知和伟大，感叹列宁主义魅力的生动和鲜活。这说明，不仅马克思有点"潮"，随着国际金融危机的深化，列宁也会"潮"起来。

任何灵丹妙药都无法挽救资本主义的颓势和其必然灭亡的最后归宿。有人把资本主义未来无比美妙的希望寄托在高新科技的发展上。但是，任何高新科技包括人工智能，都不可能解决资本主义的根本矛盾。在资本主义生产关系框架内，任何高新科技的大发展，最终只能是加剧资本主义生产社会化乃至生产全球化与生产资料私人占有之间这一资本主义社会的基本矛盾。在资本主义生产关系框架内，任何科学家以及"高管"，说到底，或从本质上说，都是资本的奴仆，都是人民的一分子。任何企图把控甚至垄断高新科学技术及其产业的强权者、霸权者，不过都是与人民对立的资本的化身。不可否认，它们有可能在一定范围和一段时日内，可以统治一定的人群。但是，只有人民才是创造世界历史的动力。任何高新科学技术包括人工智能等的出现与发展，都无法改写历史唯物主义上述这一根本的原则。所以，我们可以肯定地说，任何帝国包括军事帝国、金融帝国以及将来可能出现的人工智能帝国等，都无法挽救资本主义的颓势和最终灭亡。

盛极则衰，辩证法是无情的。整个南方世界已被美国领衔的西方发达国家的"金融创新"严重伤害并进入衰落期，国际金融垄断资本正在寻求出新的依附国家，但一时也无法确定。所以，依靠穷国、穷人而肥硕的整个资本主义世界也就开始步入危机。但是，由于发达资本主义国家仍有谋取新的利益的空间，整个世界的最基本矛盾尚未彻底暴露，各国人民为争取自己共同利益的斗争由自在转为自为尚须时日，当今世界也没有处在帝国主义阶段中的无产阶级革命时代，目前的金融帝国主义衰落也还没有导致以帝国主义为对象的世界革命的普遍发生。但是，金融帝国主义的衰落却造成以中国发展带动的社会主义对广大发展中国家和世界各国人民号召力的大幅上升。服务于金融帝国主义的新自由主义意识形态正在让位于社会主义，世界从资本主义向社会主义转变的历史进程开始提速。这就是习近平新时代中国特色社会主义思想所处的世界历史方位的根本标志。可以断言，在今后一个相当长的时期内，金融帝国主义及其理论新自由主义将风光不再，很难重归 20 世纪 90 年代那样的声势。21 世纪初的"9·11"之后特别是 2008 年国际金融危机爆发后的世界，迫切需要新的治理理念和治理方式。全球范围内的贫富两极分化，直接加剧着生产社会化乃至生产全球化与生产资料私人占有这一资本主义社会的基本矛盾，进而昭示着马克思主义普遍真理依然熠熠生辉的光芒，同时也呼唤着马克思主义普遍真理与当今世情相结合的新的理论的诞生。

中国特色社会主义进入了新时代，这个新时代中所说的时代，既不是历史学家划分社会形态所说的大时代的概念，也不是马克思主义经典作家所说的时代的概念。中国特色社会主义新时代，首先是从中国自身发展的角度提出来的，因为当今社会主要矛盾已经从原有的人民日益增长的物质文化需要同落后的社会生产之间的矛盾，转化成为人民日益增长的美好生活需要和不平衡不充分的发展之间的矛盾。之所以判断中国特色社会主义进入了新时代，也是基于当今世界正处于大发展大变革大调整时期。2008 年爆发的国际金融危机，本质上是资本主义经济、制度和价值观的危机。资本主义的危难，就是社会主义的机遇。当今世界格局和国际秩序正处于大变革、大调整时期，世界社会主义和广大发展中国家极有可能处于大发展的前夜。所以，从本质上说，世界的大变革、大调整是相对于资本主义世界而言的，世界的大发展，则是相对于世界上广大发展中国家和世界各国人民而言的。但我们也十分清醒地知道，在实现各国人民的共同利益的道路上，必然还会遇到许多想象不到的困难。正如 2017 年 12 月 1 日习近平总书记在中国共产党与世界政党高层对话会上的主旨讲话中所讲：面对当前局势，"人类有两种选择。一种是，人们为了争权夺利恶性竞争甚至兵戎相见，这很可能带来灾难性危机。另一种是，人们顺应时代发展潮流，齐心协力应对挑战，开展全球性协作，这就将为构建人类命运共同体创造有利条件"①。避免前一种可能的出现，争取后一种可能的实现，这就需要世界各国人民团结一心，充分发挥自己的主观能动性。无产阶级及其政党主观能动性的发挥，充分表现在对其运动指导的正确理论的探寻上。

1962 年 1 月 30 日，毛泽东在《在扩大的中央工作会议上的讲话》中讲到"我们必须准备进行同过去时代的斗争形式有着许多不同特点的伟大的斗争"时说："为了这个事业，我们必须把马克思列宁主义的普遍真理同中国社会主义建设的具体实际、并且同今后世界革命的具体实际，尽可能好一些地结合起来，从实践中一步一步地认识斗争的客观规律。"② 中国是个大国，不仅是世界上最大的发展中国家，而且是最大的社会主义国家；经济规模是世界第二；人口占世界人口的 1/5 强。在我们进行伟大斗争、建设伟大工程、

---

①　习近平：《携手建设更加美好的世界——在中国共产党与世界政党高层对话会上的主旨讲话》，《人民日报》2017 年 12 月 2 日。

②　《建国以来毛泽东文稿》第 10 卷，中央文献出版社 1996 年版，第 32 页。

推进伟大事业、实现伟大梦想的伟大进程中，必然会有力推进马克思主义中国化，创新发展21世纪马克思主义。这就必须要毫不动摇地始终坚持把马克思主义的普遍真理与中国具体实践及当今时代特征相结合。一是始终坚持以马克思主义为指导。习近平总书记明确指出："在坚持马克思主义指导地位这一根本问题上，我们必须坚定不移，任何时候任何情况下都不能有丝毫动摇。"[1] 只有这样，才能不走改旗易帜的邪路。二是必须结合新的实践，勇于进行创新。毛泽东在1959年至1960年初读苏联《政治经济学教科书》时说过一段很重要的话，"马克思这些老祖宗的书，必须读，他们的基本原理必须遵守，这是第一。但是，任何国家的共产党，任何国家的思想界，都要创造新的理论，写出新的著作，产生自己的理论家，来为当前的政治服务，单靠老祖宗是不行的"[2]。总结新的经验，写出新的著作，创造新的理论，才会不走封闭僵化的老路。正因如此，《习近平谈治国理政》、《习近平谈治国理政》第2卷的出版发行，不仅在我们党内和我国社会上，而且在全球都引发了强烈的反响。

毛泽东指出："预见就是预先看到前途趋向。如果没有预见……不叫领导。"[3] 1956年，毛泽东还指出："要使中国变成富强的国家，需要五十到一百年的时光。"[4] 这与习近平总书记所说的实现"两个一百年"的进程大体吻合。资产阶级在历史上有着自己的贡献，在自然科学方面有很多好的预见，但在社会科学方面还是盲目的。只有产生了马克思主义，才对社会发展有了预见，才使人类对社会发展的认识达到了新的阶段。党的十九大新征程蓝图的规划

---

① 《习近平谈治国理政》第2卷，外文出版社2017年版，第33页。
② 《毛泽东文集》第8卷，人民出版社1999年版，第109页。
③ 《毛泽东文集》第3卷，人民出版社1996年版，第394页。
④ 《毛泽东文集》第7卷，人民出版社1999年版，第124页。

就是对中国特色社会主义未来辉煌前景的科学展望。

当今中国和当今世界是一个需要理论而且能够产生新理论的中国与世界，此时蕴含了世界治理中国方案的习近平新时代中国特色社会主义思想应时而生，这就是习近平新时代中国特色社会主义思想的世界意义。

（原载《世界社会主义研究》2018 年第 1 期）

新时代中国特色社会主义对世界社会主义的重大贡献

姜　辉

习近平同志在纪念马克思诞辰 200 周年大会上的讲话中指出，可以告慰马克思的是，马克思主义指引中国成功走上了全面建设社会主义现代化强国的康庄大道，中国共产党人作为马克思主义的忠诚信奉者、坚定实践者，正在为坚持和发展马克思主义而执着努力！中国特色社会主义进入新时代，我们共产党人在理论、实践、制度各方面不断推进马克思主义发展和世界社会主义发展，这是对马克思的最好纪念。

一　习近平新时代中国特色社会主义思想是 21 世纪马克思主义的科学理论形态

恩格斯说过，我们的理论"是一种历史的产物，它在不同的时代具有完全不同的形式，同时具有完全不同的内容"①。一部马克思主义发展史就是马克思、恩格斯以及他们的后继者们不断根据时

①《马克思恩格斯选集》第 4 卷，人民出版社 1995 年版，第 284 页。

代、实践、认识发展而发展的历史，是不断吸收人类历史上一切优秀思想文化成果丰富自己的历史。回顾马克思主义 170 年的发展史可以清楚地看到，不同历史时期的马克思主义代表人物，顺应时代发展、回答时代课题，形成了既一脉相承又独具特色的理论形态。马克思、恩格斯在自由资本主义时代，科学回答资本主义向何处去、人类社会向何处去的时代课题，形成了马克思主义。列宁在垄断资本主义时代，科学回答帝国主义向何处去、无产阶级革命向何处去的时代课题，形成了列宁主义。以毛泽东同志为主要代表的中国共产党人在半殖民地半封建的中国，科学回答中国向何处去、中国革命向何处去的时代课题，形成了毛泽东思想。改革开放以来，几代中国共产党人接续回答建设什么样的社会主义、怎样建设社会主义，建设一个什么样的党、怎样建设党，实现什么样的发展、怎样发展等一系列时代课题，形成了中国特色社会主义理论体系。党的十八大以来，以习近平同志为主要代表的中国共产党人，从理论和实践结合上系统回答新时代坚持和发展什么样的中国特色社会主义、怎样坚持和发展中国特色社会主义这个重大时代课题，形成了习近平新时代中国特色社会主义思想，丰富发展了当代中国马克思主义，科学构建了 21 世纪马克思主义的最新理论形态。

习近平同志指出，我们要坚持用马克思主义观察时代、解读时代、引领时代，用鲜活丰富的当代中国实践来推动马克思主义发展，用宽广视野吸收人类创造的一切优秀文明成果，坚持在改革中守正出新、不断超越自己，在开放中博采众长、不断完善自己，不断深化对共产党执政规律、社会主义建设规律、人类社会发展规律的认识，不断开辟当代中国马克思主义、21 世纪马克思主义新境界！习近平新时代中国特色社会主义思想坚持马克思主义时代性与现实性、世界性与民族性的有机统一，深入思考 21 世纪的时代问题和时代任务，以深远的时代眼光和宽广的世界眼光审视马克思主义创新发展的理论需要与实践需要，是 21 世纪马克思主义创新发展最集中、最丰富、最鲜明的体现。

习近平新时代中国特色社会主义思想，既是马克思主义中国化最新成果，又为 21 世纪马克思主义创新发展做出原创性贡献，充分展现了习近平同志作为伟大马克思主义者勇于创新、善于创新的优秀品格。比如，从对科学社会主义发展创新上看，提出以人民为中心的发展思想，深化了社会主义本质理论；提出我国社会主要矛盾发生历史性转化，发展了社会主义发展阶段理论；推进全面深化改革，提升了社会主义发展动力理论；推进国家治理体系和治理能力现代化，发展了社会主义现代化理论；统筹推进"五位一体"总体布局、协调推进"四个全面"战略布局，完善了社会主义全面发展理论；提出和践行新发展理念，拓展了关于社会主义发展途径和目标的理论；坚持党的全面领导，提出中国共产党领导是中国特色社会主义最本质的特征，丰富发展了马克思主义执政党建设理论；等等。这些具有重大理论意义和鲜明时代意义的新理念新思想新战略，是对科学社会主义的重大创新，同对马克思主义哲学和政治经济学的重大创新一道，共同构成了新时代创新性、系统性、典范性的理论成果，为发展 21 世纪马克思主义做出了原创性贡献。

二 新时代中国特色社会主义成为 21 世纪世界社会主义走向振兴的中流砥柱

习近平同志指出，科学社会主义在中国的成功，对马克思主义、科学社会主义的意义，对世界社会主义的意义，是十分重大的。中国特色社会主义在每个重要历史节点都对世界社会主义发挥了至关重要的历史作用，是21世纪世界社会主义最有作为、最为重要的组成部分。

20世纪80年代末90年代初，东欧剧变、苏联解体，社会主义失败论、历史终结论一度甚嚣尘上，"中国崩溃论"不绝于耳。然而，中国顶住了巨大压力和挑战，成功坚持和发展了社会主义。正如邓小平同志坚定地告诉人们的："只要中国社会主义不倒，社会主义在世界将始终站得住。"中国共产党人带领中国人民开创了中国特色社会主义道路，以实际行动挽救和捍卫了科学社会主义。

21世纪初，国际金融危机引发资本主义大危机。东欧剧变、苏联解体引发的所谓社会主义危机，在短短20年时间里却变为资本主义危机，这应验了列宁所说的生动哲理："历史喜欢作弄人，喜欢同人们开玩笑。本来要到这个房间，结果却走进了另一个房间。"其实，这正是历史在偶然性中为必然性开辟道路的体现。在这个过程中，"历史之手"给我们的惊喜，就是打开了中国特色社会主义这个"看得见风景的房间"。中国发展和振兴了社会主义，成为世界社会主义上空高扬的一面旗帜。

近年来，英、美等主要西方国家出现逆全球化潮流，表明资本主义对世界的驾驭能力显著下降，开始变得力不从心。中国则高扬起继续推进经济全球化的大旗，推动经济全球化朝着更加公正合理的方向发展。正如习近平同志所指出的："20年前甚至15年前，经济全球化的主要推手是美国等西方国家，今天反而是我们被认为是世界上推动贸易和投资自由化便利化的最大旗手，积极主动同西方国家形形色色的保护主义作斗争。"[①] 这深刻说明，新时代中国特色社会主义在推进经济全球化中引领和塑造着21世纪社会主义，

---

① 《习近平谈治国理政》第2卷，人民出版社2017年版，第212页。

具有深远历史意义和重大时代意义。

在为人类对更好社会制度的探索提供中国方案的 21 世纪，以中国共产党为领导核心的中国特色社会主义事业对世界的影响必将越来越大。从一定意义上说，中国特色社会主义代表着世界社会主义的未来。这是中国特色社会主义道路自信、理论自信、制度自信、文化自信的集中体现，也是中国共产党对社会主义事业及人类社会发展与文明进步的历史担当。根据党的十九大描绘的宏伟蓝图，到 21 世纪中叶，中国将全面建成富强民主文明和谐美丽的社会主义现代化强国，成为综合国力和国际影响力领先的国家，中华民族将以更加昂扬的姿态屹立于世界民族之林。新时代中国特色社会主义将以全面发展的巨大成就，成为世界社会主义走向振兴当之无愧的中流砥柱。

三 新时代中国特色社会主义充分体现社会主义制度的优越性

21 世纪，世界社会主义发展振兴的标志性成果之一，就是社会主义赢得比资本主义更广泛的制度优势。当前，资本主义发展的一个突出表现，就是其各种制度变得无效、走向衰败。例如，福山从倡导历史终结论到制度衰败论的变化，表明了资本主义政治制度的衰败；皮凯蒂的《21 世纪资本论》揭示了资本主义经济制度的衰败；还有一些国外理论家揭示了资本主义的价值危机、制度危机、生态危机、体系危机；等等。

进入新时代，中国共产党推进全面深化改革，不断发展和完善中国特色社会主义制度，推进国家治理体系和治理能力现代化，形成了独特的治理优势和制度优势，也为如何治理社会主义社会积累了丰富经验。习近平同志指出："当代中国的伟大社会变革，不是简单延续我国历史文化的母版，不是简单套用马克思主义经典作家设想的模板，不是其他国家社会主义实践的再版，也不是国外现代化发展的翻版，不可能找到现成的教科书。"中国的制度创新是最鲜活的独创版，为发展中国家的制度建设提供了可资借鉴的全新选择，为人类制度文明的发展贡献了中国智慧、中国方案。

中国特色社会主义制度建设的成果，不仅是中国的，也是世界的；不仅为中国社会主义现代化建设、实现民族复兴提供保障，而且为促进人类进步和世界文明发展做出贡献。中国是一个拥有 13 亿多人口的发展中大国，制度建设和创新的每一个重大进步和成就，都会对整个世界产生广泛而深远的影响。邓小平同志充满信心地展望："我们的制度将一天天完善起来，它将吸收我们可以从世界各国吸收的进步因素，成为世界上最好的制度。"[1] 习近平同志掷地有声地指出："随着中国特色社会主义不断发展，我们的制度必将越来越成熟，我国社会主义制度的优越性必将进一步显现，我们的道路必将越走越宽广。"[2] 今天，全党全国人民正在以习近平同志为核心的党中央坚强领导下，以更加饱满坚毅的姿态推动承载着 13 亿多中国人民伟大梦想的中华巨轮继续劈波斩浪、扬帆远航。我们必将书写新时代中国特色社会主义事业的辉煌篇章，也必将开创 21 世纪世界社会主义发展新局面。

（原载《人民日报》2018 年 5 月 22 日）

---

① 《邓小平文选》第 2 卷，人民出版社 1994 年版，第 337 页。
② 《习近平谈治国理政》，外文出版社 2014 年版，第 22 页。

中国特色社会主义开辟社会主义
发展新境界

姜　辉

　　进入 21 世纪，中国共产党带领中国人民继续坚持和发展中国特色社会主义，进行着人类历史上前所未有的宏大而独特的实践创造，取得了举世瞩目的巨大成绩。特别是党的十八大以来，党和国家事业发展取得历史性成就，中国特色社会主义进入了新的发展阶段。这一重大的历史性变化，意味着社会主义在中国焕发出强大生机活力并不断开辟发展新境界。我们怎样认识这种新境界的深刻内涵和历史意蕴？怎样认识中国特色社会主义对 21 世纪社会主义新发展的原创性贡献？怎样认识中国特色社会主义的时代意义和世界意义？这就要求我们从历史和现实、理论和实践、国内和国际的结合上进行深入观察和思考。

一　社会主义发展的三个"七十年"

　　回顾历史，从 19 世纪中叶科学社会主义诞生到 21 世纪中叶，大体上两个世纪的时间，我们可以将其划分为三个大的历史阶段，也就是三个"七十年"：从 1848 年《共产党宣言》发表标志科学社会主义诞生到 1917 年俄国十月革命，是社会主义发展的"第一个七十年"。这一时期的历史任务是促进马克思主义与工人运动相结合，建立工人阶级政党，进行社会主义革命、夺取政权。科学社会主义的发展体现在马克思主义的形成和丰富完善，并在社会主义运动中取得主导地位。

从 1917 年十月革命到 20 世纪 80 年代末东欧剧变、苏联解体，是社会主义发展的第二个历史阶段，也就是第二个"七十年"，主要历史任务是促进马克思主义与各国实际相结合，回答经济文化比较落后的国家建设社会主义、巩固和发展社会主义问题，殖民地半殖民地国家民族解放运动问题，如何从民主革命转变为社会主义革命、建立新的社会制度的问题，以及社会主义改革问题等。科学社会主义的新发展在俄国主要是列宁主义的形成，在中国则是毛泽东思想的形成，以及改革开放时期中国特色社会主义理论体系的开创与初步发展。

从 20 世纪 80 年代末东欧剧变、苏联解体到 21 世纪中叶，是社会主义发展的第三个阶段，也就是"第三个七十年"，主要历史任务是巩固、发展和完善社会主义制度，使社会主义制度的优越性充分体现出来，社会主义的新发展集中体现在中国特色社会主义理论体系的不断创新和发展。21 世纪中叶，正是中国共产党提出的"两个一百年"奋斗目标胜利实现的伟大历史时刻，这必将对世界范围内社会主义的发展具有重要的历史意义、时代意义和世界意义。

邓小平同志这位伟大的战略家曾经预言："我们中国要用本世纪末期的二十年，再加上下个世纪的五十年，共七十年的时间，努力向世界证明社会主义优于资本主义。我们要用发展生产力和科学技术的实践，用精神文明、物质文明建设的实践，证明社会主义制度优于资本主义制度，让发达的资本主义国家的人民认识到，社会主义确实比资本主义好。"① 他还满怀信心地预言："到下世纪中叶，能够接近世界发达国家的水平，那才是大变化。到那时，社会主义中国的分量和作用就不同了，我们就可以对人类有较大的贡献。"②

在中国共产党谋求为人类对更好社会制度的探索提供中国方案的21世纪，习近平总书记以伟大政治家的眼光明确地讲：我们坚信，随着中国特色社会主义不断发展，我们的制度必将越来越成熟，我国社会主义制度的优越性必将进一步显现，我们的道路必将越走越宽广，我国发展道路对世界的影响必将越来越大。这是道路自信、理论自信、制度自信、文化自信的集中体现，也是对社会主义事业及人类社会发展与文明进步的历史担当。在新的历史起点上，我们要认真研究中国特色社会主义与世界社会主义的关系，研究21世纪中国为世界社会主义发展做出新贡献的内容和方式，研究中国特色社会主义道路、理论、制度、文化的世界意义，使科学社会主义在当代中国沃土上结出更多丰硕成果，让科学社会主义在21世纪的中国焕发出新的蓬勃生机。

二 为发展马克思主义做出原创性贡献

马克思主义是开放的、世界性的科学理论体系，是民族性与世界性的统一。21世纪马克思主义的发展，有两种并行的趋势：一是马克思主义本土化、民族化的深入发展；二是马克思主义国际化、世界化的广泛发展。这两种趋势并行不悖，相互促进。马克思主义与各国社会条件和文化传统相结合，形成了具有鲜明民族特色和地区特色的多形态的理论形式，也形成了多样的发展路径和传播渠

① 《邓小平年谱（1975—1997）》（下），中央文献出版社2004年版，第1255页。
② 《邓小平文选》第3卷，人民出版社1993年版，第143页。

道。越是民族的，就越是世界的。世界各国各地区马克思主义的运用与发展，丰富多彩的理论与实践探索，都以不同方式和途径推动着 21 世纪马克思主义的整体发展。正如习近平总书记在中央政治局第四十三次集体学习时的重要讲话中指出的，学习研究当代世界马克思主义思潮，对我们推进马克思主义中国化，发展 21 世纪马克思主义、当代中国马克思主义具有积极作用。

中国共产党在新的发展阶段，继续推进马克思主义中国化、时代化、大众化，继续发展 21 世纪马克思主义、当代中国的马克思主义。一方面，我们立足中国道路、中国理论、中国制度、中国文化，着眼于解决中国问题，在中国实践中形成中国理论，继续深入推进马克思主义的中国化和民族化。另一方面，马克思主义中国化不等于囿于本国，强调民族性并不是要排斥其他国家的理论成果。我们以世界眼光审视马克思主义在当代发展的理论需要与实践需要，以世界各国各地区的马克思主义为重要参照，不断拓展马克思主义中国化的"世界维度"和"国际视野"，在世界马克思主义发展的大背景、大视野中，更加自觉地推动马克思主义中国化进程。要立足我国实际，以我们正在做的事情为中心，聆听人民心声，回应现实需要，深入总结中国特色社会主义实践，更好实现马克思主义基本原理同当代中国具体实际相结合，同时也要放宽视野，吸收人类文明一切有益成果，不断创新和发展马克思主义。

马克思主义中国化取得的每个新成果，都丰富了 21 世纪马克思主义的理论宝库。习近平总书记指出："解决好民族性问题，就有更强能力去解决世界性问题；把中国实践总结好，就有更强能力为解决世界性问题提供思路和办法。"① 中国共产党人根据当今时代

———————

① 习近平：《在哲学社会科学座谈会上的讲话》，《人民日报》2016 年 5 月 19 日第 3 版。

人类社会发展的新形势、新特点、新问题，立足中国，面向世界，把中国发展和世界各国发展有机结合，既坚定不移地走中国特色社会主义道路，又把握历史大势，遵循人类社会发展规律，同时向人类社会提供丰盈鲜活的"中国智慧""中国经验""中国方案"，以中国发展理念与实践引领塑造人类社会发展新未来。

特别是党的十八大以来，以习近平同志为核心的党中央治国理政新理念新思想新战略，既是马克思主义中国化最新成果，又为马克思主义的创新发展做出了原创性贡献，是 21 世纪马克思主义创新发展最集中、最丰富、最现实的体现。如"四个全面"战略布局，创新、协调、绿色、开放、共享的"五大发展理念"，和平合作、互利共赢的外交理念，推动全球治理体系变革、构建"人类命运共同体"的世界理念等，都具有普遍意义和世界意义。正如习总书记明确指出的：中华人民共和国成立以来特别是改革开放以来，中国发生了深刻变革，置身这一历史巨变之中的中国人更有资格、更有能力揭示这其中所蕴含的历史经验和发展规律，为发展马克思主义做出中国的原创性贡献。把中国化马克思主义的最新成果贡献给世界，积极推动和引领 21 世纪马克思主义的发展，是中国共产党作为世界上最大的马克思主义执政党对人类社会发展规律认识的进一步深化、自觉运用和把握，是对发展创新 21 世纪马克思主义的高度理论自觉和理论自信。

三 中国成为引领社会主义振兴的旗帜

当前，世界处于大变革大调整大转型时期，资本主义和社会主义都经历着巨大的变化。这是重新思考和研究资本主义和社会主义这样的大问题的时刻，也是从世界社会主义发展的大背景下思考和研究中国特色社会主义的时候。近 30 年来，经过东欧剧变、苏联解体以及资本主义危机、全球化发生波折等重要变化节点的重大历史事件，世界社会主义与世界资本主义竞争对比态势正发生重大变化。世界资本主义在其发展的长周期中开始进入了一轮规模较大的衰退期，而世界社会主义总体上仍然处于东欧剧变、苏联解体之后的低潮，但以中国特色社会主义发展取得的巨大成就为主要依托和标志，世界社会主义进入逐渐走出低谷的谋求振兴期。中国已成为 21 世纪世界社会主义发展的标志性旗帜，引领示范作用在不断上升，中国特色社会主义已经成为 21 世纪世界社会主义走向振兴的中流砥柱，成为代表世界社会主义运动发展的新水平、新内容、具有里程碑意义的参照系。

21 世纪世界社会主义发展振兴的重要标志性成果，是社会主义制度赢得比资本主义制度更广泛的制度优势。当前，以中国为代表的社会主义制度创新与西方资本主义国家的制度衰败形成鲜明对照。21 世纪初资本主义危机的一个最为集中、最为突出的表现，就是资本主义制度的无效和衰败。福山从倡导"历史终结论"到资本主义"制度衰败论"，表明了资本主义政治制度的衰败失灵；皮凯蒂发表《21 世纪资本论》，论述了资本主义经济制度的衰败失灵；还有许多西方理论家以各种方式述说着资本主义民主、自由、平等这些长期以来被视为"永恒法则"的价值信条的虚幻与破灭。因而在 21 世纪中叶，历史主题和中心任务就是在社会制度方面赢得比资本主义制度更广泛的优势，在现实生活中真切而充分地展现社会主义制度的巨大优越性。

今天，中国共产党全面深化改革，不断发展和完善中国特色社会主义制度，为党和国家事业发展、为人民幸福安康、为社会和谐稳定、为国家长治久安提供一整套更完备、更稳定、更管用的制度体系，不断提高运用中国特色社会主义制度有效治理国家的能力。我们党根据本国传统、现实国情和长期治理经验，创造性地推进治国理政事业，创造了不同于历史上其他社会主义国家的治理模式，也不同于西方资本主义国家的治理模式，形成了自身的独特优势和独创模式，为解决社会主义发展历史上"如何治理社会主义社会"的课题提供了成功答案和崭新经验。

21世纪初，中国以自己发展的力量与走近世界舞台中心的国际地位，客观上成为世界社会主义发展振兴的引领旗帜。从"中国之治"与"西方之乱"的鲜明对比中，我们看到中国特色社会主义的发展"风景这边独好"。一些具有历史眼光的国外学者敏锐地观察到中国特色社会主义在21世纪世界社会主义运动发展新阶段的重要地位和作用。尽管他们观察和分析问题的角度、得出的结论或许与我们不同，但他们的世界眼光和对历史趋势的预断对我们具有启示价值。

20多年前，邓小平同志在东欧剧变、苏联解体之际曾坚定而乐观地说："只要中国社会主义不倒，社会主义在世界将始终站得住。"① 站在新的历史起点上，我们完全可以说，只要中国特色社会主义发展得好，建成富强民主文明和谐的社会主义现代化国家，使世界上五分之一的人在社会主义制度下过上更加美好的生活，那么社会主义制度的优越性就会充分地显现出来，这本身就是对世界社会主义新发展的巨大历史贡献，也是对人类发展和文明进步的巨大贡献。

（原载参考消息网2017年10月12日）

---

① 《邓小平文选》第3卷，人民出版社1993年版，第346页。

21世纪中国特色社会主义的世界意义

姜 辉

进入 21 世纪以来，当代世界和当代中国都发生了深刻而重大的变化，我们面对的是百年未遇之大变局。中国与世界的关系也发生了根本性变化，今天的中国，前所未有地走到世界舞台的中心，前所未有地接近实现中华民族伟大复兴的目标，前所未有地具有实现这个目标的能力和信心。在这样的大背景下，我们坚持和发展中国特色社会主义，必须具有世界眼光，必须培育世界胸怀，必须做出世界贡献。毛泽东同志在 1921 年谈"改造中国与世界"时，就豪迈大气地指出："提出'世界'，所以明吾侪的主张是国际的；提出'中国'，所以明吾侪的下手处。""中国问题本来是世界的问题，然从事中国改造不着眼及于世界改造，则所改造必为狭义，必妨碍世界。"① 近百年后，在中国真正走近世界舞台中心的历史时刻，习近平总书记明确地表达了同样的思想，同样豪迈自信地提出"为人类对更好社会制度的探索提供中国方案"。我们今天必须从这样的高度来看待中国特色社会主义的世界意义。

---

① 《毛泽东文集》第 1 卷，人民出版社 1993 年版，第 1 页。

一 开辟科学社会主义在 21 世纪新发展的正确道路

从《共产党宣言》问世到现在，科学社会主义在近 170 年的历史发展中，每在时代巨变和历史转折的时刻，都出现里程碑式的理论与实践飞跃，从而开拓世界社会主义发展的新局面。在历史长河中，社会主义经历了从空想到科学，从理论到现实，从一国到多国，从兴盛到挫折，21 世纪初又从逐渐走出低谷到谋求振兴。中国特色社会主义是世界社会主义的重要组成部分，成为 21 世纪科学社会主义新发展的引领旗帜，成为世界社会主义的中流砥柱。中国共产党作为世界上最大的马克思主义执政党，中国作为世界上最大的社会主义国家，完全有责任、有信心、有能力为科学社会主义在 21 世纪的新发展做出重大的历史贡献。习近平总书记指出，中国共产党带领全国各族人民取得的伟大胜利，"使具有 500 年历史的社会主义主张在世界上人口最多的国家成功开辟出具有高度现实性和可行性的正确道路，让科学社会主义在 21 世纪焕发出新的蓬勃生机"[①]。从历史上看，世界社会主义运动在不同历史时期有不同的"参照系"：在 19 世纪，世界社会主义运动的参照系是德国，主要历史任务是社会主义理论的形成发展与社会主义运动的开展；在 20 世纪，世界社会主义运动的参照系是俄国，主要历史任务是社会主义革命与政权建立、社会主义制度建立与巩固；到了 21 世纪，世界社会主义的参照系转为中国，主要历史任务是全面改革与社会主义制度的发展和完善，社会主义制度优越性的真正确立。中国特色社会主义就是 21 世纪世界社会主义振兴的重要载体和推动力量。

---

① 习近平：《在庆祝中国共产党成立 95 周年大会上的讲话》，人民出版社 2016 年版，第 4 页。

大体上，从科学社会主义诞生到 21 世纪中叶，我们可以用三个"七十年"来划分：从 1848 年《共产党宣言》发表标志科学社会主义诞生到 1917 年俄国十月革命，是科学社会主义发展的第一个七十年。这一时期，科学社会主义理论指导的主要任务是促进马克思主义与工人运动相结合，建立工人阶级政党，进行社会主义革命、夺取政权。科学社会主义的发展体现在马克思主义形成和丰富完善，并在社会主义运动中取得主导地位。从 1917 年十月革命到 20 世纪 80 年代末东欧剧变、苏联解体，是科学社会主义发展的第二个七十年，主要历史任务是促进马克思主义与各国实际相结合，回答经济文化比较落后的国家建设社会主义、巩固和发展社会主义问题，殖民地半殖民地国家民族解放运动问题，如何从民主革命转变为社会主义革命建立新的社会制度的问题，以及社会主义改革等问题。科学社会主义的新发展主要体现在列宁主义的形成，在中国是马克思主义中国化的第一个理论成果即毛泽东思想的形成，以及改革开放过程中中国特色社会主义理论体系的开创与初步发展。第三个七十年，就是从 20 世纪 80 年代末东欧剧变、苏联解体到 21 世纪中叶，这个阶段科学社会主义的新发展，就是通过新一轮全面深化改革实现社会主义制度更加成熟更加定型，使社会主义制度的优越性更加充分地体现出来，社会主义自我完善和发展达到一个新的水平，科学社会主义的新发展集中体现在中国特色社会主义理论的创新和发展。21 世纪中叶，正是我们党提出的"两个一百年"奋斗目标胜利实现的伟大历史时刻，这必将对科学社会主义第三个七十年的发展具有重要的历史意义。邓小平同志关于第三个"七十年"有深远的预见："我们中国要用本世纪末期的二十年，再加上下个世纪的五十年，共七十年的时间，努力向世界证明社会主义优于资本主义。我们要用发展生产力和科学技术的实践，用精神文明、物质文明建设的实践，证明社会主义制度优于资本主义制度，让发达资本主义国家的人民认识到，社会主义确实比资本主义好。"① 习近平总书记表达了同样的思想和信心："我们坚信，随着中国特色社会主义不断发展，我们的制度必将越来越成熟，我国社会主义制度的优越性必将进一步显现，我们的道路必将越走越宽广，我国发展道路对世界的影响必将越来越大。"② 所以，我们要从继续开辟科学社会主义在 21 世纪发展的高度现实性和可行性的正确道路的高度，来认识中国特色社会主义的重大世界意义。

二 创造性回答"如何治理社会主义社会"的历史课题

党的十八大以来，我们党围绕治国理政这条主线，创造性地回答了"什么是治理社会主义社会，怎样治理社会主义社会"的问题，进一步深化了对治国理政规律的认识。习近平总书记说："实际上，怎样治理社会主义社会这样全新的社会，在以往的世界社会主义中没有解决得很好。"马克思、恩格斯没有遇到全面治理一个社会主义国家的实践；列宁在俄国十月革命后不久就过世了，没有来得及深入探索这个问题；苏联在这个问题上进行了探索，取得了一些实践经验，但也犯下了严重错误，没有解决这个问题。邓小平同志曾带着强烈的忧患意识和紧迫感指出："我们今天再不健全社会主义制度，人们就会说，为什么资本主义制度所能解决的一些问题，社会主义制度反而不能解决呢？这种比较方法虽然不全面，但

① 《邓小平文选》第 3 卷，人民出版社 1993 年版，第 143 页。
② 《习近平谈治国理政》，外文出版社 2014 年版，第 22 页。

是我们不能因此而不加以重视。"① 从我们党治国理政历史的承继发展看，治理社会主义社会的历史实践已经走过了不平凡的历史进程。在以往的社会主义实践中，主要的历史任务是建立社会主义基本制度，并在这个基础上进行改革，现在已经有了很好的基础。今天就是在新的历史起点上把以往世界社会主义实践中"没有解决得很好"的问题进一步解决好，以治国理政的成功充分证明社会主义制度的优越性。正如习近平总书记指出的："这就要靠通过不断改革创新，使中国特色社会主义在解放和发展社会生产力、解放和增强社会活力、促进人的全面发展上比资本主义制度更有效率，更能激发全体人民的积极性、主动性、创造性，更能为社会发展提供有利条件，更能在竞争中赢得比较优势，把中国特色社会主义制度的优越性充分体现出来。"②

中国特色社会主义制度是特色鲜明、富有效率的，但还不是尽善尽美、成熟定型的。今天，我们党治国理政的一项重大历史任务，就是推动中国特色社会主义制度更加成熟、更加定型，为党和国家事业发展、为人民幸福安康、为社会和谐稳定、为国家长治久安提供一整套更完备、更稳定、更管用的制度体系，不断提高运用中国特色社会主义制度有效治理国家的能力。党的十八大以来，我们党根据本国传统、现实国情和长期治理经验，创造性地推进治国理政事业，形成了治国理政新理念新思想新战略，创造了不同于历史上其他社会主义国家的治理模式，也不同于西方资本主义国家的治理模式，形成了与西方社会治理对比明显的独特优势，也为如何治理社会主义社会提供了成功经验，这是我们党在新的历史时期治国理政的根本特征和重要创新。当今世界出现了"中国之治"与

---

①　《邓小平文选》第 2 卷，人民出版社 1994 年版，第 333 页。
②　《习近平谈治国理政》，外文出版社 2014 年版，第 93 页。

"西方之乱"的鲜明对照，这也从一个方面反映了我们党对治国理政规律认识的进一步深化，反映了运用中国特色社会主义制度治理国家的有效性、优越性。如果说以往我们更多地从理论上根据历史规律来阐释社会主义制度的优越性，那么21世纪我们则必须运用高于和好于资本主义制度的经济效率和治国理政能力，来真真切切地展现社会主义制度的优越性，这是中国特色社会主义对人类社会发展和制度文明做出的巨大历史贡献。

三　为人类发展开辟一条现代化新路

实现中华民族伟大复兴，就是实现社会主义现代化，建设富强、民主、文明、和谐的社会主义现代化国家。我们党围绕实现中华民族伟大复兴中国梦的目标，形成了建设社会主义现代化强国的理论，进一步深化了对社会主义现代化建设规律的认识，为世界提供了一条不同于西方现代化的新路，为广大发展中国家提供了另一条值得借鉴的成功发展之路。

世界各个国家和地区，不论其历史传统、社会制度、发展水平如何，都不可避免地、或早或晚地走上现代化道路。但现代化之路往哪个方向走、如何走，却有很大不同。在历史上，西方国家在现代化道路先行一步，其成功经验和积极成果是对人类发展的重要贡献。但据此认为西方道路是实现现代化的唯一正确可行之路、普世之路，其他国家别无选择、必须亦步亦趋地跟随，则是错误的。况且，西方现代化道路有着固有的矛盾弊端、制度局限、历史局限。可以说2008年以来的金融危机，也是西方现代化的危机，现在的诸种"西方乱象"，贫富差距悬殊、难民危机、民粹主义泛滥、恐怖主义猖獗、逆全球化和反全球化趋势等，都标志着西方现代化弊端重生，走入死胡同。一些亦步亦趋地沿着西方现代化模式和西方提供的方案谋求发展的国家，有的陷入了"中等收入陷阱"而长期停滞，有的则成为依附于"中心国家"且受支配的"外围国家"而丧失了国家独立性，有的则在诸如"华盛顿共识"那样的方案引诱下或"结构性调整计划"的猛药"医治"下而陷入破产，有的在"颜色革命"中陷入政治动荡和国家分裂。历史和现实都表明，人类发展迫切呼唤一条不同于西方现代化的另一条新道路。

中国共产党人立足国情和历史传统，汲取世界各国各地区现代化道路的经验，借鉴但不照搬，走出了一条独特的现代化之路。习近平总书记指出："中国有 960 多万平方公里土地、56 个民族，我们能照谁的模式办？谁又能指手画脚告诉我们该怎么办？对丰富多彩的世界，我们应该秉持兼容并蓄的态度，虚心学习他人的好东西，在独立自主的立场上把他人的好东西加以消化吸收，化成我们自己的好东西，但决不能囫囵吞枣、决不能邯郸学步。"中国开辟的以民族复兴为目标的社会主义现代化道路，超越了西方的现代化模式，打破了发展中国家对西方现代化的"路径依赖"，以开拓创新的勇气和坚忍不拔的毅力把现代化"后发劣势"转化为"后发优势"，走出一条包括经济现代化、政治现代化、文化现代化、社会现代化、国家治理现代化等在内的全面现代化道路。正如习近平总书记所说："当代中国的伟大社会变革，不是简单延续我国历史文化的母版，不是简单套用马克思主义经典作家设想的模板，不是其他国家社会主义实践的再版，也不是国外现代化发展的翻版。"① 中国的社会主义现代化道路，是符合中国当今实际的最鲜活的独创版和现实版。习近平总书记系列重要讲话，深刻阐明了社会主义现

---

① 习近平：《在哲学社会科学工作座谈会上的讲话》，人民出版社 2016 年版，第 21 页。

代化的必由之路、发展蓝图、总体布局、战略布局、发展理念和根本保障，是建设社会主义现代化强国的科学指南，为在新的历史条件下把社会主义中国建设好、发展好，由一个发展中的社会主义大国向一个社会主义现代化强国转变，提供了基本遵循。邓小平曾经说，我们的改革不仅在中国，而且在国际范围内也是一种试验，我们相信会成功。如果成功了，可以对世界上的社会主义事业和不发达国家的发展提供某些经验。今天，中国开创的新的现代化道路具有普遍性和世界意义，为广大发展中国家提供了现代化新道路的先导榜样和丰富经验。

四　为人类社会发展提供"中国方案"

进入 21 世纪，中国的发展与人类社会的发展更加紧密地联系在一起，中国发展道路的探索创新同时也在为人类社会发展提供新智慧、新经验。我们党着眼于中国日益走近世界舞台中心的新阶段新形势，致力于为人类对更好社会制度的探索提供中国方案，创造性地回答"人类社会向何处发展、怎样发展"的重大问题，在人类社会发展趋势、发展目标、发展道路等方面，在人类社会中建立更为合理的各种关系方面都提出了新理念和新思想，从而深化了对人类社会发展规律的认识。

当今世界处于百年来未有之大变局中。有人说是"混乱时代""无序时代"，有人说是"战国时代"，有人说是"后西方时代"，有人说是"中国时代"。的确，这个世界充满了不确定性，反常、不确定、逆主流成了"新常态"。"美国优先"、英国脱欧、美国与欧洲的新矛盾新冲突等，说明西方的分裂和撕裂，危机之时"各扫门前雪"，"大难临头各自飞"，充分暴露了帝国资本主义集团的本性与内部矛盾。西方金融寡头和国家为追求超额资本利润曾积极推动自己主导的经济全球化，而今同样为了各自经济利益和国家利益而"关门建墙"，逆全球化潮流而动，实行贸易保护主义政策。整个世界无序失序、充满极大的不确定性。世界向何处去？人类走向何方？许多国际政治家和战略家都陷入焦虑、彷徨和迷惘之中。

在世界深刻复杂的大变局和变动不居的大动荡中，很多人把目光投向中国，中国成为"世界新领导者"也成为国际热议的话题。中国作为负责任的大国，发出了"中国应该对人类社会有更大的贡献，更大的担当"的时代强音，提出"让和平的薪火世代相传，让发展的动力源源不断，让文明的光芒熠熠生辉"的美好蓝图。中国共产党人根据当今时代人类社会发展的新形势、新特点、新问题，立足中国，面向世界，把中国发展和世界各国发展有机结合，既坚定不移地走中国特色社会主义道路，又把握历史大势，遵循人类社会发展规律，同时向人类社会提供丰盈鲜活的"中国智慧""中国经验""中国方案"，以中国发展理念与实践引领塑造人类社会发展新未来。习近平总书记指出："解决好民族性问题，就有更强能力去解决世界性问题；把中国实践总结好，就有更强能力为解决世界性问题提供思路和办法。"[①] 坚持中国发展和人类社会发展的有机统一，提出促进人类社会繁荣发展的新理念。建设"一带一路"、组建亚投行和金砖银行，推动建设国际政治经济新秩序，积极参与全球经济治理、引导全球经济议程等。中国发展遵循"五大发展理念"，也为人类社会发展贡献"科学发展、和平发展、包容发展、共赢发展"的新理念。倡导构建人类命运共同体，提出国际秩序新

---

① 习近平：《在哲学社会科学工作座谈会上的讲话》，人民出版社 2016 年版，第 22 页。

原则和人类社会关系新愿景，是我们党对当今时代"建设一个什么样的世界、如何建设这个世界"的创造性回答，其根本目的就是让世界更美好，让人民更幸福。总之，"世界好，中国才能好；中国好，世界才更好"。

（原载《福建日报》2017 年 6 月 6 日）

习近平新时代中国特色社会主义思想开辟国际共产主义运动新境界

吕薇洲

中国共产党第十九次全国代表大会立足时代和全局，着眼中国特色社会主义长远发展，将习近平新时代中国特色社会主义思想确立为中国共产党的指导思想和行动指南，实现了马克思主义基本原理与中国具体实际相结合的新飞跃。习近平新时代中国特色社会主义思想是对国际共产主义运动指导思想——科学社会主义的丰富发展，它以全新的视野，深化了对共产党执政规律、社会主义建设规律、人类社会发展规律的认识，在马克思主义发展史、国际共产主义运动发展史上，具有极其重要的历史地位。在习近平新时代中国特色社会主义思想的指导下，中国特色社会主义取得了全方位、开创性的历史成就和深层次、根本性的历史变革，正在铸造新辉煌，并将推动国际共产主义运动开辟新境界。

一 发展科学社会主义理论，展现国际共运指导思想的生命力

国际共产主义运动的健康发展一刻也离不开科学社会主义理论

的指导推动，正如列宁所说，"没有革命的理论，就不会有革命的运动"①。170 年前《共产党宣言》的发表，使社会主义理论实现了从空想到科学的发展，为全世界的无产者带来了希望、指明了方向，进而推动各国工人运动由零星、自发转向大规模、有组织。随着科学社会主义理论的广泛传播，国际共产主义运动在世界各国迅猛展开。20 世纪的国际共产主义运动史，既见证了社会主义从理论到制度、从一国到多国的辉煌，亦遭遇了东欧剧变、苏联解体的曲折。

国际共产主义运动正反两方面的经验带来两个深刻启迪：其一，科学社会主义基本原则不能丢，丢了就不是社会主义；共产主义的远大理想和最终目标不能忘，忘了就会得"软骨病"。其二，科学社会主义不是教条，而是方法和指南，需要结合时代特征和本国国情创造性地运用和发展。正如习近平总书记反复强调的："中国特色社会主义，是科学社会主义理论逻辑和中国社会发展历史逻辑的辩证统一，是根植于中国大地、反映中国人民意愿、适应中国和时代发展进步要求的科学社会主义。"②

作为 21 世纪马克思主义中国化的最新成果，习近平新时代中国特色社会主义思想在历史、理论、实践、制度四者之间的联系互动中形成，它既源于对科学社会主义的继承发展，也源于对苏联社会主义旧模式的反思超越；既是基于对时代脉搏的准确把握，也是基于对中国国情的深刻洞悉。

习近平新时代中国特色社会主义思想与科学社会主义一脉相承、与时俱进的显著特点，它对科学社会主义的丰富发展，集中表

---

① 《列宁选集》第 1 卷，人民出版社 1995 年版，第 311 页。
② 习近平：《毫不动摇坚持和发展中国特色社会主义　在实践中不断有所发现有所创造有所前进》，《人民日报》2013 年 1 月 6 日。

现在以下两个方面：一是在方法上，它切实遵循《共产党宣言》中提出的"随时随地都要以当时的历史条件为转移"①的根本要求，针对我国社会主要矛盾发生变化、国际环境发生重大改变的新形势新任务，从理论渊源、历史根据、本质特征、独特优势、强大生命力等多方位多角度，系统回答了"坚持和发展什么样的中国特色社会主义、怎样坚持和发展中国特色社会主义"这一重大时代课题，是对马克思列宁主义、毛泽东思想、邓小平理论、"三个代表"重要思想、科学发展观的继承和发展，是中国特色社会主义理论体系的重要组成部分；二是在内容上，习近平新时代中国特色社会主义思想以马克思主义为指导，着眼于新的实际和新的发展，着眼于解决当代中国的实际问题，从保障我国各族人民共享发展成果的制度设计、巩固党的执政地位、坚持社会主义制度的战略高度出发，以"八个明确"和"十四个坚持"，深化了对社会主义发展阶段和中国特色社会主义总目标、总任务的认识。对中国特色社会主义的总体布局、战略布局和发展方向、发展方式、发展动力、战略步骤、外部条件、政治保证等基本问题做出了精辟的理论分析和科学的政策指导，从而丰富和发展了马克思主义，把对科学社会主义的认识提高到新的科学水平。

作为马克思主义中国化的最新理论成果，习近平新时代中国特色社会主义思想涵盖改革发展稳定、内政外交国防、治党治国治军等各个领域、各个方面，内涵丰富、思想深邃、系统完善，它既坚持了科学社会主义的基本原则，又增添了许多符合时代特点和中国实际的崭新内容，既破除了对科学社会主义基本原则的教条式理解，又抵制了抛弃社会主义基本制度的错误主张，深化和丰富了对

①《马克思恩格斯文集》第2卷，人民出版社2009年版，第5页。

社会主义建设规律的认识，把中国共产党对社会主义的认识提高到了一个新的科学水平。尤其是在对社会主义发展阶段的判定、对社会主义本质特征的认识、对社会主义发展战略的调整、对当代中国社会主要矛盾变化的把握、对社会主义发展理念的创新、对社会主义经济、政治、文化、社会、生态发展的部署等问题上，都把科学社会主义大大向前推进了一步。可以说，习近平新时代中国特色社会主义思想是中国共产党人在新的历史起点上续写的科学社会主义新篇章，是中国人民为实现中华民族伟大复兴而奋斗的行动指南，充分展现出国际共产主义运动指导思想——马克思主义的真理力量和科学社会主义的强大生命力。

二 开启社会主义建设新征程，展现社会主义制度的优越性

马克思主义经典作家曾针对资本主义制度的弊端，论述了社会主义制度的比较优势，绘制了未来理想社会的宏伟蓝图。但在现实中，社会主义并未像马克思、恩格斯设想的那样在西欧北美发达国家取胜，而是在一些经济文化落后国家建立。如何进行社会主义建设、怎样治理社会主义社会、如何完善社会主义制度，并使之在与资本主义的竞争中赢得优势，自然就成为一个全新的重大课题。

20 世纪 70 年代末，中国共产党审时度势，带领中国人民果断实行改革开放，成功开辟了中国特色社会主义道路，稳定解决了十几亿人的温饱问题。进入 21 世纪，时代变化和中国发展的广度与深度都远远超出了马克思主义经典作家当时的想象，中国共产党以问题为导向，坚持运用马克思主义基本原理探究中国面对的各种理论和实践问题。特别是党的十八大以来，以习近平同志为核心的党

中央，准确把握进入新世纪新阶段后的世界大势和我国的发展变化，积极顺应人民过上更好生活的新期待，以巨大的政治勇气和强烈的责任担当，提出了一系列具有战略性、前瞻性、创造性的新理念新思想新战略，出台了一系列重大方针政策，推出了一系列重大举措，推进了一系列重大工作，解决了许多长期想解决而没有解决的难题，办成了许多过去想办而没有办成的大事，推动党和国家事业发生历史性变革，取得了改革开放和社会主义现代化建设的历史性成就。在全球性问题层出不穷、世界各国经济普遍低迷的情况下，中国国内生产总值保持年均增长 7.2%，突破 80 万亿元，稳居世界第二，对世界经济增长的平均贡献率超过 30%；高速铁路里程突破 2.2 万公里，位居世界第一；国家外汇储备超过 3 万亿美元，继续保持世界首位。中国成为世界经济的"稳定之锚"和"重要引擎"。

上述发展成就的取得，与习近平新时代中国特色社会主义思想的理论指引密不可分，与中国共产党反复强调的三个"一以贯之"[①] 密不可分，更与中国特色社会主义的制度优势密不可分。正如习近平总书记强调指出的："中国特色社会主义制度是当代中国发展进步的根本制度保障，是具有鲜明中国特色、明显制度优势、强大自我完善能力的先进制度。"[②]

习近平新时代中国特色社会主义思想是实现中华民族伟大复兴的指导思想和行动指南，它不仅使科学社会主义理论在 21 世纪焕发出生机活力，也使社会主义制度的优越性得到了充分彰显。其优势突出表现为：其一，坚持人民中心不偏离，注重人民的主体地位

[①] 即一以贯之地坚持和发展中国特色社会主义，一以贯之地推进党的建设新的伟大工程，一以贯之地增强忧患意识、防范风险挑战。

[②] 《习近平谈治国理政》第 2 卷，外文出版社 2017 年版，第 36 页。

和创造活力。"无产阶级的运动是绝大多数人的，为绝大多数人谋利益的独立的运动。"① 中国共产党自建党之日起，就把为人民服务确立为自己的宗旨。中国特色社会主义的各项制度（无论是人民代表大会制度这个根本政治制度，还是公有制为主体、多种所有制经济共同发展的基本经济制度和按劳分配为主体、多种分配方式并存的分配制度），都以保障人民主体地位为核心，以实现好维护好发展好最广大人民的根本利益为目标，并由此赢得了广大人民的支持和认可。"全面建成小康社会，一个也不能少；共同富裕路上，一个也不能掉队"② 的庄严承诺，再度彰显了中国共产党为人民谋幸福的初心使命。其二，坚持党的领导不动摇，加强党的全面领导和科学决策。办好中国的事情，关键在于坚持党的领导，发挥党总揽全局、协调各方的领导核心作用。中国共产党的领导是中国特色社会主义最本质的特征，是中国特色社会主义制度的最大优势。正是因为始终坚持从严管党治党，不断提高党把握方向、谋划全局、提出战略、制定政策、推进改革的能力，中国共产党才得以领导全中国人民不断开创宏图伟业。党的十八大以来，党的领导核心作用不断增强，为夺取全面建成小康社会决胜阶段的伟大胜利，提供了更加坚强有力的保障。其三，坚定理想信念不放松，把践行共同理想和坚定远大理想统一起来。中国共产党一经成立，就把为社会主义、共产主义而奋斗作为自己的远大理想和最终目标。中国共产党人的理想信念，建立在马克思主义科学真理的基础之上。坚定马克思主义信仰，是中国共产党的独特政治优势，更是中国共产党的鲜明政治品格。马克思主义信仰、共产主义理想是共产党人的灵魂命脉和精神支柱，是战胜困难、夺取胜利的力量源泉，也是一代代共

---

① 《马克思恩格斯文集》第 2 卷，人民出版社 2009 年版，第 42 页。
② 《共同富裕路上 一个不能掉队》，《人民日报》2017 年 10 月 27 日。

产党人为之英勇奋斗的目标。

进入新时代的中国特色社会主义把"决胜全面建成小康社会、进而全面建设社会主义现代化强国"作为新的目标要求，并绘制出了新的"两步走"的奋斗蓝图，即从2020年到2035年，奋斗十五年，基本实现社会主义现代化。从2035年到21世纪中叶，再奋斗十五年，把我国建成富强民主文明和谐美丽的社会主义现代化强国。习近平新时代中国特色社会主义思想指导下社会主义强国建设新征程的开启，必将进一步彰显科学社会主义理论和中国特色社会主义制度巨大的优越性。

三 引领中国特色社会主义新时代， 开辟国际共运新境界

习近平新时代中国特色社会主义思想指引下的当代中国共产党人和中国人民，谱写了中华民族自强不息、顽强奋进新的壮丽史诗。它不仅使科学社会主义在960多万平方公里的中国大地上焕发出新的蓬勃生机，使近代以来久经磨难的中华民族大踏步赶上时代前进潮流、迎来伟大复兴的光明前景，而且扩大了社会主义理念在当代文明中的影响力和感召力，为人类文明前景提供了理念、制度、道路和发展模式的全新选择。正如党的十九大报告指出的：中国特色社会主义进入新时代"意味着科学社会主义在二十一世纪的中国焕发出强大生机活力，在世界上高高举起了中国特色社会主义伟大旗帜"①。

今天的社会主义中国，经过40年改革开放取得了巨大的发展

---

① 习近平：《决胜全面建成小康社会　夺取新时代中国特色社会主义伟大胜利——在中国共产党第十九次全国代表大会上的报告》，人民出版社2017年版，第10页。

成就，不仅诠释了社会主义从单一模式到多样化发展的重要性和必要性，为人类对更好的社会制度的探索提供了一种全新的选择，而且改变了当今世界社会主义与资本主义力量对比关系严重失衡的局面，使人们看到了 21 世纪世界社会主义振兴的希望。习近平新时代中国特色社会主义思想引领下的当代中国，在开启中国特色社会主义新时代的同时，也开启了国际共产主义运动新境界。

首先，作为当今世界上最大的社会主义国家，中国坚守着科学社会主义的阵地，成功走出了一条独具特色的发展道路，极大地鼓舞了国外共产党及左翼力量的发展，为 21 世纪国际共产主义运动的发展注入勃勃生机。作为国际共产主义运动的重要组成部分，中国特色社会主义成为国际共产主义运动走出低谷、步入复兴的起点，起到了示范和发展社会主义的作用。

其次，中国特色社会主义道路、理论、制度、文化的不断发展，拓展了发展中国家走向现代化的途径，给世界上那些既希望加快发展又希望保持自身独立性的国家和民族提供了一种经验蓝本。许多社会主义国家和发展中国家，在探索具有自身特点的发展道路时，都将中国特色社会主义的社会发展模式和理论指导思想作为参照范式。乌拉圭《共和国报》主编卡拉瓦哈尔指出："中国的发展成就坚定了乌拉圭自主发展的信心，因为中国已经为人们展现了另一种现代化道路的可行性。"[1]

再次，习近平新时代中国特色社会主义思想引领下的中国特色社会主义，顺应和平、发展、合作、共赢的时代潮流，提出了构建人类命运共同体的主张，体现了中国将自身发展同世界共同发展相统一的全球视野、世界胸怀和大国担当。实践人类命运共同体理念

---

[1] 《记者札记：外国记者解码"中国成功学"》，新华网（http://www.xinhuanet.com/politics/19cpcnc/2017 – 10/20/c_ 1121833583. htm）。

的"一带一路"倡议，已得到百余个国家和国际组织的普遍认可和积极响应，引发了国际社会的广泛关注。英国子午线制作公司承制的电视纪录片《中国：习近平时代》，通过采访多位国际知名专家学者，深入解读中国发展道路和发展理念对世界的启示。美国《纽约时报》专栏作家托马斯·弗里德曼（Thomas L. Friedman）甚至提出，希望美国能试行一天中国的制度，表达了对中国制度优势的羡慕。

当前，习近平新时代中国特色社会主义思想引领下的中国共产党，正以强烈的历史担当，书写着共产主义崇高理想的新篇章，习近平新时代中国特色社会主义思想指导下的社会主义中国，正以昂扬的历史姿态，行进在社会主义的宏图大道。可以预见，21世纪中叶中国特色社会主义现代化强国的建成，必将推动科学社会主义呈现更大生机，必将促使社会主义制度优势得以充分彰显，必将推动国际共产主义运动实现全面复兴。

（原载《当代世界》2018年第3期）

新时代在世界社会主义发展中的
历史方位及其重大意义

汪亭友

党的十九大指出，中国特色社会主义进入新时代。这在世界社会主义发展史上具有重大意义。中国特色社会主义是世界社会主义的重要组成部分，在促进世界社会主义和人类进步事业中发挥着越来越重大的作用。我们要深刻认识新时代中国特色社会主义与世界社会主义的关系，准确把握新时代在世界社会主义发展史上的方位、地位及其意义，从而全面深入领会习近平新时代中国特色社会主义思想，坚定理想信念，明确方向道路，继续推动马克思主义与世界社会主义的发展。

一

历史方位能够标识自身所处的位置，搞清来时的路，辨明前进的方向，它是人们在漫漫历史长河中的时空坐标。对于一个国家和民族的发展来说，要避免迷失方向，少走弯路，不走回头路，就必须准确把握自身所处的位置。既要搞清楚在自身发展历程中的方位，也要搞清楚在人类历史和世界发展中的方位，努力寻找自身发展与人类和世界发展的交汇点，把握时代脉搏，抓住历史机遇，从而推动自身又快又好地发展，既造福国家和民族又造福世界和人类。

马克思主义政党十分重视研究历史方位问题，把科学把握历史方位、认清所处时代的本质和要求，作为领导人民进行革命、建设和改革的一个基本前提。列宁就是在科学分析世界资本主义和整个人类发展根本趋势的基础上，科学把握俄国社会发展历史方位和俄国革命根本趋向，根据帝国主义时代的特点和无产阶级革命的历史机遇，并结合俄国社会发展的特点和俄国无产阶级革命的任务与要求，适时发动了十月革命并取得伟大胜利。

中国共产党在长期的革命、建设和改革进程中，根据人类社会发展规律和中国社会发展特点与要求，认识并准确把握党和人民事业所处的历史方位。在半殖民地半封建社会，毛泽东同志判定，中国革命处在新民主主义阶段，对这一历史方位的准确判断，指明了新民主主义革命的方向和道路，指引中国革命取得伟大胜利。中华人民共和国成立以后，经过社会主义改造，毛泽东同志指出，中国社会发展进入社会主义阶段，从而拉开了中国社会主义建设的序幕。在改革开放历史新时期，邓小平同志科学分析国情，强调我国仍处在社会主义初级阶段，明确了党在社会主义初级阶段的基本理论、基本路线，开启了改革开放新的伟大历史进程。2013年1月5日，习近平总书记在新进中央委员会的委员、候补委员学习贯彻党的十八大精神研讨班上的讲话中，从世界社会主义的大视野，全面系统考察了中国特色社会主义的历史方位，在我们党的历史上第一次完整科学地回答了中国特色社会主义从哪里来、向何处去等一系列重大理论与实践问题。

习近平总书记对世界社会主义历史过程的分析，理清了世界社会主义思想的源头及其演进，阐明了中国特色社会主义的历史发展，目的是要说明我们党在推进革命、建设、改革的进程中，是怎样经过反复比较和总结，历史地选择了马克思主义、选择了社会主义道路的；是怎样把马克思主义基本原理同中国实际和时代特征结合起来，独立自主走自己的路的；是怎样历经千辛万苦，付出各种代价，开创和发展了中国特色社会主义的。其重大意义在于，科学回答了中国特色社会主义的历史由来、理论渊源与发展脉络，指明了中国特色社会主义的历史方位及其光明前景。

中国特色社会主义如同任何一种科学的理论、现实的制度一样，不是从天上掉下来的，也不是杰出人物臆想推动的结果，它的产生和发展有着深刻的社会历史背景，是中国共产党人以马克思列宁主义为指导，遵循社会发展规律，顺应时代进步潮流，植根中国大地，反映人民意愿，经过长期奋斗、创造与积累的产物，是党和人民历经千辛万苦，付出各种代价取得的根本成就。习近平总书记对中国特色社会主义在世界社会主义发展史上所处历史方位的阐述深刻表明，只有社会主义才能救中国，只有中国特色社会主义才能发展中国。这为我们进一步认识中国特色社会主义进入新时代的历史方位，准确把握其科学内涵及重大意义，提供了根本遵循。

党的十九大在科学把握时代趋势和国际局势重大变化、科学把握世情国情党情深刻变化的基础上，根据我国社会主要矛盾的转化和历史交汇期的特点，做出中国特色社会主义进入新时代的重大判断。这是总结改革开放以来特别是党的十八大以来我国发展成就得出的必然结论，也是中国特色社会主义适应时代发展和国际变化，在新的历史起点上的新作为、新拓展，是中国特色社会主义发展的历史逻辑、理论逻辑和实践逻辑的必然结果。

二

　　中国的社会主义革命、建设和改革，与世界社会主义有着密不可分的联系。一方面，中国的新民主主义革命、中国的社会主义建设成长壮大于汹涌澎湃的国际共产主义运动。世界无产阶级革命的有利形势，各国革命人民的声援与帮助，俄国十月革命和苏联社会主义建设的丰富经验，对中国革命的胜利和中国走上社会主义道路提供了支持和借鉴。另一方面，中国社会发生的一系列变革和所取得的一系列重大成就，也为国际共产主义运动和世界社会主义的发展做出了巨大贡献。目前，中国特色社会主义已经发展成为世界社会主义的中坚力量，发挥着中流砥柱的作用，极大地推动着世界社会主义的历史进程。中国特色社会主义与世界社会主义在彼此交织、相互激励的进程中，推动着人类进步事业的繁荣与发展。

　　中国共产党领导的新民主主义革命，始于社会主义从理论到实践的伟大飞跃，融汇于社会主义从一国实践到多国发展的历史性跨越。新民主主义革命的伟大胜利，中华人民共和国的创建，一个拥有世界近1/4人口的东方大国走上社会主义发展之路，并和苏联、各人民民主国家一起形成强大的社会主义阵营，在以苏联为首的社会主义力量远弱于西方资本主义力量的20世纪中叶，对国际共产主义和世界社会主义发展具有十分巨大的影响。这是马克思列宁主义的新胜利、马克思列宁主义在一个半封建半殖民地国家的伟大胜利，证明了马克思列宁主义的普遍真理具有强大的生命力和战斗力。我国新民主主义革命的伟大胜利还沉重打击并彻底瓦解了帝国主义及其殖民体系，有力地促进了亚非拉民族解放运动的蓬勃发展，大大增强了世界和平、民主和社会主义的力量，深刻改变着国际格局和世界政治力量的对比，极大地鼓舞了世界人民和革命力量反抗黑暗、追求光明的信心和决心。

在20世纪五六十年代，国际共产主义和世界社会主义既有凯歌行进的大发展时期，也有遭遇严重曲折和挫折的低潮时期。一方面，新走上社会主义道路的国家需要借鉴苏联经验进行本国的社会主义建设；另一方面，包括中国在内的一些社会主义国家也存在照搬苏联经验、社会主义建设出现失误的情况。

20世纪70年代末，中国共产党在总结自身经验教训的基础上，顺应时代的变化和人民的期待，吹响社会主义改革的号角，党和国家的发展迈入新的征程。

到20世纪80年代中期，苏联、东欧等社会主义国家和地区也相继掀起改革的浪潮。遗憾的是，这些国家选择了错误的改革路线，放弃共产党的领导和社会主义制度，很快发生执政党垮台、社会制度演变、国家解体的历史悲剧。世界社会主义由此陷入新的低潮。社会主义国家由原先的15国锐减为5国，幸存的社会主义国家也遭遇严峻挑战。西方国家的共产党有的解散，有的改名换姓，亚非拉社会主义运动经历了严重挫折。国际上马克思主义"失败论"、社会主义"终结论"甚嚣尘上，许多人动摇了对马克思主义的信仰、对社会主义的信念。

世界的目光不约而同聚焦中国，关注这个现存最大社会主义国家能否抵挡住东欧剧变、苏联解体的冲击。在此关键时刻，中国共产党领导中国人民不仅成功抵御了来自外部和内部的巨大威胁与挑战，坚守住了社会主义阵地，而且稳步推进改革开放，社会主义现代化建设取得举世瞩目的成就，不仅稳住了世界社会主义的阵脚，而且极大地增强并坚定了世界众多人士对社会主义的信念。

东欧剧变、苏联解体后，美、英等发达资本主义国家抓住社会主义遭受重挫、陷入低潮的有利时机，大肆推行新自由主义理念和政策，不仅在本土全面推进私有化，削减福利开支，打击工会等民众力量，而且在国际上以"普世价值"名义，鼓动资本主义在全球的扩张，给拉美等地区的发展中国家带来深重灾难。这些举措也激化了资本主义社会固有的矛盾，使生产过剩和积累过剩的矛盾激化，收入分配两极分化加剧，社会不平等日趋严重，加上政府监管不力等因素，最终在2008年触发了西方世界的金融危机，同时引发了西方世界严重的政治与社会问题。2011年发生了席卷美国的"占领华尔街"运动，后蔓延到主要资本主义国家；2016年，法国和美国接连爆发"黑夜站立""民主之春"抗议示威活动；2018年，法国各地又爆发了"黄马甲"抗议运动，且已向欧洲其他国家蔓延。在这些抗议示威运动中，成千上万的底层民众涌上街头，向政府和社会表达自己的不满和愤怒，痛斥资本主义的弊端和本国社会的问题。近年来，在西方社会舆论中，资本主义的生产方式和社会制度受到广泛批判，自由、民主、平等、宪政等资产阶级标榜的"普世价值"遭到普遍质疑，西方资本主义遭遇第二次世界大战以来最严重的危机。

而中国特色社会主义乘风破浪，经过40年的奋斗，成功开辟了一条国家富强、人民幸福、民族振兴的宽广道路。中国人民彻底改变了一穷二白的落后面貌，前所未有地接近实现民族复兴的伟大目标，前所未有地具有实现这个目标的能力和信心。中华民族正以崭新姿态屹立于世界的东方。正是在这个宏大复杂的历史条件和时代背景下，中国特色社会主义进入了新时代。

早在20世纪80年代，邓小平就指出：中国到21世纪中叶达到中等发达国家的水平，"那才是大变化。到那时，社会主义中国的分量和作用就不同了，我们就可以对人类有较大的贡献"。"这不但是给占世界总人口四分之三的第三世界走出了一条路，更重要的是向人类表明，社会主义是必由之路，社会主义优于资本主义。"① 中国特色社会主义不断取得重大成就并胜利迈入新时代，不仅以鲜活的实践和创新的理论，不断开辟马克思主义发展新境界，让中国化的马克思主义在 21 世纪焕发出新的生机活力，而且在全世界树起一面令人向往的旗帜，将更加坚定人们对社会主义的信心，更加增强社会主义的吸引力、凝聚力、创造力，更加扩大马克思主义和社会主义在世界的影响，有力地推动世界社会主义走向复兴的历史进程，为人类进步事业做出重大贡献。

三

新时代中国特色社会主义将全面系统回答人类社会发展和世界社会主义发展的一系列重大理论和实践问题，不断为世界的发展、人类的进步做出更大的贡献。

第一，新时代中国特色社会主义的蓬勃发展，更加充分地展现出社会主义制度的优越性和强大生命力，用事实证明马克思主义是颠扑不破的真理，共产主义是人类的前途和未来。

党的十八大以来，在世界经济复苏乏力、局部冲突和动荡频发、全球性问题加剧的外部环境下，中国发展取得历史性成就、中国社会发生历史性变革。中国在新时代的经济建设、政治建设、文化建设、社会建设、生态文明建设，以及在全面建成小康社会、全面深化改革、全面依法治国、全面从严治党等方面，全方位展示自己的活力和成就，用事实让人们在两种社会制度的比较中认识到：

---

① 《邓小平文选》第 3 卷，人民出版社 1993 年版，第 143、225 页。

资本主义社会的经济、政治、文化、社会、生态，越来越远离世界绝大多数人民所憧憬的富裕、民主、文明、公正、和谐、美好社会；而新时代的中国逐步实现的宏伟目标和伟大进程充分说明，建设一个不同于资本主义的新世界是完全可能和必需的。

近年来，西方世界保守主义和单边主义势力抬头，"逆全球化""反全球化"等逆流涌动，从西方发轫的经济全球化遭遇严重波折。中国在继续推进改革、办好自己的事情的同时，越来越重视自身发展对世界和人类的贡献。中国始终坚持和平、发展、合作、共赢的理念，坚持走和平发展道路，坚持全面对外开放，积极推动构建人类命运共同体，反对任何形式的霸权主义和强权政治，反对"国强必霸""零和博弈"的旧思维，反对不公正不合理的国际政治经济旧秩序，强调自己始终做世界和平的建设者、全球发展的贡献者、国际秩序的维护者，以负责任大国的担当和作为，为全球秩序的构建与治理，为人类共同性问题的处理，为世界的和平稳定发展，不断贡献中国力量。

第二，习近平新时代中国特色社会主义思想，作为当代中国马克思主义、21世纪马克思主义，为探索共产党执政规律、社会主义建设规律、人类社会发展规律做出了历史性贡献。

习近平新时代中国特色社会主义思想，从理论和实践结合上系统回答了新时代坚持和发展什么样的中国特色社会主义、怎样坚持和发展中国特色社会主义这个大主题，它不仅是马克思主义中国化的最新成果，而且也回答了世界社会主义发展面临的基本问题，为其他国家或政党提供了重要的经验和有益的参照。

习近平新时代中国特色社会主义思想，是马克思主义同中国实际和时代特征相结合的光辉典范，为世界上那些既希望加快发展又希望保持自身独立性的国家和民族提供了全新选择；是始终坚持以人民为中心的科学体系，回答了一个国家或民族的发展为了谁、依靠谁等重大问题，把马克思主义的科学性与人民性有机地统一起来；是治党治国治军的思想宝库，为国情相似、目标相近国家的执政党实现自我革命，推动国家治理体系和治理能力现代化，建设一支强大军队，积累了宝贵经验。

面对当今世界百年未有之大变局，习近平新时代中国特色社会主义思想立足当今时代大发展大变革大调整的特点，全面系统提出了中国应对世界变局、引领时代潮流的理念和方案，既深刻把握了时代发展的特点和要求，又深刻揭示了人类社会发展规律和趋势，彰显了其立足时代之基、回答时代之问的科学理论品质。

第三，新时代中国特色社会主义不断取得新胜利，充分彰显了马克思主义的真理力量、科学社会主义的时代价值，将极大鼓舞世界上赞同和向往社会主义的人们坚定社会主义信念。

冷战结束后，世界社会主义在曲折中发展、在抗争中前进。进入 21 世纪，由于力量弱小，加上缺乏足够的理论与组织准备，西方的马克思主义政党没能把握发展机遇，整体力量虽然有所复苏但没有发展强大起来，仍处于本国政坛的边缘地带，对本国和世界的发展认识迷茫。中国特色社会主义的发展和进入新时代，犹如一盏明灯，增强了马克思主义政党和赞同马克思主义的人士对社会主义前景的信心，照亮了世界社会主义的前行之路。

正如 2017 年 11 月俄罗斯联邦共产党领导人久加诺夫在第 19 次共产党和工人党国际会议上指出的：现今人类面临着抉择。世界将何去何从，取决于我们今天共同参与的斗争。在这场斗争中，坚持社会主义选择的国家——中国、古巴、越南鼓舞着我们。这些国家正在挑战资本主义的全球化，在社会主义的道路上取得进展。

可以预见，有了新时代中国特色社会主义的榜样、经验、物质实力和精神引领，必将有力地促进科学社会主义和世界社会主义事业的大发展，极大地改变社会主义与资本主义的力量对比，凝聚、感召世界上一切正义力量和进步力量，推动实现世界社会主义伟大复兴和人类文明发展进步。

（原载《红旗文稿》2018 年第 24 期）

中国道路的世界历史意义

王明生

　　中国特色社会主义道路（以下简称中国道路）以其高远的价值追求、开放的世界胸怀、包容的文化视野、成功的伟大实践，成为实现中华民族伟大复兴中国梦的必由之路。不仅如此，中国道路还打破西方发展模式主导世界发展的垄断格局，走出西方"国强必霸"的传统大国发展模式窠臼，丰富了世界现代化发展道路的多样性，为世界各国尤其是发展中国家提供了可资借鉴的中国方案与中国经验，具有重大世界历史意义。

一　中国道路丰富了世界现代化道路的多样性

　　世界是丰富多彩的。如同不能只有一种色彩一样，世界上不能只有一种文明、一种发展模式、一种价值观念。世界文明的多样性，决定了各个国家在社会发展道路上应尊重多样性、尊重选择权。

　　第二次世界大战结束后，尽管广大亚非拉发展中国家摆脱殖民枷锁、获得了独立，但西方国家通过建构不公正不合理的国际政治经济秩序和"西方中心论"等话语霸权，在经济全球化进程中将广大发展中国家裹挟进西方体系，继续成为西方资本主义发展链条上薄弱且被动的一环。尤其是随着东欧剧变和苏联解体，世界格局出现新变化，西方国家似乎不战而胜。这不仅巩固了西方国家的强势地位，而且将西方话语霸权推至顶峰，有人甚至将西方自由民主制度和现代化发展道路预言为"人类意识形态发展的终点"和"人类最后一种统治形式"。

"鞋子合不合脚，只有自己知道。"一个国家究竟走什么样的发展道路，最终要靠事实说话，要由这个国家的人民做出选择。中华人民共和国成立 60 多年特别是改革开放 30 多年来，我国坚持走自己的路，实现了经济持续快速发展，成为世界第二大经济体，7 亿多人口摆脱贫困，人均国内生产总值超过 8000 美元。中国用 30 多年时间走完了西方发达国家几百年走过的发展历程，实现从一穷二白到建立现代工业体系和国民经济体系的跨越，实现从物资极度匮乏、产业百废待兴到成为世界经济增长引擎、全球制造基地的跨越，实现从贫穷落后到阔步走向繁荣富强的跨越。历史以超出人们想象的大跨越和大进步，对中国共产党领导人民走出的中国道路做出了最生动的诠释。中国道路的成功意味着西方"中国崩溃论"的崩溃和"历史终结论"的终结，说明现代化并不一定意味着西方化。

中国道路的成功丰富了世界现代化道路的多样性。世界上既没有唯一的发展模式，也没有一成不变的发展道路。尊重各国根据自己的国情选择社会制度和发展道路的权利，尊重各国自主推动经济社会发展和改善人民生活的探索与实践，是世界多极化与国际关系民主化的必然要求。中国道路既不是"传统的"，也不是"外来的"，更不是"西化的"，而是我们"独创的"，是一条既坚持科学社会主义基本原则，又根据时代特征赋予其鲜明中国特色的发展道路。尊重世界文明多样性、发展道路多样化，尊重和维护各国人民自主选择社会制度和发展道路的权利，相互借鉴，取长补短，这是人类文明进步的历史潮流和内在规律。

二 中国道路提供了人类实现和平发展的新模式

和平发展是中国道路的重要特征。我国坚持独立自主的和平外交政策，坚持走和平发展道路，坚持互利共赢的开放战略。我国在实现自身健康有序发展的同时，还坚持正确的义利观，践行不争霸、不称霸、不结盟、不扩张、不谋求势力范围的庄严承诺，倡导构建以合作共赢为核心的新型国际关系，积极参与全球治理体系建设，维护和平稳定的国际环境；尊重其他国家自主选择的发展模式，与其他发展中国家分享改革发展的成功经验，促进各国普遍发展繁荣。这些都与西方一些国家通过建立殖民体系、争夺势力范围、对外武力扩张实现发展的老路子根本不同。

纵观西方大国崛起的历史，"暴力"是其发展道路上的主旋律。新航路的开辟，开启了西方大国崛起之门，也打开了西方殖民扩张的"潘多拉魔盒"。工业革命尤其是第二次工业革命后，帝国主义掀起了瓜分世界市场的狂潮。为抢夺市场、瓜分世界和攫取霸权地位，新旧殖民主义者的矛盾不断激化，以致引发了两次惨绝人寰的世界大战。第二次世界大战以后，西方发达国家虽然不能再以赤裸裸的方式进行殖民掠夺，但霸权主义和强权政治仍然存在，不公正不合理的国际政治经济秩序仍然存在，国际"游戏规则"仍然主要由少数西方发达国家制定。少数西方发达国家经常打着"自由、民主、人权"等"普世价值"的旗号，强行输出西方价值观念，甚至直接使用武力干涉其他国家内部事务。美国学者亨廷顿直截了当地指出："普世文明的概念有助于为西方对其他社会的文化统治和那些社会模仿西方的实践和体制的需要作辩护。普世主义是西方对付非西方社会的意识形态。"

历史上，西方穷兵黩武式的发展道路给世界各国人民带来了挥之不去的阴影，久而久之形成了一种"国强必霸"的"自然"意识。中国道路的成功，走出了一条能够跳出西方霸权冲突历史周期律的和平发展之路。和平发展是中华文化的基因，是中国道路的内在属性和本质特征。面对中国日益走向繁荣富强，国际上一些人认为中国发展起来了就会成为其他国家的威胁。对此，习近平主席做出了明确回应：中国繁荣昌盛是趋势所在，但国强必霸不是历史定律。"中华民族的血液中没有侵略他人、称霸世界的基因，中国人民不接受'国强必霸'的逻辑，愿意同世界各国人民和睦相处、和谐发展，共谋和平、共护和平、共享和平。"① 中国走和平发展道路既是通过维护世界和平发展自身，又是通过自身发展维护世界和平。走和平发展道路是中国对国际社会关注中国发展走向的回应，更是中国人民对实现自身发展目标的自信和自觉。这种自信和自觉来源于中华文明的深厚积淀，来源于对实现中国发展目标所需条件的深刻认知，来源于对世界发展大势的准确把握。中国走和平发展道路不是权宜之计，更不是外交辞令，而是从对历史、现实、未来的客观判断中得出的科学结论，是文化自信和实践自觉的有机统一。

中国坚持和平发展，走出了传统"国强必霸"大国崛起模式的窠臼，是中国根据时代潮流和国家根本利益做出的战略抉择。它既为中国实现自己的发展目标营造了有利的国际环境，符合中国的利

---

① 《习近平在中国国际友好大会暨中国人民对外友好协会成立 60 周年纪念活动上的讲话》，《人民日报》2014 年 5 月 16 日。

益；又为世界和平发展做出了贡献，为其他国家提供了走和平发展道路的成功范例。

三 中国道路有助于发展中国家寻找自己的发展道路

中国道路的成功开辟，不仅对中国实现现代化具有重大意义，而且将对世界现代化和人类文明发展进程产生深远影响，尤其是能够为广大发展中国家推进现代化提供有益借鉴。正如习近平总书记所说的，中国道路使"中国的社会生产力、综合国力实现了历史性跨越，人民生活实现了从贫困到温饱再到总体小康的历史性跨越。这不仅使中国彻底抛掉了'东亚病夫'的帽子，而且为人类战胜贫困、为发展中国家寻找发展道路提供了成功的实例"①。

20 世纪中后期，包括中国在内的广大发展中国家通过不懈努力，陆续摆脱殖民统治，实现了民族解放和民族独立。随后，现代化建设成为发展中国家必须面对的共同课题。现代化建设首先要解决的就是发展道路问题。选择发展道路有两种方式：一种是复制移植、照搬照抄；另一种是独立探索、合理借鉴。一些发展中国家为西方发达国家的发展模式所吸引，试图通过模仿复制快速发展起来。然而，随着时间的推移，西方道路给这些忽略了本国国情的国家带来了经济畸形发展、社会矛盾凸显、政局动荡不安等诸多灾难性后果。与之形成鲜明对比，中国共产党和中国人民在马克思主义指导下，合理借鉴人类文明发展的有益成果，坚持探索适合中国国情的发展模式，成功开辟了中国道路。

---

① 《十八大以来重要文献选编》（中），中央文献出版社 2016 年版，第 80 页。

　　中国和其他一些发展中国家虽然曾经站在大致相同的发展起点上，但由于选择了不同的发展道路，得到的结果可谓天壤之别：中国道路使中国发展成就辉煌，而西方道路则使很多发展中国家陷入困境。尤其是在拉美新自由主义政策破产、亚洲金融危机和国际金融危机接踵而至的世界形势下，中国不仅经受住了各种危机和困难的考验，而且为本地区乃至全球经济的复苏和发展做出了重要贡献、提供了中国经验，中国道路因此备受世界关注。很多发展中国家从事实中认识到西方发展模式的弊端，发现了中国道路所具有的优势和潜力，体会到了中国经验的宝贵价值，因此更加注重借鉴中国的发展经验，更加注重探索符合自身国情的发展模式。

　　其实，从广大发展中国家的现代化进程和发展逻辑看，中国和其他发展中国家的命运是相似的，都面临着加快发展、改善民生的历史使命。在发展目标上，中国梦同广大发展中国家人民的美好梦想息息相通，都是要实现国家富强、民族振兴、人民幸福。中国道路的成功使中国从地域性存在走向世界历史性存在，能够为具有相似国情、相似命运和共同使命的广大发展中国家提供有益参考和借鉴。正如邓小平同志所说："我们的改革不仅在中国，而且在国际范围内也是一种试验，我们相信会成功。如果成功了，可以对世界上的社会主义事业和不发达国家的发展提供某些经验。"①

　　中国道路的成功开辟使中国取得了举世瞩目的辉煌成就，它不仅彻底洗刷了中国近代以来的民族屈辱，根本改变了中国贫穷落后的面貌，而且重塑了中国的世界形象，提高了中国的国际地位和国际影响力，扩大了中国的国际话语权。中国道路使中国以崭新的姿态屹立于世界民族之林，它承载着实现中华民族伟大复兴这个近代

---

　　① 《邓小平文选》第 3 卷，人民出版社 1993 年版，第 135 页。

以来中华民族最伟大的梦想，体现着人类对社会主义的美好憧憬和不懈探索，是人类文明发展成果的重要组成部分。"民族的就是世界的。"中国道路不仅是中国的，也是世界的，具有重大世界历史意义。

（原载《人民日报》2016 年 12 月 28 日）